学/者/文/库/系/列

U0645199

区块链+人力资源管理体系构建与应用研究

周语嫣　杜　鹏　著

哈尔滨工程大学出版社
Harbin Engineering University Press

内 容 简 介

本书深入探讨了区块链技术在人力资源管理领域的应用,系统阐述了区块链技术的原理与特点,以及其在招聘、培训、绩效管理等环节的创新实践。通过实例分析,展示了区块链+人力资源管理体系构建的具体路径和方法,为读者提供了丰富的应用案例和解决方案。

本书适合对区块链技术和人力资源管理感兴趣的读者阅读,特别是人力资源管理和企业管理人员,以及希望了解区块链技术在各行业应用前景的广大读者。通过阅读本书,读者可以深入了解区块链技术在人力资源管理中的创新应用,为企业管理和人力资源开发提供新的思路和方向。

图书在版编目(CIP)数据

区块链+人力资源管理体系构建与应用研究／周语嫣,
杜鹏著. -- 哈尔滨 : 哈尔滨工程大学出版社, 2024.
10. -- ISBN 978-7-5661-4559-8

Ⅰ. F243-39

中国国家版本馆 CIP 数据核字第 2024KX3252 号

区块链+人力资源管理体系构建与应用研究
QUKUAILIAN + RENLI ZIYUAN GUANLI TIXI GOUJIAN YU YINGYONG YANJIU

选题策划	夏飞洋
责任编辑	夏飞洋
封面设计	李海波

出版发行	哈尔滨工程大学出版社
社 址	哈尔滨市南岗区南通大街 145 号
邮政编码	150001
发行电话	0451-82519328
传 真	0451-82519699
经 销	新华书店
印 刷	哈尔滨午阳印刷有限公司
开 本	787 mm×1 092 mm 1/16
印 张	16
字 数	290 千字
版 次	2024 年 10 月第 1 版
印 次	2024 年 10 月第 1 次印刷
书 号	978-7-5661-4559-8
定 价	78.00 元

http://www.hrbeupress.com
E-mail:heupress@ hrbeu.edu.cn

前　言

随着数字技术的迅猛发展,区块链技术正在逐步渗透到各行各业,不仅催生了新的商业形态,也对传统行业的发展带来了全新的机遇和挑战。在这样的背景下,本书探讨了区块链技术在人力资源管理领域的应用,旨在为读者提供关于区块链+人力资源管理体系构建的应用案例和解决方案。

本书第 1 章介绍了研究背景、研究内容和意义、国内外研究现状以及研究方法和思路;第 2 章详细阐述了区块链技术的原理与特点,以及应用场景;第 3 章为人力资源管理体系构建,包括概述、实施流程以及方法与工具;第 4 章重点分析了区块链技术在人力资源管理中的应用,包括招聘、培训、绩效管理、薪酬福利管理以及人事事务管理;第 5 章通过实例分析,展示了区块链+人力资源管理体系构建的具体实践案例及分析;第 6 章讨论了区块链+人力资源管理体系构建的问题及解决方案,探讨了区块链驱动下人力资源管理的变革和其中存在的问题;第 7 章中对研究结论进行了总结,并针对未来的发展提出了展望和建议。

我们希望本书能够对读者了解区块链技术在人力资源管理中的创新应用提供启示和帮助,同时也欢迎读者提出宝贵的意见和建议,我们将持续关注和研究该领域的发展,为读者提供更好的参考和服务。

著　者

2024 年 3 月

目　　录

第1章 绪 论

随着数字化和信息化的快速发展,企业面临越来越多的业务机遇和挑战,特别是在人力资源管理方面。以前的人力资源管理方法往往需要大量的人力和时间成本,而且很难保证数据的安全和准确性。而随着区块链技术的快速发展和普及,它已经成为解决这些问题的有效工具。通过区块链技术,可以建立可信、公开和高效的人力资源管理体系,从而提高管理效率和运营效果。

本书旨在深入探讨区块链技术在人力资源管理领域的应用,从而实现人力资源管理体系的构建和优化。具体包括区块链技术原理与特点、人力资源管理体系构建、区块链技术在人力资源管理中的应用、案例分析以及问题和解决方案等。通过这些探索和实践,区块链技术有望为人力资源管理带来更高效、精准的管理手段,促进企业的可持续发展。

1.1 研究背景

"区块链+人力资源管理体系构建与应用研究"的研究背景,主要基于区块链技术的特性与人力资源管理领域面临的挑战和机遇的深度融合。以下是对该研究背景的详细介绍和举例分析。

首先,随着技术的快速发展和市场竞争的加剧,人力资源管理在企业运营中的重要性日益凸显。然而,传统的人力资源管理方式存在诸多不足,如数据安全性偏低、信息透明度不高、流程烦琐等。这些问题不仅影响了人力资源管理的效率,还可能对企业的发展造成潜在风险。

与此同时,区块链技术以其独特的去中心化、数据不可篡改和高度透明等特性,为人力资源管理提供了新的解决思路。区块链技术可以确保数据的真实性和完整性,降低数据被篡改或伪造的风险。此外,区块链技术还可以提高信息透明度,使得人力资源管理更加公开和公正。

在这样的背景下,"区块链+人力资源管理体系构建与应用研究"应运而生。

本研究旨在探索如何将区块链技术应用于人力资源管理领域,以解决传统人力资源管理方式存在的问题,提高人力资源管理的效率和安全性。

以员工信息管理为例,传统方式下,员工信息往往存储在中心化的数据库中,存在篡改或泄露的风险。而利用区块链技术,可以将员工信息以加密的形式存储在区块链上,确保信息的真实性和不可篡改性。同时,通过智能合约等功能,还可以实现员工信息的自动化管理和验证功能,提高管理效率。

此外,在招聘和背景调查方面,区块链技术也可以发挥重要作用。通过区块链技术,可以构建一个去中心化的招聘平台,确保招聘信息的真实性和透明度。同时,利用区块链上的智能合约功能,还可以实现招聘流程的自动化和标准化,降低人为干预和欺诈行为的发生。

通过深入研究和实践应用,本研究可以推动人力资源管理的数字化转型和智能化升级,为企业的发展提供有力支持。

1.2　研究内容和意义

随着信息技术的快速发展和数字化转型,企业全面推动智能化、数字化转型已成为大势所趋。作为企业管理的重要组成部分,人力资源管理也需要不断地适应和应用新技术,以满足企业的管理需求。

首先,人力资源管理需要借助云计算技术来提高数据存储和处理能力。企业通常需要大量的人力资源数据,云计算的高效存储和处理能力能够让企业快速获取数据,并快速进行数据分析和报告生成,以更好地指导决策制定。

其次,人力资源管理需要借助大数据和人工智能技术来提高管理效率。大数据的应用可以实现对人力资源数据的深度挖掘和分析,提高人员招募和培训的精准程度。而人工智能技术则可以通过智能化的面试流程和模型训练来提高招聘效率和准确率,还可以通过人工智能语音识别和图像识别技术来优化人力资源管理中考勤、薪酬结算等重要流程。

再次,区块链技术也可以为人力资源管理带来新的解决方案。区块链在人才管理领域的应用思路是,将数据存储于区块链上,并允许企业、候选人、服务提供商之间分享数据,使数据的利用价值最大化。企业可以根据候选人的履历、资格和工作经历等自动化地验证其背景,从而减少工作量和风险。

当今社会新技术不断涌现,人力资源管理领域也需要不断推陈出新,在现有公共机制和管理方法中进行创新,不断吸收新观点和新技术。而企业也应该积极借助技术手段,打造一个更加智能、高效和精准的人力资源管理系统,为企业创造更大的价值和回报。

随着数字化时代的发展,区块链技术作为一种新兴的分布式数据库技术,已经被广泛应用于金融、物流、电子商务等领域。人力资源管理作为企业管理的重要组成部分,也需要不断地适应和应用新技术,以满足企业的管理需求。

在人力资源管理领域,区块链技术的应用可以解决很多问题。首先,区块链技术的去中心化和数据不可篡改的特性可以保护员工的个人信息安全,避免信息泄露和不当使用;其次,区块链技术可以实现员工背景调查、考勤记录、薪酬管理、绩效评估等方面的数据共享和透明化,保证企业内部信息的公开和公正;再次,区块链技术也可以通过智能合约等手段,实现自动化的人力资源管理流程,节省时间成本和人工成本,提高效率。

基于以上的研究内容和应用场景,本研究对人力资源管理和企业管理具有重要的意义。首先,通过探索区块链技术的运用,可以提高企业的管理效率和运营效果,优化人力资源管理体系;其次,提高人力资源管理的可信度和公正性,有利于企业的品牌建设和提升社会形象;再次,实现自动化的人力资源管理流程,可以释放员工和管理人员的时间,使他们能够更加专注于企业的核心业务,提高企业的竞争力和持续发展能力。

综上所述,区块链技术在人力资源管理领域的应用具有越来越重要的意义。随着我国数字经济的不断发展和数字化转型步伐的加快,企业应该充分认识到区块链技术在人力资源管理领域的应用价值,积极探索和实践。同时,政府相关部门也应该加强对区块链技术的支持和引导,促进数字经济的快速发展和企业的全面升级。

1.3 国内外研究现状

当前,国内外已经存在大量的关于区块链技术在人力资源管理领域的应用研究和实践案例。例如,某些企业已经开始开发和使用区块链技术来管理招聘、培训、薪酬管理和绩效评估等人力资源相关事务。同时,也有许多机构、学者和研究人员,对于区块链技术的原理、安全性、隐私保护等问题进行了深入的研究。以下是国内外区块链技术在人力资源管理领域的应用实例。

1.3.1　国内方面

以阿里巴巴旗下的蚂蚁金服公司为例,它是一家将区块链技术应用于人力资源管理的企业。该企业推出了"蚂蚁人力宝"平台,利用区块链技术实现了员工档案管理、绩效考核、培训管理、薪酬发放等多个方面的人力资源管理功能,实现了员工数据的透明化、共享化和安全化。同时,他们还将区块链技术应用于积分管理,员工可以通过完成任务获得积分,积分可用于兑换礼品或者提高绩效等级。

"蚂蚁人力宝"平台是一家提供人力资源服务的在线平台(以下简称"平台")。该平台旨在为个人和企业提供便捷的人才招聘和人力资源管理解决方案。

1. 个人用户

(1)招聘求职。个人用户可以在"蚂蚁人力宝"平台上发布自己的求职简历,并浏览和申请已发布的招聘岗位。平台以智能匹配系统和大数据分析技术为基础,为个人用户提供与其背景和技能匹配度高的岗位推荐。

(2)培训和提升。平台还提供在线培训课程和职业发展指导,帮助个人用户提升职业技能,完善简历和面试技巧,以提高求职竞争力。

2. 企业用户

(1)人才招聘。企业用户可以在"蚂蚁人力宝"平台上发布招聘岗位,并筛选和管理求职者的简历。平台通过智能搜索和推荐系统,帮助企业快速找到适合岗位需求的人才,降低招聘成本和时间。

(2)人力资源管理。平台还提供人力资源管理工具,包括员工档案管理、考勤管理、薪资管理等功能,帮助企业实现人力资源的有效管理和优化。

(3)培训和发展。平台还提供企业内部和外部培训资源,帮助企业提升员工技能和素质,提高团队的绩效和竞争力。

3. 优势和特点

(1)便捷和高效。通过在线平台,用户可以随时随地进行人才招聘和人力资源管理,提高工作效率和便捷性。

(2)智能匹配和推荐。平台通过智能算法和大数据分析,为个人和企业提供专业的岗位匹配和人才推荐服务,提高招聘和求职的成功率。

(3)全方位的人力资源解决方案。平台提供了招聘、培训和人力资源管理等一系列服务,为个人和企业提供全面的人力资源解决方案。

(4)安全和隐私保护。平台采取严格的安全措施,保护用户的个人信息和隐私。

基于区块链技术的人力资源系统设计如图1-1所示。

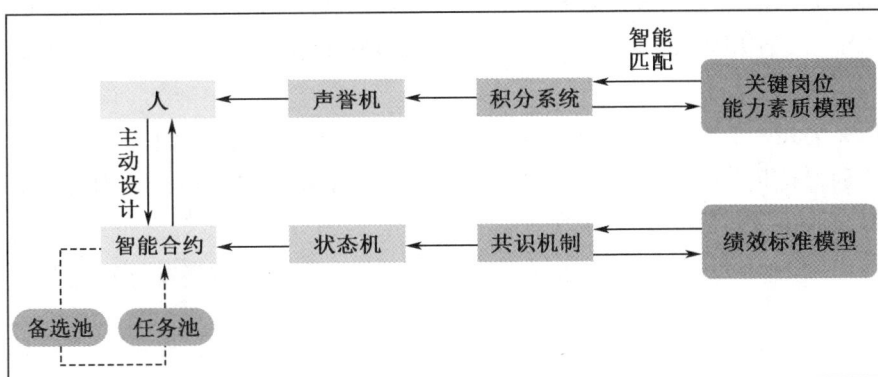

图 1-1 基于区块链技术的人力资源系统设计

另外,在重庆市的渝北区政府也开展了一项区块链技术的人才认证项目。该项目采用区块链技术,实现了人才的简历信息、学历证书、职业资格证书等领域的认证。通过区块链技术,保障了数据的可靠性和真实性。图 1-2 为重庆市区块链数字经济产业园。

图 1-2 重庆市区块链数字经济产业园

1.3.2 国外方面

以 IBM 公司为代表的许多跨国企业也将区块链技术应用于人力资源管理领

域。IBM 的区块链专利文件显示,该公司利用区块链技术管理员工数据和文件,例如员工证书、学历授权、专利等文件。这些文件存储在区块链上,保证了数据的安全性和透明性。

IBM 公司一直以来致力于将区块链技术应用于各种行业,包括人力资源管理领域。通过使用这种去中心化、去信任化的技术,IBM 公司已经开始为人力资源部门和员工带来了一些独特的解决方案。

下面以 IBM 公司为例,介绍国外区块链技术应用于人力资源管理的几个关键领域。

1. 员工认证和认可

区块链技术可以用于验证员工的身份和教育背景。企业和教育机构可以将这些信息存储在区块链上,然后将区块链上的数字身份证明链到员工的个人档案中,这样可以保证数据的安全性和可靠性。员工在寻找新岗位时,作为求职者,他们可以用这个数字身份证明简化应聘流程,而雇主方也可以更轻松地确定应聘者的资质和学历证书的真实性,提高雇用准确度和效率。

2. 工资单和薪酬管理

区块链技术可以用于记录工资单和进行薪酬管理,员工的工资会被打入“钱包”上(类似于加密货币),因此公司就不再需要支付中间机构的部分服务费。与传统的支付方式相比,这种方式可以避免误操作或者恶意篡改的情况发生,节约公司成本。

3. 奖励和福利

区块链技术可以用于奖励和福利管理。企业可以通过区块链技术发放数字资产,如代币、优惠券等,来给予员工奖励或福利。这些数字资产被记录在区块链上,员工可以在需要时进行兑换或转移,而企业则可以通过区块链技术进行监督,以确保礼券、优惠券等资源管理和发放的有效性。

4. 员工绩效评估和数据整合

区块链技术可以支持员工绩效管理系统的记录和整合。可以通过将员工表现情况、薪酬、福利、奖励等数据记录在区块链上,企业可以利用数据分析等深度学习技术对员工绩效分析进行更精细化的管理,并从中获得更详细的分析结果。

总之,通过区块链技术,IBM 公司正在帮助企业进一步简化和优化人力资源管理流程。同时,区块链技术的使用还提高了流程的有效性和安全性,为企业和员工提供了更加透明、高效和安全的人力资源管理解决方案。图 1-3 为 IBM 公司信息集成架构。

纵向系统间信息架构的挑战

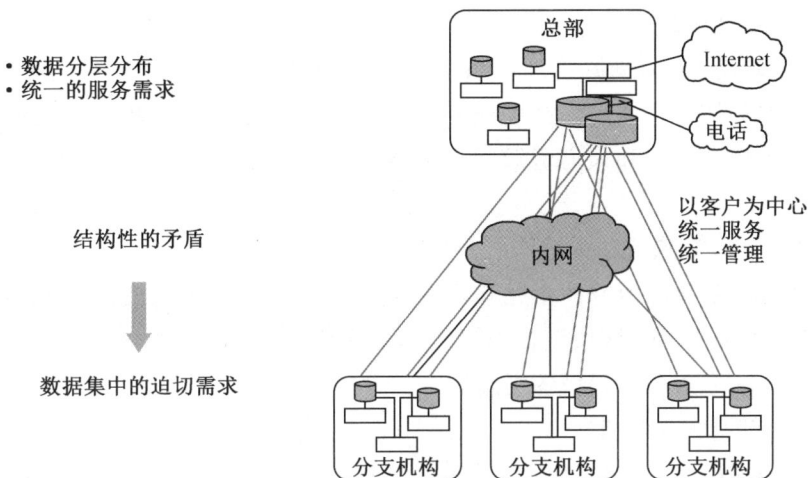

· 数据分层分布
· 统一的服务需求

结构性的矛盾

数据集中的迫切需求

图 1-3 IBM 公司信息集成架构

此外,在欧洲和美国等地,许多高端科技企业也在积极尝试区块链技术在人力资源管理领域的应用。例如,美国金融科技公司 Chronobank 就开发了一个名为 LaborX 的平台,利用区块链技术实现人才招聘、薪酬管理、建立信用评级体系等多个人力资源管理方面的功能。

LaborX 是一个基于区块链技术的人才市场平台,由美国金融科技公司 Chronobank 于 2017 年开发。它利用区块链技术实现了快速、安全、透明和建立信用评级体系等多个人力资源管理方面的功能。

综上,国内外已经存在许多关于区块链技术在人力资源管理领域的应用研究和实践案例。这些案例的成功应用,为区块链技术在人力资源管理领域的应用提供了实践经验,并为相关企业提供了借鉴和参考。

1.4 研究方法和思路

"区块链+人力资源管理体系构建与应用研究"的研究方法和思路主要围绕以下几个方面展开。

1.4.1 研究方法

1. 文献综述

首先,通过对区块链技术和人力资源管理相关的文献资料进行梳理和分析,了解当前的研究现状、存在的问题以及未来的发展趋势。这有助于为研究者提供理论支持和参考依据。

在"区块链+人力资源管理体系构建与应用研究"这一课题中,文献综述是一个至关重要的初始步骤。它帮助研究者系统地梳理和分析现有的文献资料,从而深入了解区块链技术和人力资源管理领域的研究现状、存在的问题以及未来的发展趋势。

(1)确定研究范围和关键词

研究者需要明确研究的主题和范围,即区块链技术在人力资源管理中的应用。随后,确定关键词,如"区块链技术""人力资源管理""应用研究"等,以便在文献检索时能够全面覆盖相关领域的文献。

(2)文献检索与收集

利用图书馆、学术数据库、互联网等资源,对与关键词相关的文献进行检索和收集。这些文献可能包括学术期刊论文、会议论文、专著、研究报告等。在检索过程中,注意筛选与主题紧密相关、质量较高的文献。

(3)文献梳理与分析

在收集到足够数量的文献后,研究者需要对这些文献进行梳理和分析。这包括以下几个方面。

①研究现状梳理:通过对文献的阅读和整理,了解当前区块链技术和人力资源管理领域的研究现状。这包括区块链技术的发展历程、特点、应用领域等,以及人力资源管理的基本理论、实践模式和发展趋势等。

②问题识别:在梳理研究现状的过程中,识别出当前研究中存在的问题和不足。例如,区块链技术在人力资源管理中的应用还存在哪些技术挑战、法律法规障碍等。

③趋势预测:基于对现有文献的分析,预测区块链技术在人力资源管理领域未来的发展趋势。这包括可能出现的新技术、新应用、新政策等。

(4)总结与提炼

研究者需要对文献综述的结果进行总结和提炼,包括提炼出当前研究的主要观点、发现的问题以及未来的发展趋势等。这些结果将为后续的研究提供理论支持和参考依据。

通过文献综述,研究者可以深入了解区块链技术和人力资源管理领域的研究现状和发展趋势,发现研究中存在的问题和不足,为后续的研究提供思路和方向。同时,文献综述还可以帮助研究者建立起对研究主题的全面认识和理解,为后续的研究奠定坚实的基础。

在"区块链+人力资源管理体系构建与应用研究"这一课题中,文献综述的重要性不言而喻。只有通过深入、系统的文献综述,研究者才能准确把握研究主题的现状和未来发展趋势,从而提出有针对性、创新性的研究方案。

2. 案例研究

在探讨区块链技术在人力资源管理中的应用时,案例研究是一个极具价值的研究方法。通过对已经成功应用区块链技术的企业进行深入剖析,我们可以更好地理解这一技术的实际应用效果,提炼出成功的要素和可复制的模式,为其他企业提供借鉴和参考。以下是对案例研究的详细介绍。

(1)案例选取标准

我们需要确定案例选取的标准。这包括企业在人力资源管理中应用区块链技术的成熟度、创新程度、实施效果等方面。选取的案例应具有代表性,能够反映出区块链技术在人力资源管理中的多样性和普遍性。

(2)案例收集与整理

我们需要通过各种渠道收集案例企业的相关资料。这可能包括企业的官方网站、新闻报道、学术论文、行业报告等。在收集资料的过程中,我们需要关注企业的基本情况、人力资源管理现状、区块链技术的应用过程、取得的成效等方面。同时,我们还需要对收集到的资料进行整理和分析,以便更好地理解和提炼案例中的关键信息。

(3)案例深入剖析

在案例深入剖析阶段,我们需要对每个案例进行详细的研究和分析。这包括以下几个方面。

①技术应用过程分析:我们需要了解企业是如何将区块链技术应用于人力资源管理的。这包括技术的选型、实施步骤、遇到的挑战及解决方案等方面。通过这一分析,我们可以了解区块链技术在人力资源管理中的实际应用情况。

②管理模式创新分析:我们需要关注企业在应用区块链技术后,其人力资源管理模式是否发生了改变。这包括组织架构、管理流程、决策方式等方面的变化。通过这一分析,我们可以了解区块链技术如何推动人力资源管理模式的创新。

③成效评估与总结:我们需要对企业的实施效果进行评估和总结。这包括员工满意度、招聘效率、数据安全性等方面的提升情况。通过这一分析,我们可以了解区块链技术在人力资源管理中的实际效果和价值。

(4)成功要素提炼与模式总结

在对多个案例进行深入剖析后,我们需要提炼出成功的要素和可复制的模式。这包括企业在应用区块链技术时的关键成功因素、有效的管理策略、创新点等。同时,我们还需要总结出一套可复制的管理模式,以便为其他企业提供借鉴和参考。

(5)案例研究的局限性与启示

我们需要认识到案例研究的局限性。由于每个企业的实际情况和背景都不同,因此案例中的成功要素和模式可能并不完全适用于其他企业。因此,在借鉴和参考案例时,我们需要结合自身的实际情况进行灵活应用。同时,案例研究也为我们提供了宝贵的启示,即区块链技术在人力资源管理中的应用具有广阔的前景和潜力,值得我们进一步深入研究和探索。

综上所述,通过对已经成功应用区块链技术的企业进行案例研究,我们可以更好地理解这一技术的实际应用效果和价值,提炼出成功的要素和可复制的模式,为其他企业提供借鉴和参考。这对于推动区块链技术在人力资源管理中的广泛应用和发展具有重要意义。

3. 实证研究

在探讨区块链技术在人力资源管理中的应用时,实证研究是一种至关重要的研究方法。它通过直接收集人力资源管理者的实际需求和痛点,以及他们对区块链技术的认知和态度,为我们提供了深入了解该领域现状的宝贵机会。同时,构建实验环境并模拟应用场景,还能帮助我们验证区块链技术在人力资源管理中的可行性和有效性。

(1)问卷与访谈设计

我们需要设计一套问卷和访谈提纲,以收集人力资源管理者的实际需求和痛点。问卷应涵盖多个方面,如人力资源管理者的日常工作流程、遇到的挑战、对数据安全和隐私保护的需求等。访谈提纲则应更加深入,旨在了解人力资源管理者对区块链技术的了解程度、对潜在应用的看法以及他们期望的改进方向。

(2)数据收集与整理

我们需要通过各种渠道发放问卷,并邀请人力资源管理者参与访谈。在数据收集过程中,我们需要确保样本的多样性和代表性,以反映不同行业、规模和地域的人力资源管理实践。收集到数据后,我们需要进行整理,以便进行后续的分析。

(3)需求分析与痛点识别

通过对问卷和访谈数据的分析,我们可以深入了解人力资源管理者的实际需求和痛点。例如,我们可能会发现他们普遍对数据安全和隐私保护有着较高的需求,或者在招聘、员工培训等方面遇到了挑战。这些信息和洞察对于我们后续的研究和应用开发具有重要的指导意义。

(4)技术认知与态度调查

除了需求和痛点外,我们还需要了解人力资源管理者对区块链技术的认知和态度。通过问卷调查和访谈,我们可以了解他们对区块链技术的了解程度、对其潜在应用的看法以及可能存在的疑虑和担忧。这有助于我们更好地理解他们在技术应用方面的担忧,并制订相应的推广和培训计划。

(5)实验环境构建与应用场景模拟

为了验证区块链技术在人力资源管理中的可行性和有效性,我们需要构建实验环境并模拟应用场景。这可以包括搭建基于区块链技术的人力资源管理系统原型,模拟招聘、员工培训、薪酬管理等实际场景,并邀请人力资源管理者参与测试和评估。通过观察和记录他们在实验环境中的行为和反馈,我们可以评估区块链技术在实际应用中的效果,并发现可能存在的问题和改进方向。

(6)结果分析与结论提炼

我们需要对收集到的数据进行深入的分析,并结合实验环境的测试结果,提炼出实证研究的结论。这包括识别出区块链技术在人力资源管理中的潜在应用方向、可能面临的挑战以及解决方案等。同时,我们还需要根据研究结论提出相应的建议和改进措施,以推动区块链技术在人力资源管理中的广泛应用和发展。

综上所述,实证研究是深入了解人力资源管理者的实际需求和痛点、评估区块链技术应用效果的重要手段。通过问卷调查、访谈等方式收集数据,并结合实验环境的模拟测试,我们可以为区块链技术在人力资源管理中的应用提供有力的支持和指导。

4.定量与定性分析

运用统计分析方法对收集到的数据进行处理和分析,我们可以揭示区块链技术在人力资源管理中的应用效果和影响因素。同时,结合访谈和观察等定性研究方法,我们可以深入理解区块链技术在人力资源管理中的实际运作情况和问题。

下面详细介绍定量与定性分析在研究区块链技术在人力资源管理中的应用效果和影响。

(1)定量分析:运用统计分析方法揭示应用效果

①数据收集与整理:通过问卷调查、实验测试、企业数据库等多种渠道,收集关于区块链技术在人力资源管理中的应用数据。这些数据可能包括员工绩效、培训效果、薪酬福利等方面的指标。

②统计分析方法:运用统计分析方法对收集到的数据进行处理和分析。常用的统计分析方法包括描述性统计、相关分析、回归分析等。通过这些方法,可以揭示区块链技术在人力资源管理中的应用效果,比如是否提高了员工绩效、优化了薪酬福利管理等。

③结果解释与讨论:根据统计分析的结果,可以对区块链技术在人力资源管理

中的应用效果进行解释和讨论。比如,可以分析哪些因素促进了应用效果的提升,哪些因素可能制约了应用效果。

(2)定性分析:结合访谈和观察深入理解实际运作情况

①访谈方法:通过深度访谈的方式,与参与区块链技术应用的人力资源管理者、员工等进行交流。访谈内容可以围绕他们对区块链技术的认知、应用过程中的体验、遇到的问题以及改进建议等方面展开。

②观察法:观察法也是定性分析的重要手段之一。通过实地观察区块链技术在人力资源管理中的实际应用情况,可以深入了解其运作机制和实际效果。比如,可以观察员工在使用基于区块链技术的人力资源管理系统时的行为和反馈。

③内容分析与主题提炼:对访谈记录和观察结果进行内容分析,提炼出关键主题和观点。这有助于深入理解区块链技术在人力资源管理中的实际运作情况,发现可能存在的优势和不足。

(3)定量与定性分析的结合

将定量分析和定性分析的结果相结合,可以更全面地揭示区块链技术在人力资源管理中的应用效果和影响因素。定量分析提供了客观的数据支持,而定性分析则提供了深入的理解和洞察。通过结合两种方法,可以更加准确地评估区块链技术在人力资源管理中的价值和潜力,为未来的应用和发展提供有益的参考。

总之,定量与定性分析是研究区块链技术在人力资源管理中应用效果和影响因素的重要手段。通过综合运用这两种方法,可以更加全面、深入地了解区块链技术在人力资源管理中的实际运作情况和问题,为优化和改进应用提供有力的支持。

1.4.2 研究思路

1.需求分析

需求分析是任何技术或方法引入之前的关键步骤,尤其在人力资源管理领域。针对区块链技术在人力资源管理中的应用,需求分析显得尤为重要,因为它决定了技术应用的针对性和有效性。以下是对需求分析这一步骤的详细介绍。

(1)人力资源管理领域的需求概述

人力资源管理涉及员工招聘、培训、绩效管理、薪酬福利等多个方面,每个方面都涉及大量的数据处理和信息交流。随着企业规模的扩大和业务的复杂化,人力资源管理面临着诸多挑战,如数据安全、信息透明、流程优化等。

(2)区块链技术特性与潜在应用

区块链技术以其去中心化、数据不可篡改、透明可追溯等特性,为人力资源管理提供了新的解决方案。通过引入区块链技术,可以优化现有流程,提升管理效率,确保数据安全,增强信息透明度。

(3)深入需求分析

①提高数据安全性:在人力资源管理中,员工信息、薪资数据等敏感信息的安全至关重要。区块链技术的加密和去中心化特性可以有效保护数据免受恶意攻击和篡改,提高数据安全性。

②增强信息透明度:区块链技术的公开透明性有助于解决人力资源管理中的信息不对称问题。例如,在招聘过程中,区块链可以记录应聘者的教育背景、工作经历等信息,确保信息的真实性和可追溯性,提高招聘的公正性和效率。

③优化招聘流程:传统的招聘流程烦琐且效率低下,区块链技术能够通过智能合约等方式简化流程,自动筛选符合条件的应聘者,降低人力资源部门的工作负担,提高招聘效率。

④提升员工背景验证效率:在员工入职前,需要进行背景调查以核实其身份和经历。区块链技术可以存储和验证这些关键信息,使得验证过程更加高效和准确。

(4)确定需求优先级与实施方案

在深入分析需求后,需要确定需求的优先级,并结合企业实际情况制定实施方案。例如,对于数据安全性和信息透明度等核心需求,可以优先考虑引入区块链技术;对于招聘流程和背景验证等辅助需求,可以根据实际情况逐步推进。

(5)结论

通过对人力资源管理领域的需求进行深入分析,我们可以明确区块链技术可以解决的问题和满足的需求。这为我们后续的技术引入、方案设计和实施提供了重要的参考依据。同时,需求分析也是一个持续的过程,需要随着企业发展和市场变化不断调整和优化。

综上所述,需求分析是区块链技术在人力资源管理中应用的关键步骤之一。通过深入分析人力资源管理领域的需求,我们可以更好地发挥区块链技术的优势,提升人力资源管理的效率和安全性。

2.技术可行性评估

技术可行性评估主要是评估区块链技术在人力资源管理中的应用可行性,包括技术成熟度、成本效益分析、法律法规限制等方面。这有助于确定区块链技术在人力资源管理中的适用范围和潜在风险。

在详细探讨区块链技术在人力资源管理中的应用可行性时,我们需要从多个维度进行深入分析,包括技术成熟度、成本效益分析、法律法规限制等方面。下面是对这些方面的具体介绍。

（1）技术成熟度评估

区块链技术目前已经发展到相对成熟的阶段,尤其在数据安全性、透明性和不可篡改性等方面表现出色。然而,当前区块链技术在人力资源管理中的应用还处于探索阶段,尚未形成广泛的行业标准和实践案例。因此,在评估技术成熟度时,我们需要关注以下几个方面。

①技术稳定性和可靠性:区块链技术的分布式特性使其具有较高的容错能力和抗攻击能力。然而,在实际应用中,还需要考虑其稳定性和可靠性,例如,如何确保系统的持续运行和数据的实时更新。

②兼容性和可扩展性:人力资源管理涉及多个系统和数据的交互,因此区块链技术需要具备良好的兼容性和可扩展性,以便与其他人力资源管理系统进行无缝集成。

③用户友好性:对于非技术背景的人力资源从业者来说,区块链技术的操作界面和流程需要简洁明了,易于上手。

（2）成本效益分析

在引入区块链技术时,成本效益是一个不可忽视的因素。我们需要从以下几个方面进行成本效益分析。

①初期投入成本:包括技术研发、系统部署、人员培训等方面的投入。这些成本可能相对较高,因为需要构建和维护一个安全可靠的区块链网络。

②运营和维护成本:区块链网络的运营和维护需要专业的技术人员进行持续的管理和监控,这也将产生一定的成本。

③预期收益:通过引入区块链技术,可以提高人力资源管理的效率和安全性,降低欺诈和错误的风险,从而为企业带来潜在的收益。这些收益需要与投入成本进行权衡,以确定区块链技术的引入是否具有经济可行性。

（3）法律法规限制

在评估区块链技术在人力资源管理中的应用可行性时,法律法规限制也是一个重要的考虑因素。我们需要关注以下几个方面。

①数据保护和隐私法规:随着数据保护意识的提高,各国纷纷出台数据保护和隐私法规。区块链技术在处理员工个人信息时需要确保符合这些法规的要求,例如,需要采取加密措施保护敏感数据,并遵守数据访问和使用的相关规定。

②劳动法规:劳动法规对员工的权益和雇佣关系进行了规定。在引入区块链技术时,需要确保符合劳动法规的要求,例如,在招聘和绩效评估过程中需要遵循公平、公正和透明的原则。

③跨境法律冲突:对于跨国企业来说,不同国家和地区的法律法规可能存在差

异。在引入区块链技术时,需要考虑如何避免跨境法律冲突,确保在全球范围内合规运营。

综上所述,通过对技术成熟度、成本效益分析和法律法规限制等方面的评估,我们可以更全面地了解区块链技术在人力资源管理中的应用可行性。这将有助于我们确定区块链技术的适用范围和潜在风险,为后续的决策和实施提供有力的支持。

3. 体系构建

在构建基于区块链技术的人力资源管理体系时,我们需要依据需求分析和技术可行性评估的结果,精心设计体系的各个组成部分。如下所示。

(1)确定体系框架

我们需要确立一个清晰的人力资源管理体系框架,以指导后续的开发和实施工作。这个框架应该包括以下几个核心要素。

①基础设施层:包括区块链网络、节点部署、数据存储等基础设施的建设,为整个体系提供稳定、安全的运行环境。

②应用层:根据人力资源管理的实际需求,开发相应的功能模块,如员工信息管理、招聘与选拔、薪酬与福利管理等。

③用户接口层:设计简洁易用的用户界面,方便人力资源从业者和其他相关人员进行操作和管理。

(2)设计功能模块

在确定了体系框架之后,我们需要进一步设计各个功能模块的具体功能和实现方式。以下是部分关键功能模块的设计思路。

①员工信息管理模块:利用区块链的去中心化和不可篡改特性,确保员工信息的真实性和完整性。通过智能合约实现员工信息的自动验证和更新,提高数据管理的效率和准确性。

②招聘与选拔模块:借助区块链的透明性,实现招聘过程的公开化和公正化。通过智能合约自动化筛选简历和安排面试,降低人为干预和偏见的影响,提高招聘质量。

③薪酬与福利管理模块:利用区块链技术记录薪酬和福利的发放情况,确保数据的真实性和可追溯性。通过智能合约自动化处理薪酬计算和发放流程,减少人为错误和延误。

(3)规划数据流程

在构建人力资源管理体系时,数据流程的设计至关重要。我们需要明确数据的来源、流向和处理方式,确保数据的准确性和安全性。

①数据收集与录入:建立统一的数据收集渠道和录入标准,确保数据的准确性和完整性。对于敏感数据,需要采取加密措施进行保护。

②数据处理与分析:利用区块链技术提供的数据透明性和可追溯性,对人力资源数据进行深度分析和挖掘。通过数据可视化工具展示分析结果,为决策提供有力支持。

③数据共享与协同:通过区块链技术实现人力资源数据的跨部门、跨企业共享和协同。在保障数据安全的前提下,提高数据的利用效率和协同效率。

(4)确保发挥体系优势

在构建人力资源管理体系的过程中,我们还需要关注如何充分发挥区块链技术的优势。这包括以下几方面。

①强化数据安全与隐私保护:利用区块链的加密技术和分布式存储特性,确保人力资源数据的安全性和隐私性。

②提高透明度和信任度:通过区块链技术实现人力资源管理过程的透明化和公正化,增强员工对企业的信任感。

③优化流程与降低成本:利用智能合约自动化处理人力资源管理流程,降低人为干预和错误率,提高工作效率。同时,通过减少纸质文档数量和中间环节,降低管理成本。

综上所述,构建基于区块链技术的人力资源管理体系需要综合考虑体系框架、功能模块、数据流程等多个方面。通过精心设计和实施,我们可以确保体系能够满足人力资源管理的实际需求并发挥区块链技术的优势。

4. 应用实践

将构建好的基于区块链技术的人力资源管理体系应用于实际场景中,是一个关键的步骤,它能够帮助我们验证体系的可行性和有效性,并在实践中不断优化和改进。以下是关于应用实践环节的介绍详细。

(1)选定实际场景

我们需要根据企业的实际情况和需求,选定一个或多个具有代表性的实际场景进行应用实践。这些场景可以涵盖人力资源管理的各个方面,如员工信息管理、招聘与选拔、薪酬与福利管理等。

(2)体系部署与实施

在确定实际场景后,我们需要将构建好的基于区块链技术的人力资源管理体系进行部署和实施。这包括以下几个步骤。

①环境搭建:根据体系的技术要求,搭建相应的区块链网络环境,包括节点部署、智能合约部署等。

②数据迁移与初始化:将原有的人力资源管理数据迁移到区块链网络中,并进行初始化操作,确保数据的准确性和完整性。

③用户培训:对人力资源从业者和其他相关人员进行培训,使其熟悉新的管理体系和操作流程。

(3)实践验证与效果评估

在体系部署和实施完成后,我们需要通过实践来验证其可行性和有效性。这包括以下几个方面的评估。

①功能验证:验证各个功能模块是否按照预期工作,是否能够满足实际场景的需求。

②性能评估:评估体系的性能表现,包括处理速度、数据安全性、稳定性等方面。

③用户反馈收集:收集人力资源从业者和其他相关人员的反馈意见,了解他们对新体系的满意度和改进建议。

(4)数据收集与分析

在应用实践过程中,我们需要收集相关的数据,以便对体系的效果进行深入分析。这些数据可以包括以下几方面。

①操作数据:记录用户在新体系中的操作行为,如数据录入、查询、修改等。

②效果数据:收集反映新体系效果的数据,如工作效率提升情况、数据错误率降低情况等。

通过对这些数据的分析,我们可以了解新体系在实际运行中的表现,以及哪些方面需要进一步改进。

(5)体系优化与改进

根据实践验证和数据分析的结果,我们需要对体系进行持续优化和改进。这可以包括以下几个方面。

①功能完善:根据用户反馈和实际需求,完善或增加新的功能模块,提升体系的实用性。

②性能提升:针对性能瓶颈进行优化,提高体系的处理速度和稳定性。

③用户体验优化:改进用户界面的设计和操作流程,提升用户体验。

通过持续优化和改进,我们可以使基于区块链技术的人力资源管理体系更加符合企业的实际需求,并不断提升其在实际应用中的效果和价值。

综上所述,应用实践是将基于区块链技术的人力资源管理体系从理论转化为实际的关键环节。通过选定实际场景、体系部署与实施、实践验证与效果评估、数据收集与分析以及体系优化与改进等步骤,我们可以不断验证体系的可行性和有效性,并在实践中不断完善和提升其性能和价值。

5. 总结与展望

对研究过程和成果进行总结,提炼出基于区块链技术的人力资源管理体系的构建方法和应用策略。同时,对未来的研究方向和发展趋势进行展望,为后续的研究和实践提供指导和借鉴。

(1)研究总结

本研究围绕基于区块链技术的人力资源管理体系展开,从理论构建到实践应用进行了全面而深入的探讨。在研究过程中,我们取得了以下主要成果和结论。

①理论框架构建:我们成功构建了一个基于区块链技术的人力资源管理体系理论框架,该框架涵盖了数据层、网络层、共识层、合约层和应用层等多个层面,为后续的实践应用提供了坚实的理论基础。

②技术实现突破:在技术实现方面,我们利用区块链的不可篡改、分布式存储等特性,解决了传统人力资源管理中的数据不一致、信任缺失等问题。通过智能合约的自动执行,实现了人力资源管理流程的自动化和智能化。

③实践应用验证:在实际场景中,我们将构建好的管理体系进行了部署与实施,并通过实践验证了其可行性和有效性。实践结果表明,该体系能够显著提高人力资源管理的效率和准确性,降低运营成本,并能够提升员工满意度。

④反馈收集与优化:在应用过程中,我们积极收集用户反馈和数据,对体系进行了持续优化和改进。这使我们能够更好地满足企业的实际需求,并不断提升体系的性能和价值。

(2)应用策略提炼

基于以上研究总结,我们提炼出以下基于区块链技术的人力资源管理体系的应用策略。

①明确应用场景与需求:在应用前,需要明确企业的实际需求和应用场景,以便选择合适的技术方案和构建符合实际需求的管理体系。

②加强技术培训与普及:由于区块链技术相对较新,需要对人力资源从业者和其他相关人员加强技术培训和普及工作,提高他们的技术素养和实际应用能力。

③注重数据安全与隐私保护:在应用过程中,需要注重数据的安全性和隐私保护,采取适当的技术手段和管理措施,确保数据的机密性、完整性和可用性。

④持续优化与改进:根据实践反馈和数据分析结果,持续对管理体系进行优化和改进,提升其性能和价值。

(3)未来展望

基于区块链技术的人力资源管理体系有着广阔的发展前景和潜力。以下是我们对未来研究方向和发展趋势的展望。

①技术融合与创新:随着区块链技术的不断发展和完善,未来可以与更多先进的技术进行融合和创新,如人工智能、大数据等,进一步提升人力资源管理体系的智能化和自动化水平。

②跨企业协作与共享:基于区块链技术的去中心化特性,未来可以实现不同企业之间的人力资源管理数据共享和协作,促进人力资源的优化配置和流动。

③政策与法规支持:随着区块链技术在人力资源管理领域的应用逐渐普及,未来需要制定相应的政策和法规来规范其发展和应用,以保障企业和员工的合法权益。

综上所述,本研究对基于区块链技术的人力资源管理体系进行了全面而深入的探讨和总结,提炼出了有效的应用策略,并对未来的研究方向和发展趋势进行了展望。这些成果和结论为后续的研究和实践提供了重要的指导和借鉴价值。

通过以上研究方法和思路的运用,可以全面深入地了解区块链技术在人力资源管理中的应用价值和实现路径,为企业的数字化转型和智能化升级提供有力支持。

第 2 章　区块链技术原理与特点

区块链是去中心化、安全、不可篡改的分布式数据库技术。它的每个区块都由网络中的节点进行共识和验证,并由密码学算法保障数据的传输和存储安全。其特点包括去中心化、安全性、不可篡改、透明性和高效性。可以更好地实现数据的存储和共享,提高数据交换的效率和质量。

2.1　区块链技术简介

我们可以通过例子来理解区块链技术,假设有一个医院,想要建立一个病人隐私数据的维护系统。传统的方式是,病人就诊后,医院将病人的个人信息和病历记录在一个中心化的数据库中。这种方式存在着安全风险,因为这些数据都集中在同一个地方,可能被黑客攻击或内部攻击者窃取。

而采用区块链技术,可以使数据更安全、去中心化,防止数据被篡改或删除。医院可以使用区块链来记录病人的医疗信息,每个病人都拥有一个自己的基于区块链的账户,记录病人的个人数据、病历、药品处方等信息。

数据中心是一个集中存储、管理和处理大量数据的物理设施,通常由大型计算机服务器和相关设备组成。数据中心通过网络连接提供数据存储、处理和分发的服务。它主要用于托管各种应用程序、数据库和文件服务器等。

区块链是一种分布式账本技术,由一系列连续的数据块组成,每个数据块都包含一些交易记录。区块链中的数据通过网络分布在多个节点上,而非集中存储在单个数据中心。区块链采用了去中心化和共识机制,使得数据更加透明、可验证和安全。

2.1.1　区块链相较传统数据存储具有的优势

1. 去中心化

相较于数据中心的集中存储,区块链的数据分布在多个节点上,没有中心化的管理机构,每个节点都有完整的数据副本,提高了系统的抗攻击性和容错性。

(1)去中心化的基本概念

去中心化是区块链技术的核心特性之一,意味着数据的存储、验证和传输不再依赖于单一的中心化机构或服务器。在传统的数据中心架构中,数据通常集中存储于少数几个中心节点,由这些节点负责数据的处理和管理。而在区块链系统中,数据被分散存储在网络中的多个节点上,没有中心化的管理机构或单点故障点。

(2)区块链的去中心化实现方式

区块链通过分布式账本技术实现去中心化。每个参与节点都维护一个完整的账本副本,并且这些账本之间通过加密技术确保数据的一致性和不可篡改性。当新的数据(如交易记录)需要被添加到区块链时,这些数据会被发布到网络中的所有节点,并通过共识机制(如工作量证明、权益证明等)确保数据在所有节点上的同步更新。

(3)去中心化带来的优势

①抗攻击性提高:由于数据分散存储于多个节点,攻击者需要同时攻击网络中的大部分节点才能篡改数据,这使得攻击成本大大提高,从而增强了系统的安全性。

②容错性增强:即使部分节点因故障或恶意行为而离线,其他节点仍然可以正常工作,确保整个系统的稳定运行。这种分布式架构使得区块链系统具有更强的容错性和鲁棒性。

③权力分散:去中心化还意味着权力的分散,避免了中心化机构可能存在的滥用权力、单点故障和审查等问题。在区块链系统中,每个节点都有平等的权利和义务参与数据的验证和存储,确保了系统的公平性和透明性。

(4)实际应用场景中的去中心化

去中心化在多个领域具有广泛应用,如金融、供应链管理、版权保护等。以金融领域为例,去中心化的区块链技术可以实现跨境支付、数字货币交易等场景,降低交易成本,提高交易效率,并减少对传统金融机构的依赖。在供应链管理中,去中心化的区块链技术可以确保商品信息的真实性和可追溯性,提高供应链的透明度和效率。

综上所述,区块链的去中心化特性使得数据更加安全、可靠和透明,降低了对中心化机构的依赖,提高了系统的抗攻击性和容错性。这些优势使得区块链技术在多个领域具有广泛的应用前景。

2. 不可篡改性

区块链的不可篡改性是其核心特性之一,确保了数据的安全性和防伪造能力,赢得了广泛的可信度。下面详细讲解并引证分析这一特性。

区块链的不可篡改性主要得益于其独特的数据结构。区块链由一系列按照时间顺序排列的数据块组成,每个数据块都包含了一定时间内的交易信息,并通过密码学算法进行加密和验证。更重要的是,每个数据块都包含了前一个数据块的哈希值,这样就形成了一个链条结构。哈希值是一种将任意长度的数据映射为固定长度的数字摘要的技术,具有单向性和雪崩效应,即一旦原始数据发生微小变化,其哈希值就会发生巨大变化。

这种链式结构和哈希值的应用使得区块链上的数据具有极高的不可篡改性。具体来说,如果试图篡改区块链中的某个数据块,就必须同时修改其后所有数据块的哈希值,否则篡改将无法被其他节点接受。然而,由于哈希值的单向性和雪崩效应,以及区块链网络中节点众多且分布广泛的特点,这种篡改几乎是不可能的。因此,一旦数据被写入区块链,就几乎无法被篡改。

区块链的共识机制也进一步增强了其不可篡改性。在区块链网络中,节点之间通过共识机制来达成对数据一致性的认可。例如,在比特币等公有链中,采用的是工作量证明(proof of work,PoW)机制,节点需要解决复杂的数学问题才能将新的数据块添加到区块链上,并获得一定的奖励。这种机制确保了只有付出足够努力的节点才能参与数据的写入和验证,从而防止了恶意节点的篡改行为。

从实际应用和安全性的角度来看,区块链的不可篡改性在多个领域都得到了验证。例如,在供应链管理、金融交易、知识产权保护等方面,区块链技术都能有效防止数据被篡改或伪造,提高了系统的安全性和可信度。同时,由于区块链的透明性,任何篡改行为都会在网络中留下痕迹,从而增加了发现和阻止篡改的难度。

综上所述,区块链的不可篡改性得益于其独特的数据结构、哈希值的应用以及共识机制的保障。这一特性使得区块链在数据安全和防伪造方面具有很高的可信度,并在多个领域得到了广泛应用和验证。随着技术的不断发展,相信区块链的不可篡改性将会得到进一步加强和完善。

3. 透明性和可验证性

区块链技术的透明性和可验证性是其重要的优势之一,这两个特性共同确保了数据的公开性和可信度,为各种交易场景提供了强有力的支持。下面,我们将详细讲解并引证分析这两个特性。

(1)透明性

区块链的透明性主要体现在所有参与者都可以查看区块链上的交易记录。这是因为区块链是一个分布式账本,它并不依赖于某个中心化的机构或实体来维护和管理数据。相反,每个参与者都持有整个区块链的副本,并可以实时同步最新的交易信息。这种去中心化的结构使得区块链上的数据对所有人都是开放的,任何人都可以查看区块链上的交易记录,从而保证了数据的透明性。

透明性在金融交易和供应链管理等场景中尤为重要。在金融交易中,透明性有助于减少欺诈和腐败的风险,因为所有的交易记录都是公开可见的,任何不合规的行为都很容易被识别和追踪。在供应链管理中,透明性则有助于提高供应链的效率和可追溯性。通过查看区块链上的记录,企业可以实时了解产品的生产、运输和销售情况,从而优化供应链管理流程,降低运营成本。

(2)可验证性

区块链的可验证性是指参与者可以使用密码学算法来验证区块链上的交易记录的真实性和完整性。由于区块链采用了哈希值和数字签名等技术,每个交易记录都被加密并附加了数字签名,以确保其真实性和不可篡改性。因此,任何参与者都可以使用相同的算法来验证区块链上的交易记录,从而确认其有效性。

可验证性在需要高度信任的交易场景中尤为重要。在金融领域,通过验证区块链上的交易记录,参与者可以确保交易的合法性和真实性,避免受到欺诈或虚假交易的影响。在供应链管理领域,可验证性则有助于确保产品的质量和来源的真实性。通过验证区块链上的记录,消费者可以确认产品的生产过程和来源是否符合要求,从而增强对产品的信任度。

综上所述,区块链的透明性和可验证性为各种交易场景提供了强有力的支持。这两个特性共同确保了数据的公开性和可信度,使得区块链技术成为金融交易、供应链管理等领域的理想选择。随着技术的不断发展和完善,相信区块链的透明性和可验证性将在更多领域得到广泛应用和验证。

4. 高效性

区块链技术的高效性是其核心优势之一,这种高效性主要得益于其独特的共识机制。共识机制在区块链中扮演着关键角色,它确保所有参与者在没有中心化机构的情况下能够达成对数据的一致性,从而大大提高了数据处理和交易的效率。

首先,我们需要理解共识机制是如何工作的。以工作量证明和权益证明(proof of stake,PoS)为例,这两种机制都是区块链中常见的共识算法(后面我们会具体讲解和分析)。PoW 要求网络中的节点通过解决复杂的数学问题来验证交易并创建新的区块,而 PoS 则根据节点持有的代币数量来分配验证交易的权力。这些机制不仅确保了区块链的安全性和稳定性,还减少了传统中心化机构的需要,降低了交易成本,提高了交易速度。

其次,高效性在区块链技术中的体现是显著的。传统的中心化信任机构和中介在数据处理和交易过程中往往扮演着重要角色,但这些机构的存在不仅增加了成本,还可能导致交易速度变慢和效率低下。而区块链通过共识机制,使得所有参与者都能直接进行交互和验证,无须第三方机构的参与。这种去中心化的特性大大简化了交易流程,提高了数据处理的速度和效率。

再次,区块链的分布式账本特性也为其高效性提供了有力支持。由于每个参与者都持有完整的账本副本,并且所有的交易记录都是公开透明的,这使得数据的验证和同步变得非常迅速和高效。任何参与者都可以快速获取和验证所需的交易信息,而无须等待中心化机构的确认或处理。

最后,在实际应用中,区块链的高效性已经得到了广泛验证。例如,在跨境支付领域,区块链技术可以大幅减少传统银行体系中的中介环节和成本,提高跨境支付的速度和效率。在供应链管理领域,区块链可以实时跟踪和验证产品从生产到销售的整个过程,提高供应链的透明度和效率。

综上所述,区块链技术通过共识机制实现了对数据一致性的需要,减少了传统中心化信任机构和中介的需要,从而大大提高了数据处理和交易的效率。这种高效性使得区块链技术在多个领域都具有广阔的应用前景。随着技术的不断发展和完善,相信区块链的高效性将在更多领域得到充分体现和应用。

2.1.2 区块链技术的限制及其在病例数据管理中的应用

1. 区块链技术的限制

区块链技术虽然带来了诸多优势,但同样存在一些限制,这些限制主要体现在以下几个方面。

(1)数据存储与处理能力的限制

区块链的每个节点都需要存储整个链的数据副本,这意味着随着数据量的增长,每个节点的存储压力会越来越大。对于医疗领域这种需要处理大规模病例数据的场景,区块链的存储能力可能会受到挑战。

区块链的共识机制需要所有节点对新的交易或数据进行验证,这可能导致处理速度变慢,特别是在节点数量众多或网络拥堵的情况下。对于需要快速响应的医疗场景,这种处理能力的限制可能成为一个问题。

(2)技术实现与灵活性的限制

区块链的设计初衷是为了实现去中心化、安全性和不可篡改性,但这也导致其在某些传统数据管理场景中的灵活性受限。例如,传统的数据库系统可以通过索引、查询优化等方式提高数据处理效率,而区块链由于其特殊的结构和验证机制,可能无法实现这些高级功能。

区块链技术的实现通常需要特定的编程语言和框架,这对于非技术背景的医疗人员来说可能存在一定的学习门槛。

2. 区块链技术在病例数据管理中的应用

尽管存在上述限制,但区块链技术在病例数据管理中的应用仍然具有广阔的前景。具体来说,其应用主要体现在以下几个方面。

(1)数据安全性与完整性保障

通过区块链的不可篡改性,可以确保病例数据在传输和存储过程中的完整性和真实性。每个新生成的病例区块都需要经过网络中的节点共识才能被添加到区块链中,这大大增加了数据被篡改的难度。

区块链的加密算法还可以提供强大的数据保护,防止未经授权的访问和数据泄露。

(2)隐私保护与访问控制

区块链技术可以通过加密和权限控制机制实现对病例数据的隐私保护。只有经过授权的人员才能访问和查看特定的病例数据,这大大增强了数据的隐私性。

通过智能合约等技术,还可以实现更精细化的访问控制策略,例如根据不同的角色或需求设置不同的数据访问权限。

(3)数据共享与协作

在传统的医疗数据管理模式中,数据共享往往面临诸多障碍,如数据格式不兼容、数据所有权不明确等问题。而区块链技术可以提供一个去中心化的数据共享平台,使得不同医疗机构之间可以更加方便地共享和协作处理病例数据。

通过区块链的透明性和可追溯性,还可以确保数据在共享过程中的公正性和可信度,减少数据篡改或伪造的风险。

尽管目前关于区块链技术在病例数据管理中的应用的具体案例和研究还相对较少,但一些初步的探索和实验结果已经证明了其潜力和可行性。例如,某些医疗机构已经开始尝试使用区块链技术来管理电子病历和医疗影像数据,以提高数据的安全性和隐私保护水平。同时,一些学者也在积极研究如何将区块链技术与医疗领域的实际需求相结合,以推动医疗数据管理的创新和发展。

综上所述,虽然区块链技术在数据存储与处理、技术实现与灵活性等方面存在一定的限制,但其在病例数据管理中的应用仍然具有广阔的前景和潜力。随着技术的不断进步和应用的不断深化,相信区块链技术将在未来为医疗数据管理带来更多的创新和价值。

2.2 区块链技术原理

2.2.1 区块链技术的核心

区块链技术的核心在于其分布式数据库的特性,这意味着数据并非存储在一个中心化的服务器上,而是分布在网络中的多个节点上。这种分布式结构使得数据更加安全,因为任何一个节点的损坏或攻击都不会影响整个网络的运行和数据的安全。这一特性使得区块链与传统的中心化数据库存在显著的差异。以下是对这一特性的详细讲解和分析。

1. 分布式数据库的定义与特点

分布式数据库是指数据在物理上分散存储在网络中的多个节点(或称为"计算机"或"服务器")上,但在逻辑上却是统一管理的。其特点是每个节点都能独立地处理本地的数据,同时也能够与其他节点进行通信和协同工作。

2. 分布式数据库的实现

在区块链中,分布式数据库的特性是通过以下方式实现的。

(1)去中心化存储。区块链不依赖于任何中心化的服务器或机构来存储数据。相反,数据被分散地存储在网络中的众多节点上。这些节点可以是个人计算机、矿机、服务器或其他类型的计算设备。

(2)数据冗余与副本。由于数据分布在多个节点上,每个节点都持有区块链的一个完整或部分副本。这种数据冗余确保了数据的可靠性和持久性。即使部分节点出现故障或被攻击,其他节点仍然可以维持数据的完整性和可用性。

(3)节点间的通信与同步。区块链网络中的节点通过特定的通信协议进行数据交换和同步。当一个新的区块被创建并添加到链上时,这个信息会迅速传播到网络中的其他节点,并通过共识机制得到验证和确认。

3. 分布式结构带来的安全性提升

(1)抗单点故障。由于数据分布在多个节点上,任何一个节点的损坏或故障都不会导致整个系统的崩溃。这种抗单点故障的特性使得区块链系统更加稳健和可靠。

(2)防止数据篡改。由于每个节点都持有区块链的副本,并且节点间通过共识机制进行数据同步和验证,因此任何对数据的篡改都会立即被网络中的其他节点识别和拒绝。这种机制确保了数据的完整性和真实性。

（3）抵御攻击。分布式结构使得区块链系统更加难以被攻击。攻击者需要同时控制网络中的大部分节点才能对系统造成实质性的影响,这在现实中几乎是不可能的。

综上所述,区块链技术的分布式数据库特性通过去中心化存储、数据冗余与副本,以及节点间的通信与同步等方式实现,为数据的安全性和可靠性提供了强有力的保障。这种特性使得区块链技术在众多领域具有广泛的应用前景,如金融、供应链管理、身份验证等。

2.2.2　区块链以块的形式记录和存储交易数据

区块链中的每个块都包含了一定的信息,如交易信息、时间戳、链上地址等。同时,每个块都包含前一个块的哈希值和自身的交易数据,形成一个不断增长的链条。这种链式结构确保了数据的完整性和可追溯性,因为任何对数据的篡改都会破坏链条的连续性,从而被网络中的其他节点识别和拒绝。

1. 区块的结构与内容

区块链的基本单位是“块”,每个块都包含了丰富的信息,这些信息共同构成了区块的完整内容。区块主要包括以下几个部分。

（1）交易信息。这是区块中最核心的内容,记录了所有在该时间段内发生的交易。每笔交易都包含了发送方、接收方、交易金额等信息,确保了交易的透明性和可追溯性。

（2）时间戳。每个区块都标记了一个具体的时间戳,这不仅是区块生成的时间记录,也是确保区块按照时间顺序排列的关键。时间戳的引入使得区块链成为一个按照时间顺序排列的不可篡改的数据结构。

（3）链上地址。链上地址是区块链网络中用于标识用户或实体的唯一地址。通过链上地址,可以追踪到每个交易的发起者和接收者,进一步增强了交易的透明性。

（4）哈希值。每个区块都包含前一个区块的哈希值,这是连接区块与区块之间的关键。哈希值是一种固定长度的数字指纹,它是对区块内容的一种加密摘要,具有唯一性和不可逆性。

2. 链式结构的形成与特点

通过包含前一个区块的哈希值,每个新生成的区块都与前一个区块形成了紧密的联系,从而构成了一个不断增长的链条。这种链式结构具有以下特点。

（1）数据完整性。由于每个区块都包含了前一个区块的哈希值,任何对区块内容的篡改都会导致其哈希值发生变化,进而破坏整个链条的连续性。因此,区块链能够确保数据的完整性,防止数据被恶意篡改。

(2)可追溯性。链式结构使得区块链可以追溯到创世区块(即第一个区块),从而确保了交易历史的可追溯性。通过查看区块链上的记录,可以清楚地了解每笔交易的来源和去向。

(3)去中心化。由于数据是分布式存储在网络中的多个节点上的,没有一个中心化的机构或服务器来控制或篡改数据。这种去中心化的特性使得区块链更加安全和可靠。

3. 链式结构对数据安全性的提升

链式结构通过确保数据的完整性和可追溯性,为区块链技术的数据安全性提供了有力保障。

(1)防止双重支付。在数字货币领域,双重支付是指同一笔资金被多次使用的情况。由于区块链的链式结构能够确保交易的唯一性和不可篡改性,因此可以有效防止双重支付的发生。

(2)抵御篡改攻击。任何对区块链上数据的篡改都会破坏链条的连续性,使得篡改后的数据无法被网络中的其他节点接受和验证。因此,区块链能够抵御来自外部的篡改攻击。

综上所述,区块链以块的形式记录和存储交易数据,通过链式结构确保了数据的完整性和可追溯性。这种特性使得区块链技术在金融、供应链管理、身份验证等众多领域具有广阔的应用前景。

2.2.3 区块链技术通过密码学算法保证数据的安全性和不可篡改性

这是区块链技术能够广泛应用的关键所在。下面将详细介绍和分析密码学算法在区块链技术中的应用及其重要性。

1. 数据的加密和验证

通过使用一系列复杂的加密算法,区块链技术能够确保数据在传输和存储过程中的安全性。这些算法使得未经授权的第三方无法轻易获取或篡改区块链上的数据,从而保护了数据的安全性和完整性。

2. 生成和验证交易

在区块链中,每笔交易都需要经过一系列复杂的加密处理,以确保其真实性和有效性。这通常涉及使用公钥和私钥进行加密、解密操作,以及数字签名的应用。通过这些算法,交易的发起者和接收者可以验证彼此的身份,并确保交易的内容在传输过程中没有被篡改。

3. 保障智能合约的安全性

智能合约是区块链技术的一个重要应用,它允许在无须第三方干预的情况下自动执行合同条款。然而,智能合约的安全性一直是人们关注的焦点。通过使用密码学算法,可以对智能合约进行编码和验证,防止恶意代码的注入和执行,提高合约执行的可靠性。

4. 防止潜在的网络攻击

随着区块链技术的广泛应用,针对区块链的攻击手段也日益增多。然而,由于密码学算法的存在,攻击者很难通过篡改或伪造数据来破坏区块链的完整性和安全性。因此,密码学算法是区块链技术中不可或缺的一部分。

综上所述,密码学算法在区块链技术中发挥着至关重要的作用,它保证了数据的安全性和不可篡改性,使得区块链技术能够在众多领域得到广泛应用。未来,随着技术的不断发展,密码学算法还将继续为区块链技术的安全性和可靠性提供有力保障。

2.2.4 区块链采用了共识机制来确保所有节点都能达成数据的一致性

区块链技术中的共识机制是确保所有节点数据一致性的核心机制。通过共识机制,区块链网络中的节点能够就交易记录的有效性达成一致,从而维护整个网络的稳定性和安全性。不同的区块链可能采用不同的共识算法,以适应不同的应用场景和需求。下面将详细介绍和分析几种常见的共识机制。

1. 工作量证明

工作量证明(proof of work,PoW)机制是区块链技术中最早也是最为人熟知的共识机制之一。在 PoW 机制中,节点通过解决复杂的数学问题(通常是哈希计算)来争夺新区块的创建权。成功解决数学问题的节点将获得创建新区块的权利,并获得一定数量的奖励。这种机制确保了网络的安全性和稳定性,因为攻击者需要拥有足够的算力才能对网络进行攻击。然而,PoW 机制也存在一些缺点,如能源消耗大、交易确认时间长等。

2. 权益证明

与 PoW 不同,权益证明(proof of stake,PoS)机制要求节点抵押一定数量的资产(通常是区块链网络的代币)来参与共识过程。节点的抵押数量越多,其获得创建新区块权利的概率就越大。这种机制降低了能源消耗,提高了交易速度,但也可能导致"富者更富"的情况出现,因为拥有更多资产的节点将更容易获得创建新区块的权利。

3. 其他的共识机制

除了 PoW 和 PoS 外,还有一些其他的共识机制,如委托权益证明(delegated proof of stake,DPoS)和实用拜占庭容错(practical byzantine fault tolerance,PBFT)等。DPoS 机制通过让节点选举出一定数量的代表来参与共识过程,从而提高了网络的运行效率。PBFT 机制则是一种适用于联盟链和私有链的共识机制,它通过多阶段的信息交互和验证来达成共识,具有较高的容错性和可扩展性。

这些共识机制各有优缺点,适用于不同的场景和需求。在选择共识机制时,需要综合考虑网络的安全性、稳定性、交易速度、能源消耗等因素。同时,随着区块链技术的不断发展,未来还可能出现更多创新的共识机制,以适应更广泛的应用场景。

总的来说,区块链通过采用共识机制来确保所有节点数据的一致性,从而维护整个网络的稳定性和安全性。不同的共识算法在解决复杂数学问题或抵押资产方面各有特色,使得区块链技术能够适应不同的应用需求。随着技术的不断进步和创新,共识机制将在区块链领域发挥更加重要的作用。

2.2.5 智能合约是区块链技术的另一大特点

智能合约是区块链技术中的一项重要创新,它极大地扩展了区块链的应用场景和可能性。作为自动执行和管理数字资产交易的计算机程序,智能合约改变了传统合同执行的方式,提高了交易的效率和可信度,同时也降低了交易成本。

1. 智能合约的执行是自动的

这意味着一旦预设的条件被满足,合约就会自动执行相应的操作,无须人工干预。这种自动执行的特点消除了人为错误和延误的可能性,提高了交易的效率。同时,由于智能合约的执行是基于区块链的,因此它具有不可篡改性和可追溯性,确保了交易的可信度和安全性。

2. 智能合约降低了交易成本

在传统的合同执行过程中,通常需要借助第三方机构(如律师、公证人等)来确保合同的履行。然而,这些第三方机构往往会收取高额的费用,增加了交易成本。而智能合约通过自动执行的方式,消除了对第三方机构的依赖,从而降低了交易成本。

3. 智能合约增强了交易的透明度和公开性

由于智能合约的执行过程和结果都被记录在区块链上,因此任何人都可以查看和验证这些记录。这种透明度和公开性有助于建立信任,促进交易的顺利进行。同时,它也有助于防止欺诈和不当行为的发生,因为任何尝试篡改或伪造合约记录的行为都会被迅速发现。

　　然而,智能合约也存在一些挑战和限制。例如,智能合约的编写和执行需要一定的技术水平和经验,这可能会限制其在一些领域的应用。此外,由于智能合约的自动执行特性,一旦合约中存在错误或漏洞,可能会导致严重的后果。因此,在编写和部署智能合约时,需要格外小心和谨慎。

　　智能合约是区块链技术的一大特点,它通过自动执行和管理数字资产交易,提高了交易的效率和可信度,降低了交易成本,并增强了交易的透明度和公开性。随着区块链技术的不断发展和完善,智能合约将在更多领域得到应用,为人们的生活带来更多便利和可能性。

　　综上所述,区块链技术的原理主要基于其分布式数据库的特性、链式数据结构、密码学算法的应用、共识机制的采用以及智能合约的实现。这些原理共同构成了区块链技术的核心,使其在各种应用场景中都能发挥出巨大的潜力。

2.3　区块链技术特点

　　区块链技术具有去中心化、保密性、透明性、可追溯性和抗篡改性等特点。以下通过实际案例来详细介绍这些特点。

2.3.1　去中心化

　　去中心化作为区块链技术的核心特点之一,对于区块链技术的发展和应用起到了至关重要的作用。它意味着权利的分散和决策的民主化,使得整个系统不再依赖于单一的中心机构或个体。

　　1.去中心化的定义与实现

　　去中心化是指系统或服务不由单个实体或中心机构控制,而是由网络中的多个节点共同参与、共同维护。在区块链中,去中心化是通过分布式账本技术实现的,即所有交易记录都被分散存储在网络中的多个节点上,而不是集中存储在某个中心服务器上。

　　以比特币为例,它是一个典型的去中心化区块链项目。在比特币网络中,每个参与者都可以作为一个节点,共同维护整个网络的运行。这些节点会互相通信、验证交易记录的有效性,并将这些记录添加到区块链中。由于每个节点都保存了完整的交易记录,因此网络中的任何节点都可以验证交易的真实性和有效性,而无须经过任何中介机构。

2. 去中心化的优点

（1）减少单点故障风险

在传统的中心化系统中，一旦中心机构发生故障或被攻击，整个系统就可能陷入瘫痪。而去中心化的区块链网络由于权利分散、节点众多，因此具有更强的鲁棒性和抗攻击能力。即使部分节点出现故障或被攻击，整个网络仍然能够正常运行。

（2）提高网络安全性

由于区块链中的每个节点都可以验证交易记录的有效性，这使得欺诈和篡改行为变得非常困难。因为任何试图篡改交易记录的行为都需要同时修改网络中大部分节点的记录，这在技术上是几乎不可能的。因此，去中心化提高了网络的安全性。

（3）增强系统稳定性

去中心化的网络结构使得系统更加稳定。因为每个节点都有能力参与网络的维护和验证工作，所以网络不会因为某个节点的失效而崩溃。这种稳定性对于金融、供应链等关键领域的应用尤为重要。

3. 去中心化的挑战与限制

去中心化作为一种新兴的网络架构和组织模式，尽管为现代社会带来了诸多显著的益处，如提升安全性、增强数据透明度和促进创新等，但同时也伴随着一系列挑战与限制。下文是这些挑战与限制的详细探讨，并进行引证分析。

（1）资源需求与运营成本

去中心化网络的核心特性是分布式和去中心化，这意味着网络中的每个节点都需要参与数据的验证、存储和传输。这种机制虽然提高了网络的安全性和可靠性，但同时也带来了更高的计算和存储资源需求。随着网络规模的扩大和数据的增长，这些需求将呈指数级增长，导致运营成本显著增加。

例如，比特币网络作为一个典型的去中心化网络，其运行依赖于全球范围内的大量矿工节点。这些节点需要消耗大量的计算资源来参与挖矿过程，以确保比特币网络的安全和稳定运行。然而，这也导致了高昂的电力和硬件成本，使得一些小型或个体矿工节点难以承受。

（2）决策效率与复杂性

在去中心化的网络中，由于权利分散到每个节点，决策过程通常涉及多个节点之间的协商和共识机制。这种机制虽然提高了决策的公正性和透明度，但也可能导致决策过程变得更为复杂和缓慢。

以区块链技术为例，其共识机制（如 PoW、PoS 等）虽然确保了网络的安全和数据的完整性，但同时也导致了交易确认时间的延长。在比特币网络中，一笔交易的确认可能需要等待多个区块的产生,这大大延长了交易的实时性。

（3）监管与合规挑战

去中心化网络的无中心、分布式特性使得传统的监管手段难以直接应用。传统的监管体系通常依赖于中心化的机构来收集和分析数据,而在去中心化网络中,数据分散在各个节点,且可能经过加密处理,这使得监管机构难以获取和分析必要的信息。

此外,去中心化网络中的参与者可能来自全球各地,不同国家和地区的法律法规存在差异,这也增加了合规的难度。例如,加密货币作为一种典型的去中心化应用,其在不同国家和地区的监管政策存在较大差异,甚至在某些地区被完全禁止。

去中心化虽然带来了诸多优势,但也面临着资源需求、运营成本、决策效率以及监管合规等方面的挑战与限制。在推动去中心化技术发展的同时,我们也需要充分考虑这些挑战,并寻求有效的解决方案来克服它们。例如,通过优化算法和硬件来降低资源需求,设计更高效的共识机制来提高决策效率,以及加强与监管机构的合作来确保合规性等。

综上所述,去中心化作为区块链技术的核心特点之一,为区块链技术的发展和应用提供了重要的支撑。它减少了单点故障的风险、提高了网络的安全性和稳定性,但同时也面临一些挑战和限制。未来,随着技术的不断进步和应用场景的不断拓展,去中心化有望在更多领域发挥重要作用。

2.3.2　保密性

保密性是区块链技术的另一个重要特点,区块链技术通过公钥密码学的方式来保证交易的隐私性。比如,Zcash 是一个使用零知识证明的区块链项目,它可以保护用户交易的完整性和隐私性,而且只有交易双方才能够访问交易信息,第三方无法获取。

区块链技术的保密性是其另一个引人注目的特点,它确保了交易数据在分布式网络中的隐私性和安全性。以下将详细介绍和分析区块链技术的保密性,并以 Zcash 为例,说明如何通过零知识证明来实现交易的隐私保护。

1. 区块链技术通过公钥密码学的方式来实现保密性

公钥密码学是一种非对称加密技术,它使用一对密钥（公钥和私钥）来加密和解密数据。在区块链中,公钥用于加密信息,而私钥用于解密信息。这种机制确保了只有拥有相应私钥的交易参与者才能访问和解析交易数据,从而实现了数据的保密性。

具体来说,当一笔交易在区块链上进行时,发送方会使用接收方的公钥对交易信息进行加密,然后将加密后的交易信息发布到网络中。只有拥有相应私钥的接收方才能解密并读取交易内容。这种加密和解密的过程确保了交易数据的隐私性,防止了第三方未经授权的访问和窃取。

2.区块链的公开透明性特点与保密性之间存在一定的矛盾

因为区块链中的交易记录是公开可见的,任何人都可以查看区块链上的交易数据。这虽然增加了系统的透明度和可审计性,但也可能泄露交易参与者的隐私信息。

为了解决这个问题,一些区块链项目采用了更先进的隐私保护技术,如 Zcash 使用的零知识证明(zero-knowledge proof)。零知识证明是一种密码学技术,它允许一方在不透露任何实际信息的情况下向另一方证明某个命题的真实性。在 Zcash 中,零知识证明被用于保护交易的隐私性。

通过零知识证明技术,Zcash 实现了交易的匿名性和隐私性。在 Zcash 中,交易双方可以使用零知识证明来验证交易的有效性,而无须暴露交易的具体内容和金额。这意味着即使交易记录被公开,第三方也无法获取到交易参与者的身份信息和交易细节。这种机制有效地保护了用户的隐私权益,使得 Zcash 成为一个更加安全、私密的区块链项目。

此外,Zcash 还采用了选择性披露机制,允许交易参与者在需要时披露部分交易信息。例如,在某些合规要求下,交易双方可以选择披露交易金额或接收地址等信息,以满足监管要求。这种灵活性使得 Zcash 能够在保护隐私的同时满足合规需求。

综上所述,区块链技术通过公钥密码学和零知识证明等机制实现了交易的保密性。这些技术有效地保护了用户的隐私权益,使得区块链在保护隐私的同时仍然具有高度的安全性和透明性。然而,随着区块链技术的不断发展和应用场景的拓展,如何在保证保密性的同时满足合规性和可扩展性等需求仍然是未来需要研究和解决的问题。

2.3.3 透明性、可追溯性

区块链技术的透明性和可追溯性是其两大核心特点,它们在保障数据真实性、提升信任度以及优化业务流程等方面发挥着重要作用。下文将详细介绍这两个特点,并通过 IBM Food Trust 这一实际案例进行引证分析。

1.透明性

透明性指的是区块链网络中的数据公开、正确、清晰,并且不受中心化控制的特点。在区块链技术中,透明性的基石是去中心化的结构。数据存储在网络上的每个节点中,任何节点都可以自由查看和验证所有信息,保证了数据的公开透明。

这种透明性是通过密码学和分布式计算机网络技术实现的。每个区块由区块头和区块体组成,区块头包含指向前一个区块的哈希值,以保持数据之间的连续性,而区块体则存储每笔交易的数据。在此过程中,每个节点都会检查并验证数据。因此,区块链上的任何数据都可以公开访问,并且不能被中心化组织控制或篡改。

这种透明性使得区块链技术在各种场景中都有广泛应用,例如数字货币、金融结算、溯源等。在数字货币领域,透明性确保了交易的公正性和可信度;在金融结算领域,透明性有助于减少欺诈和错误;在溯源领域,透明性则有助于追踪产品的来源和流向,提高消费者的信任度。

2. 可追溯性

区块链技术的可追溯性是指通过区块数据结构存储的创世区块后的所有历史数据,区块链上的任意一条数据都可以通过链式结构追溯其本源。这种可追溯性是通过每个区块包含前一个区块的哈希值实现的,使得整个链条上的数据都能够追溯到创世区块。

这种可追溯性在多个领域都有重要应用。以供应链为例,区块链技术可以记录产品从生产到销售的每一个环节,确保产品的流向和状态清晰可见,及时发现问题和风险。这不仅有助于提高供应链的效率,还可以增加消费者对产品的信任度。

3. IBM Food Trust

IBM Food Trust 是一个基于区块链技术的食品追溯平台,它充分利用了区块链的透明性和可追溯性特点。通过这个平台,食品生产商、分销商和消费者都可以查看和验证食品的生产、加工、运输等各个环节的信息。每一步都有对应的记录,包括食品的来源、加工信息、运输等,形成了一个完整的追溯链条。

这种可追溯性带来的好处是显而易见的。首先,它增加了消费者的信任度。消费者可以通过查看区块链上的信息,了解食品的来源和流向,从而更加放心地购买和消费。其次,它提高了食品安全性。通过追溯食品的生产和流通环节,可以及时发现和解决食品安全问题,减少食品安全事故的发生。

此外,IBM Food Trust 还通过智能合约技术实现了自动化的交易和执行,减少了人为因素的干扰,提高了交易的效率和准确性。这使得食品追溯变得更加高效和可靠。

综上所述,区块链技术的透明性和可追溯性是其重要的特性,它们在保障数据真实性、提升信任度以及优化业务流程等方面发挥着重要作用。通过对实际案例的分析,我们可以看到这些特性在食品全流程追溯等领域的应用前景非常广阔,有望为未来的社会发展带来更多的创新和价值。

2.3.4 抗篡改性

区块链技术的抗篡改性是其核心特性之一,它使存储在区块链上的数据一旦写入,就几乎无法被更改或篡改。这一特性对于维护数据的完整性和可信度至关重要,特别是在需要确保数据历史记录不被篡改的应用场景中,如金融交易、供应链管理、文档存证等。

1. 抗篡改性的实现原理

区块链的抗篡改性主要依赖于其独特的分布式数据库结构和共识算法。在区块链网络中,每个节点都保存着一份完整的链上数据副本,这些节点之间通过共识算法来保持数据的一致性。

当一个新的数据块(如交易记录)被添加到区块链中时,它必须得到网络中大多数节点的验证和确认。这个过程是通过共识算法来完成的,比如 PoW、PoS 等。一旦数据块被添加到区块链上,并且得到了足够的确认,它就成了区块链的一部分,并且几乎不可能被篡改。

这是因为如果要篡改某个数据块,攻击者需要同时修改该数据块及其之后的所有数据块,并重新计算这些数据块的哈希值,以确保整个区块链的哈希值不被破坏。此外,他们还需要控制网络中的大多数节点,以使得这些篡改后的数据得到其他节点的认可。这在分布式、去中心化的区块链网络中是非常困难的,几乎不可能实现。

2. Ethereum Classic

Ethereum Classic 是一个采用 PoW 共识算法的区块链项目,它充分展示了区块链技术的抗篡改性。Ethereum Classic 是 Ethereum 的一个硬分叉版本,它保留了原始 Ethereum 区块链上的所有交易历史。

由于采用了 PoW 共识算法,Ethereum Classic 确保了其链上数据的抗篡改性。攻击者要篡改 Ethereum Classic 上的数据,不仅需要拥有足够的计算能力来重新计算被篡改数据块及其之后所有数据块的哈希值,还需要控制网络中超过 51% 的算力,以使得篡改后的数据得到认可。这在实践中几乎是不可能的,因此 Ethereum Classic 上的数据具有很高的安全性和可信度。

此外,Ethereum Classic 的抗篡改性还得到了实际应用的验证。例如,一些项目利用 Ethereum Classic 的区块链来存储和验证重要数据,如数字版权信息、合同文本等。区块链的抗篡改性保障了这些数据的完整性和可信度,从而提高了应用的可靠性和安全性。

区块链技术的抗篡改性是其重要的安全特性之一,它通过分布式数据库和共识算法确保了链上数据的完整性和可信度。Ethereum Classic 作为一个采用 PoW 共识算法的区块链项目,充分展示了区块链抗篡改性的实际应用效果。随着区块链技术的不断发展和应用场景的拓展,抗篡改性将在更多领域发挥重要作用,为数据的安全存储和可信传输提供有力保障。

2.4 区块链技术应用

区块链技术具有去中心化、保密性、透明性、可追溯性和抗篡改性等特点,因此在多个领域都得到了广泛应用,以下是区块链技术应用的几个主要领域。

2.4.1 数字货币

数字货币作为区块链技术最早应用的领域之一,近年来在全球范围内引起了广泛关注。它基于节点网络和数字加密算法,是一种不受管制的、数字化的货币,通常由开发者发行和管理,被特定虚拟社区的成员所接受和使用。其中,比特币无疑是数字货币领域最为知名的代表。

1. 数字货币交易安全可信

数字货币交易的安全性和可信度是其得以广泛应用的重要前提。从安全性角度来看,数字货币之所以能够实现这一目标,主要得益于区块链技术的两大核心特性:去中心化和抗篡改性。

首先,区块链技术的去中心化特性使得数字货币的交易记录不再依赖于任何中心化的机构或服务器进行存储和管理。相反,这些交易记录被分散存储在区块链网络中的多个节点上,形成了一个分布式账本。这种分布式的存储方式不仅增强了数据的冗余性和可用性,还避免了单点故障的风险。因为没有一个中心化的实体能够控制或篡改整个网络中的数据,所以数字货币的交易记录具有极高的安全性和可信度。

其次,区块链技术的抗篡改性进一步强化了数字货币交易的安全性。由于区块链采用了链式数据结构,并且每个数据块都包含了前一个区块的哈希值,因此任何对数据的篡改都会导致整个链的断裂和无效。同时,区块链网络中的节点会通过共识算法来验证和确认交易记录的有效性,只有得到足够多节点认可的交易才会被写入区块链。这种机制使得攻击者几乎无法在不被察觉的情况下篡改交易数据,从而确保了交易的安全性和可信度。

除了区块链技术的保障外,数字货币交易过程中还使用了先进的加密技术来确保交易数据的机密性和完整性。公钥和私钥是数字货币交易中最常用的加密手段之一。公钥用于加密信息,而私钥则用于解密信息。在交易过程中,发送方使用接收方的公钥对交易信息进行加密,确保只有拥有对应私钥的接收方才能解密并读取交易内容。这种加密方式保证了交易数据的机密性,防止了信息泄露和非法获取。

同时,数字货币交易还采用了数字签名技术来验证交易的真实性和完整性。发送方使用自己的私钥对交易信息进行签名,生成一个独特的数字签名。接收方可以使用发送方的公钥来验证这个签名是否有效。这种机制确保了交易信息在传输过程中没有被篡改或伪造,从而提高了交易的可信度。

综上所述,数字货币交易的安全性和可信度得益于区块链技术的去中心化和抗篡改特性以及先进的加密技术的应用。这些特性使得数字货币交易能够在没有中心化机构干预的情况下实现安全、可信的交易过程,为数字经济的发展提供强有力的支撑。

在实际应用中,已经有多个数字货币交易平台成功地应用了这些技术和机制来保障交易的安全性和可信度。例如,比特币作为最早的数字货币之一,其交易过程就充分利用了区块链技术的特性,实现了去中心化、抗篡改和加密保护等功能。此外,一些新兴的数字货币交易平台也在不断探索和创新,将更多的安全技术和机制引入交易过程中,以进一步提高交易的安全性和可信度。

然而,需要注意的是,尽管数字货币交易具有较高的安全性和可信度,但仍然存在一定的风险和挑战。例如,私钥的丢失或被盗用可能导致数字资产的损失;网络攻击或恶意软件的入侵也可能对交易安全构成威胁。因此,在使用数字货币进行交易时,用户需要保持警惕并采取必要的安全措施来保护自己的数字资产和交易安全。

2. 数字货币的匿名性需慎用

数字货币的匿名性确实为其带来了独特的优势,它在一定程度上保护了用户的隐私,使得交易过程更为私密和安全。然而,这种匿名性也需要我们谨慎对待,因为它并非绝对,而且滥用匿名性可能带来一系列问题。

数字货币的匿名性主要源于其交易记录使用的加密技术以及钱包与个人信息的不直接关联。这种设计初衷是为了保护用户的隐私,避免个人交易信息被泄露或滥用。然而,这并不意味着数字货币的交易是完全匿名的。实际上,所有的交易记录都被公开存储在区块链上,形成了一个公开透明的账本。虽然单个交易可能难以直接追踪到具体的个人,但通过分析大量的交易记录,仍然有可能揭示出某些模式或关联,进而追踪到特定的交易和参与者。

其次,滥用数字货币的匿名性可能带来一系列风险和问题。一方面,匿名性使得数字货币容易被用于非法活动,如洗钱、走私、恐怖主义融资等。犯罪分子可以利用数字货币的匿名性进行资金转移和隐匿,从而逃避监管和追查。另一方面,匿名性也可能导致网络犯罪的增加。黑客或网络攻击者可以利用数字货币进行勒索、诈骗等活动,而由于交易的匿名性,追踪和打击这些犯罪行为的难度也会相应增加。

此外,数字货币的匿名性还可能对金融稳定和监管带来挑战。由于交易记录的匿名性,监管机构难以对数字货币市场进行有效监控和管理,这可能导致市场出现过度投机、泡沫等问题。同时,匿名性也可能使得一些不合规或非法的金融活动得以进行,进一步加剧了市场的风险。

因此,在使用数字货币时,用户需要谨慎对待其匿名性。虽然数字货币在一定程度上可以保护用户的隐私,但并非绝对安全。用户应该采取必要的安全措施,如使用强密码、定期备份钱包等,以确保自己的数字资产和交易信息不被泄露或滥用。同时,监管机构也需要加强对数字货币市场的监管和管理,制定更为严格的规则和制度,以防范和打击利用数字货币进行的非法活动。

综上所述,数字货币的匿名性确实为其带来了一定的优势,但也需要我们谨慎对待。在享受数字货币带来的便利和隐私保护的同时,我们也应该意识到其潜在的风险和问题,并采取必要的措施来保护自己的权益和安全。

3. 比特币安全挑战并存

比特币作为数字货币的佼佼者,其安全性确实是其能够持续发展和得到广泛认可的关键因素之一。但与此同时,比特币也面临着多方面的安全挑战。下面将详细介绍并引证分析比特币的安全挑战及其并存的特性。

首先,比特币的安全性主要依赖于其独特的共识机制即 PoW。这种机制要求网络中的节点(通常被称为矿工)通过解决复杂的数学问题来验证交易,并将结果发布到整个网络中。这种机制的设计初衷是为了防止网络中的恶意行为,如双重支付和篡改交易记录。只有当交易得到足够多节点的验证和确认后,它才会被永久地记录在区块链上,形成不可篡改的交易记录。这种机制确保了比特币交易的真实性和安全性。

尽管 PoW 机制为比特币的安全性提供了保障,但它也带来了一些挑战。其中最为突出的是能源消耗问题。由于 PoW 机制需要大量的计算资源来解决问题,这导致了巨大的能源消耗。这不仅增加了矿工的成本,也对环境造成了影响。此外,随着比特币的发展,挖矿的难度也在不断增加,这使得一些小型矿工难以参与到网络中,从而可能导致网络的中心化趋势。

除了共识机制带来的挑战外,比特币还面临着其他安全威胁。由于比特币的匿名性和去中心化特点,使其极易成为非法活动的目标。例如,一些黑客和犯罪组织可能会利用比特币进行洗钱、贩毒等非法活动。此外,比特币交易所和个人钱包也常常成为黑客攻击的目标。黑客可能会通过攻击交易所或钱包的服务器,窃取用户的私钥和比特币资产。

同时,比特币的价格波动性也是其安全挑战之一。由于受到市场供需关系、政策变化等多种因素的影响,比特币的价格可能会出现大幅度波动。这种波动性不仅增加了投资者的风险,也可能导致市场的不稳定。

尽管比特币面临着这些安全挑战,但它的一些特性仍然使其具有独特的优势。例如,比特币的总量是有限的,这种稀缺性使得它成为一种有价值的资产。此外,比特币的发行和交易过程不依赖于任何中央机构或主管部门,这使得它具有全球流通的特点。任何人都可以在任何地方进行比特币的买卖和交易,无须受到地域或政策的限制。未来,随着技术的不断进步和监管政策的完善,比特币的安全性将得到进一步提升,从而更好地发挥其作为数字货币的价值和潜力。

综上,尽管数字货币具有诸多优点,但其安全性和匿名性也带来了一些挑战和风险。例如,黑客攻击、欺诈交易和资金丢失等问题时有发生。因此,在使用数字货币时,用户需要选择信誉良好的交易平台,并采取一系列安全措施来保护自己的资产和隐私。

综上所述,数字货币作为区块链技术的重要应用之一,在安全性和匿名性方面具有显著优势。然而,用户在使用数字货币时仍需保持警惕,采取必要的安全措施来保护自己的利益和隐私。随着技术的不断发展和完善,数字货币有望在未来发挥更加重要的作用,推动金融领域的创新和变革。

2.4.2 金融服务

区块链技术在金融服务领域的应用正日益广泛,其潜力巨大,能够深刻改变传统的金融交易和服务模式。以下是对区块链在金融服务中应用的详细介绍及引证分析。

1. 区块链技术能够实现金融服务的去中心化

在传统的金融服务中,银行和其他中心化机构充当着信任中介的角色,负责处理交易、记录账目以及验证身份等。然而,这些中心化机构不仅存在单点故障的风险,还可能因为人为错误或恶意行为而导致信任破裂。而区块链技术通过分布式账本和去中心化的共识机制,能够确保数据的安全性和可信度,消除了对中心化机构的依赖。

具体来说,区块链的分布式账本技术使得每个参与者都能共同维护一个完整且不可篡改的账本副本。这意味着,任何交易的发生都会实时更新到所有参与者的账本中,确保数据的实时性和一致性。同时,通过密码学算法和共识机制,区块链能够确保账本的安全性,防止数据被篡改或伪造。

2. 智能合约简化金融服务

区块链技术还可以用于构建智能合约,实现自动化、无抵押贷款和金融衍生品等服务。智能合约是一种自动执行、可编程的合约,它能够在满足特定条件时自动执行相应的操作。通过智能合约,金融服务提供者可以创建各种复杂的金融产品和服务,如自动化贷款、保险理赔、证券交易等。

以自动化贷款为例,传统的贷款流程通常涉及多个中介机构和烦琐的审批过程,导致效率低下且成本高昂。而基于区块链的智能合约可以实现贷款的自动化审批和放款,大大简化了贷款流程并提高了效率。此外,智能合约还可以确保贷款条款的透明度和不可篡改性,降低了纠纷和欺诈的风险。

3. 区块链重塑金融服务

除了上述应用外,区块链技术还在跨境支付、数字票据、供应链金融等多个领域展现出巨大的潜力。例如,在跨境支付中,区块链技术可以去除传统银行体系中的中介环节,实现点对点的快速支付和结算;在数字票据领域,区块链可以确保票据的真实性和不可篡改性,提高票据交易的安全性和效率;在供应链金融中,区块链技术可以实现供应链的透明化和可追溯性,降低中小企业融资的难度和成本。

引证分析方面,多个权威机构和研究报告均对区块链在金融服务中的应用给予了高度评价。例如,麦肯锡公司等知名咨询机构发布的研究报告指出,区块链技术有望重塑金融服务行业的竞争格局,提高金融服务的效率和安全性。同时,越来越多的金融机构和初创企业开始探索区块链技术的应用场景,并取得了一定的成果。

4. 区块链应用需谨慎

需要注意的是,尽管区块链技术在金融服务中具有巨大的潜力,但其实际应用仍面临诸多挑战和限制。例如,技术成熟度、监管政策、隐私保护等问题仍需进一步解决和完善。因此,在推广和应用区块链技术时,需要充分考虑这些因素,并制定相应的策略和措施来应对潜在的风险和挑战。

总之,区块链技术在金融服务领域的应用正逐步深入,其去中心化、安全性和可编程性等特点为金融服务提供了全新的解决方案和可能性。随着技术的不断进步和应用的不断拓展,区块链有望在金融服务领域发挥更加重要的作用。

2.4.3　物联网

物联网是区块链技术的重要应用领域之一,区块链的引入为物联网设备间的通信和数据交换提供了更高的安全保障,强化了数据的隐私性,并实现了传感器数据的可追溯性跟踪和防伪溯源等功能。以下是对这些方面的详细介绍与引证分析。

1. 物联网安全新保障

区块链技术有助于保护物联网设备之间的通信和数据交换。物联网设备产生的数据数量庞大且多样,这些数据在传输和存储过程中极易受到攻击或篡改。区块链的去中心化特性和不可篡改性能够确保数据在传输和存储过程中的真实性和完整性。通过将数据存储在区块链上,每个物联网设备都可以验证其他设备的身份和数据,从而建立信任关系,确保通信的可靠性。

2. 数据安全性、隐私性保障的强化

区块链技术可以提高物联网设备的数据安全性和隐私性。物联网设备通常涉及大量的个人隐私信息,如智能家居设备可能记录家庭成员的生活习惯等。传统的中心化存储方式容易成为黑客攻击的目标,导致数据泄露。而区块链的去中心化存储方式将数据分散在多个节点上,使得攻击者难以获取完整的数据信息,从而提高了数据的安全性。同时,通过加密技术和访问控制机制,区块链还可以确保只有授权的设备或用户才能访问特定的数据,进一步保护了数据的隐私性。

3. 数据跟踪可追溯

区块链技术可以实现可追溯性的传感器数据跟踪。在物联网中,传感器数据通常用于监测和控制各种设备和系统。通过将这些数据存储在区块链上,可以建立一个不可篡改的数据记录,从而实现对传感器数据的全程可追溯性。这有助于及时发现和解决问题,提高系统的稳定性和可靠性。

4. 防伪溯源新手段

区块链技术还具有防伪溯源的功能。在物联网中,防伪溯源是确保产品质量和安全的重要手段。通过将产品的生产、流通和销售等环节的信息记录在区块链上,可以建立一个透明、可信的追溯体系。消费者可以通过查询区块链上的信息来验证产品的真伪和来源,从而保护自己的权益。

以 Adept 系统为例,这是一个基于区块链技术的物联网架构。Adept 系统通过区块链技术实现了设备之间的去中心化通信和数据交换,提高了数据的安全性和隐私性。同时,该系统还利用区块链的不可篡改性实现了传感器数据的可追溯性跟踪和防伪溯源等功能,为物联网应用提供了更加可靠和安全的解决方案。

综上所述,区块链技术在物联网领域具有广泛的应用前景和潜力。随着技术的不断发展和完善,相信未来会有更多的物联网应用采用区块链技术来提高数据的安全性、隐私性和可追溯性等方面的表现。同时,也需要关注到区块链技术在物联网应用中可能面临的挑战和问题,如技术成熟度、成本、兼容性等方面的限制,以便更好地推动其在物联网领域的落地和应用。

2.4.4　物流和供应链管理

在物流和供应链管理的领域中,区块链技术以其独特的分布式账本特性,为提升供应链的透明度和可追溯性提供了全新的解决方案。以下将详细讲解并引证分析区块链技术在这一领域的应用。

1. 建立不可篡改的记录

这些记录不仅包含供应链的交易信息,还包含商品从生产到销售的所有环节的数据。由于区块链的去中心化和分布式特性,这些数据一旦记录在链上,便难以被篡改或删除。这确保了数据的可信度和完整性,从而为供应链管理提供了坚实的基础。

2. 实现实时监控

通过区块链,供应链中的各个环节,如物流运输、生产过程等,都可以被实时监控。这有助于供应链管理者及时发现并解决问题,提高供应链的运作效率。同时,实时监控也使得供应链更加透明,各方可以更加清晰地了解供应链的运作情况。

3. 实现产品追溯

通过记录产品的生产和流通过程,消费者可以通过扫描产品的区块链信息,了解产品的来源和生产过程。这不仅增加了产品的可追溯性,也提高了消费者对产品的信任度。对于制造商而言,产品追溯也有助于及时发现并处理潜在的问题,提升品牌形象和消费者满意度。

基于以上优势,区块链技术在物流和供应链管理中的应用正在逐步扩大。一些企业已经开始尝试将区块链技术应用于供应链管理,并取得了一定的成果。例如,布比基于区块链技术构建了物链,整合先进的物联网技术,推出了"品质驱动、价值保障、诚信链条、透明消费"的供应链生态服务体系,实现了对供应链的全方位管理。

然而,尽管区块链技术在物流和供应链管理中具有巨大的潜力,但其应用仍面临一些挑战。例如,如何确保区块链系统的安全性和稳定性,如何与现有的供应链管理系统进行有效对接,以及如何降低应用成本等。这些问题需要行业内的各方共同努力,通过技术研发和合作创新来逐步解决。

总的来说,区块链技术为物流和供应链管理带来了前所未有的机遇和挑战。随着技术的不断发展和完善,相信区块链能够在这一领域发挥更加重要的作用,推动物流和供应链管理的进一步升级和优化。

2.4.5 其他应用

区块链技术的应用还包括防伪追踪、版权保护、公共选择、医疗健康、投票和选举等。

1. 防伪追踪

区块链可以被用来追踪和验证商品的真实性和来源。例如,在奢侈品行业,区块链可用于记录产品链条,从生产到配送过程中每一步的信息都会被记录下来,消费者可以通过扫描产品二维码来验证其真伪。

2. 版权保护

区块链可以帮助艺术家和创作者保护其作品的版权。作品的版权信息可以以加密的方式存储在区块链上,供他人验证作品的真实性和版权归属。

3. 公共选择

区块链可以用于公共选择过程中的投票和选举。通过区块链技术,投票记录可以被公开保存和验证,确保选举过程的透明度和公正性。一个使用区块链技术进行选举的案例是爱沙尼亚政府的"e-Residency"项目,该项目运用了区块链技术来确保数字投票的安全性和可靠性。

4. 医疗健康

区块链可以用于医疗健康领域的数据共享和隐私保护。病人的医疗记录可以被安全地存储在区块链上,并授权给医疗专业人员进行访问,以确保数据的准确性和隐私保护。

5. 投票和选举

区块链可以增加投票和选举过程的透明度、安全性和可信度。比如,美国联邦选举委员会(Federal Election Commission,FEC)曾与区块链初创公司 Voatz 合作,利用区块链技术实现了一次党内初选的互联网投票。

这些案例只是区块链技术应用的一小部分示例,区块链还可以在金融、供应链管理、房地产等领域发挥重要作用。随着区块链技术的不断发展和成熟,我们将看到更多创新的应用案例的出现。

第 3 章　人力资源管理体系构建

"人力资源管理体系构建"是指通过一系列组织管理、人力资源管理和绩效管理等改革措施，建立一套完整的、科学的人力资源管理体系，从而达到提高企业核心竞争力、激发员工潜力和创造持续发展的目的。构建人力资源管理体系需要从企业的战略规划、组织架构、用人机制、绩效管理、培训发展、薪酬福利等方面进行系统设计，并实现有效的执行和监督。这一过程旨在通过科学的管理方法和工具，提升人力资源管理水平、优化人力资源结构，促进企业可持续发展。

3.1　人力资源管理体系构建概述

人力资源管理体系构建是一项重要的组织改革措施，旨在构建完整、科学的人力资源管理体系，提高企业的核心竞争力和员工的工作满意度，推动企业向更高层次发展，从而实现持续、长期的发展。其主要包括以下几个方面。

3.1.1　组织管理

企业应通过组织架构的优化和完善，实现员工在企业内部的有效沟通和协同工作，从而提高组织效率和响应能力。

关于组织管理方面的例子，我们以一家中小型企业为例进行说明。该企业主要经营美容护肤产品的生产和销售，员工规模约 100 人。企业由创始团队成员创立，经过几年的快速发展，现有市场份额与品牌口碑均较为出色，但是在员工管理方面出现了一些问题，例如部门之间沟通不畅、任务安排不够合理、工作效率低等。

为了解决这些问题，企业决定进行组织管理改善，具体做法如下。

1. 优化组织架构

企业明确划分不同部门以及部门职责，制定详细的工作流程和岗位职责，并且优化团队人员结构，增加沟通协调岗位，从而实现更有效率的协同工作。

2. 加强信息交流

通过面对面交流、团队会议、信息传递平台等多种方式,全面提高内部沟通效率和信息共享,促进各部门之间的合作与协同。

3. 建立考核机制

企业制定的绩效管理制度使排名前列的员工不仅可以获得优厚的薪酬福利,更能受到更多的晋升机会,从而有更多的发展空间。

4. 设立跨部门合作小组

为了进一步加强部门之间的协同合作,企业成立了一些跨部门合作小组,团队成员来自不同部门,通过跨部门协作,共同完成跨部门的任务。

通过以上这些方法,企业成功地优化和完善了组织管理,员工之间的沟通顺畅了许多,能够更好地相互配合协作,提高了组织的效率和响应能力。企业的效益也因此有了很大的提升,各方面确实收益颇丰。

3.1.2　用人机制

企业应根据自身的实际情况,制定和优化用人机制是确保组织稳定发展和高效运作的关键。以某教育培训机构为例,其用人机制的优化过程如下。

1. 问题描述

(1)招聘流程不规范:随着用人需求的增长,招聘人员过于追求速度而忽视质量,导致新入职员工素质参差不齐。

(2)晋升审批乱象:机构内缺乏明确的晋升评估制度,员工晋升后往往面临更高的工作压力和要求,但缺乏相应的支持和指导。

(3)离职率高:由于员工在工作中感受不到尊重和认可,缺乏明确的职业发展方向,导致离职现象频发。

2. 优化措施

(1)规范招聘流程

①展开全面的人才甄选工作,主动寻找并吸引行业内的优秀人才。

②制定清晰的招聘流程,包括简历筛选、面试问答、试岗期考核等环节,确保选拔出真正适合机构发展的员工。

(2)建立员工晋升制度

①制定明确的晋升标准和评估体系,根据员工的工作表现、技能水平和发展潜力进行晋升评审。

②为员工提供分阶段的发展路径,从基础技能学习到业务技能内化,再到领导力培养和战略规划能力的提升,确保员工在晋升过程中得到充分的支持和指导。

（3）增加员工福利和活动

①提升员工福利,包括定期体检、节假日礼物、年终奖金等,增强员工的归属感和满意度。

②定期组织员工聚会、知识分享等活动,促进员工之间的交流和合作,营造良好的工作氛围。

③为员工提供明确的职业发展方向和发展资源,帮助他们实现个人价值,并取得事业成功。

3. 优化成果

通过以上优化措施的实施,该教育培训机构成功建立了一套完整且公平公正的用人机制。招聘和晋升过程变得更加规范和透明,员工福利得到显著提升,员工对工作的信任和忠诚度也随之增强。这些变化为机构的战略规划和业绩发展奠定了坚实的基础,带来了更高效益的成果。

总之,用人机制的优化是确保企业稳定发展和高效运作的关键。通过规范招聘流程、建立晋升制度、增加员工福利和活动等措施,可以有效提升员工的工作满意度和忠诚度,为企业的长远发展提供有力保障。

3.1.3　绩效管理

企业应建立科学的绩效管理体系,有针对性地制定员工工作目标、评估标准、考核方式,激励员工创造更大的价值。

下面以某餐饮连锁企业为例子来说明绩效管理的优化。

该餐饮连锁企业在发展过程中遇到了一些绩效管理方面的问题,例如:

（1）没有明确的员工工作目标。员工在餐厅工作没有特别的目标和方向,缺乏明确的干劲和动力。

（2）评估标准不合理。餐厅没有设计合适的评估标准,员工的工作质量和业绩无法有效地衡量。

（3）对员工的激励不足。员工在工作中缺乏动力,因为没有明确的激励机制来鼓励他们更好表现。

为了解决这些问题,该餐饮企业对绩效管理进行了优化:

（1）设定员工工作目标。企业制定了明确的员工工作目标,并在每个季度的开始时与员工沟通,明确工作重点和目标,并给出明确的工作计划,使员工在工作中更加有方向性。

（2）设计合理的评估标准。企业建立了一套科学的绩效评估标准,将员工表现作为奖励和晋升的决定因素,制定了详细的评估表并明确了评估标准,让员工可以清楚地得知自己的绩效表现。

（3）增加员工激励措施。企业为员工提供了更多的激励措施,例如,员工可以通过各种途径获取积分,用来兑换奖励和礼品,还可以通过参与培训、提高技能、服务客户等方式获得更高的薪水和提升机会。

经过以上优化,餐饮企业建立了科学系统的绩效管理体系,成就了餐厅的发展,并提高了员工的绩效表现,让员工在工作中表现得更好。企业的发展和员工的发展都在得益于这个绩效管理机制的优化。

3.1.4 培训发展

以下是某制造业企业培训发展的计划,通过不同的培训方式,为员工提供必要的技能和知识,提高员工的综合素质和职业能力。

1. 新员工培训

为新员工介绍企业的运营模式和流程、企业的文化和价值观,展示工作中需要掌握的安全规范和标准操作程序。

2. 岗位培训

从操作到技术,为员工提供针对性的技能培训,并对部分岗位进行认证,为员工发放专业证书。例如,对于组装线的员工,开设组装技术培训,提高其在组装工艺的效率和精度。

3. 管理培训

针对经理、主管和领导干部,提供领导力发展和管理技能的培训。例如,领导力课程、项目管理、沟通技巧和团队建设。

4. 软技能培训

对员工的沟通技巧、客户服务和人际关系等进行提高,以不断优化和提升工作表现。例如,提供客户服务等方面的培训课程。

5. 意外安全培训

通过模拟实验和实际演习,提高员工在工作职场中面对突发情况的处理能力和应急意识。

一旦制订好培训计划,企业可以通过各种方式进行培训,包括现场培训,实地考察和在线课程等。不仅如此,企业还可以通过学习路线图和培训计划跟踪员工学习的进度,从而确保员工的综合素质的提升。通过这样的培训和发展计划,员工可以不断学习与提高他们的技能和知识,为企业带来更好的业绩和效益。

3.1.5　薪酬福利

企业应建立公平公正的薪酬福利机制,激发员工的工作积极性和干劲,提高员工的生活品质和工作满意度。

以下是某制造业企业薪酬福利计划,旨在建立公平公正的薪酬福利机制,激发员工的工作积极性和干劲,提高员工的生活品质和工作满意度。

1. 工资结构

制定透明公正的薪酬结构,确保员工工资水平可以有效地衡量,尽量避免同样职位员工之间存在明显的薪酬差距。对于不同职位的员工,工资的差异要合理且有序地呈现出来。

2. 额外奖金

为员工设立产量奖励、绩效奖金等激励机制,通过个人表现和团队合作等不同方面的综合评判,对员工进行奖励,鼓励员工积极工作。

3. 职业晋升

通过晋升岗位、增加职位职能和发放提成等方式,激发员工进一步提高自身素质和技能,促进员工的职业成长。

4. 健康保障

建立全方位的健康保障机制,为员工提供必要的个人意外、重疾等保险,并为员工提供健身房、体检等基本福利服务,提高员工的生活品质。

5. 工作调节

为员工设立弹性工作时间,让员工更好地平衡工作和生活的关系,减轻员工的工作压力,增强员工的生活自主性。

以上福利机制可以通过正式的政策和制度来确保有效实施。此外,企业可以通过员工调查和反馈,了解员工的需求和建议,并针对员工的反馈进行文化和改进,让员工意识到企业对于员工的付出和尽力,从而建立起员工对企业的信任感和忠诚度。企业通过建立公平公正的薪酬福利机制,激励员工的工作积极性和干劲,提高员工的生活品质和工作满意度,亦可以对企业整体业绩和效益产生重要的作用。

在构建人力资源管理体系的过程中,企业需要充分考虑内部的资源和能力,与外部环境相结合,综合考虑企业实际情况,并注重实现可持续发展的目标。同时,企业需要加强对人力资源管理体系的监督和评估,及时发现和纠正存在的问题,不断完善和提升人力资源管理工作水平。

3.2　人力资源管理体系构建实施流程

　　人力资源管理体系是企业进行管理的重要组成部分,它可以为企业提供优秀的从业人员,建立更高效的团队合作,促进企业员工能力和创新水平的提升。本书将介绍人力资源管理体系构建实施流程,并提出改进建议,以助于企业更好地实现人才管理。

3.2.1　建立人力资源管理理念

　　企业应该首先制定一套适合自己的人力资源管理理念,并将其转化为企业的宗旨,确立企业管理方向。这一过程需要高层管理人员的参与,并对未来业务方向有一定的把握。企业需要确定员工在公司的发展方向、提高工作绩效的方式以及管理流程等,从而建立透明化的人力资源管理框架。

3.2.2　制定人力资源管理流程

　　人力资源管理的流程包括人员招聘、考核、培训、晋升及离职等。对于每个步骤,应该建立详细的工作流程和相关的工作标准和指标,以确保管理工作的规范性和有效性。在具体操作中,可以借助人力资源管理软件等工具来管理并扩展相关流程。软件程序示例如下。

　　人力资源管理软件通常是根据组织的具体需求进行定制和开发的,下面我们以一个简单程序示例来演示一个招聘流程的实现。

```python
...python
class Employee：
    def __init__(self,name,role)：
        self.name = name
        self.role = role

class Job：
    def __init__(self,title,requirements)：
        self.title = title
        self.requirements = requirements
```

```python
class RecruitmentProcess:
    def __init__(self):
        self.job_applications = []
    def create_job(self, title, requirements):
        return Job(title, requirements)

    def apply_job(self, applicant, job):
        application = {
            'applicant': applicant,
            'job': job,
            'status': 'pending'
        }
        self.job_applications.append(application)

    def review_applications(self):
        for application in self.job_applications:
            applicant = application['applicant']
            job = application['job']
            status = self.review_application(applicant, job)

            application['status'] = status

    def review_application(self, applicant, job):
        # 根据具体要求进行审查,可以进行面试、技能测试等
        return 'approved' if applicant.qualify(job.requirements) else 'rejected'

class Applicant(Employee):
    def __init__(self, name, role, skills):
        super().__init__(name, role)
        self.skills = skills

    def qualify(self, requirements):
        # 根据具体要求判断是否符合招聘条件
        return all(requirement in self.skills for requirement in requirements)

# 创建一个招聘流程的示例
```

```
recruitment_process = RecruitmentProcess( )

# 创建一个招聘职位
job = recruitment_process. create_job( 'Software Engineer', [ 'Python', 'Java', 'Node. js'] )
# 创建一个报名者
applicant = Applicant( '张三', '应聘者', [ 'Python', 'Java'] )

# 报名职位
recruitment_process. apply_job( applicant, job)

# 审查报名者
recruitment_process. review_applications( )

# 查看审查结果
for application in recruitment_process. job_applications：
    print( f"pplicant：{application[ 'applicant'] . name}, Status：{application[ 'status'] }")
…
```

这个简单的示例实现了一个招聘流程, 招聘流程包括创建职位、报名职位以及对报名者进行审查。可以根据具体的招聘需求和流程要求进行扩展和完善。

3.2.3　培训和发展

企业应该为员工提供员工培训、能力提升和发展计划, 帮助员工拓宽知识面并提高综合能力, 也可以让员工在公司内部晋升, 鼓励员工完成内部培训和自我学习。企业需要建立一个正式和长期的培训计划, 与员工的目标和业务需求紧密相关。

以下是一个示范性程序, 用于展示企业的员工培训和发展计划。

```python
…python
class Employee：
    def __init__( self, name, position, department, skills) ：
        self. name = name
        self. position = position
        self. department = department
        self. skills = skills
```

```python
class TrainingProgram：
    def __init__(self,title,objectives,duration,prerequisites)：
        self.title = title
        self.objectives = objectives
        self.duration = duration
        self.prerequisites = prerequisites


class TrainingPlan：
    def __init__(self)：
        self.training_programs = []

    def create_program(self,title,objectives,duration,prerequisites)：
        program = TrainingProgram(title,objectives,duration,prerequisites)
        self.training_programs.append(program)

    def enroll_employee(self,employee,program)：
        if self.check_prerequisites(employee,program)：
            print(f"Enrolling {employee.name} in {program.title}")
            # 在此处进行员工培训的具体实现
        else：
            print(f"{employee.name} does not meet the prerequisites for {program.title}")

    def check_prerequisites(self,employee,program)：
        return all(skill in employee.skills for skill in program.prerequisites)


# 创建一个培训计划的示例
training_plan = TrainingPlan()


# 创建一个培训项目
program = training_plan.create_program('Leadership Development',['Develop
leadership skills','Improve communication'],3,['Teamwork'])


# 创建一些员工
employee1 = Employee('张三','软件工程师','技术部门',['Python','Java'])
employee2 = Employee('李四','项目经理','项目管理部门',['Leadership','
```

Communication'])

```
# 员工报名培训项目
training_plan. enroll_employee( employee1,program)
training_plan. enroll_employee( employee2,program)
…
```

这个示例演示了一个员工培训和发展计划,包括创建培训项目、员工报名培训项目和检查员工是否符合培训项目的先决条件。可以根据具体的培训和发展需求进行进一步的扩展和完善。

3. 2. 4　营造公平和公正的工作环境

企业应该创造一个公平公正的工作环境,确保所有员工都受到公平公正的对待,在工资、晋升、福利等方面都享有同等的选择机会。

改进建议:

(1)严格按照流程规范操作,将流程制度通知所有员工,并持续进行监督和检查。

为了严格按照流程规范操作,企业可以采用以下策略。

第一步:明确流程规范并制定操作手册。企业应着手制定人力资源管理流程,明确人员招聘、考核、培训、晋升及离职等流程,并将其转化为公司标准。在公司内部创建并发布操作手册,以确保员工贯彻执行公司人力资源管理流程及其标准。

第二步:广泛宣传流程规范及其标准。为确保所有员工了解人力资源管理流程及其标准,企业应组织广泛宣传并培训。企业可以制作一些图文并茂的海报或视频,并在公司内部广泛宣传,持续加固员工对流程规范的理解和贯彻。

第三步:监督和检查。为了监督和检查流程贯彻情况,企业应该制定一套质量检查系统,通过检查流程的执行是否符合公司标准,及时纠正不符合标准的操作。企业应该尽量减少员工操作流程的失误和漏洞,防止任何不符合公司标准的操作。

例如,一家公司可以规定在人员招聘方面必须进行简历筛选、面试和考核,并公平地选择符合公司要求的候选人。对于考核的标准和流程,公司应该规定必须有明确的任务书和考核标准,以评估员工的工作表现。同时,公司应该规定培训流程,并且所有员工都可以免费参加公司内部培训,以增强员工的业务技能和综合素质。以此为例,公司可以制定并操作一系列手册、培训计划、考核评估表等工具,来确保所有员工对流程规范和标准的理解和执行。

总的来说,当公司严格按照流程规范操作时,可以促进员工综合能力的提升,提高员工绩效,增强员工对公司的归属感和承诺感,增强公司的竞争力。

(2)为员工提供多样化的培训和发展计划,不同等级的员工拥有不同等级的职业晋升机会。

一家公司为了提高员工的工作能力和业务水平,可以制订并实施多样化的培训和发展计划,并给予不同等级的员工不同等级的职业晋升机会。具体实施过程如下。

第一步:制订并发布培训计划。公司可以先进行员工培训需求分析,了解员工不同职业级别的培训需求。然后,根据分析结果,制订并发布培训计划。该计划要根据公司的业务需要和员工的职业生涯发展需求进行设计。

此外,公司还应该准备各种培训材料、视频教程、在线学习平台等,以便员工可以随时随地进行自我学习和提升。

第二步:组织培训。公司可以组织多种类型的培训,例如现场培训、在线培训、海外研修等,以满足员工的不同需求。在培训过程中,公司应该根据员工的需求和工作情况,灵活地组织知识点和技能培训,以提高员工的工作能力和业务水平。

第三步:制定职业晋升机会。公司可以制定符合员工职业发展规划的职业晋升机会,建立并实施职业发展计划。职业发展计划可以包括职位岗位的晋升途径、资历认证等,以激励员工不断提升自己的能力和业务水平。

第四步:宣传分发职业晋升机会。公司应该在内部进行广泛宣传和推广,让员工们了解不同职位的职业晋升机会,并且学习达到晋升的要求和条件。企业还可以建立评估机制,针对员工的考核结果和评价,制定职业晋升机会,并给予员工相应的奖励和激励。

例如,一家公司可以针对销售人员开设多种类型的培训,包括销售技巧、市场推广、管理沟通等。对于销售经理、销售主管等职位还可以设置管理培训、团队协作等。对于高级销售总监,公司可以开放法律、财务和政策规划等研修课程,以提高其在策略制定和业务领导方面的能力。对于这些职位的晋升机会,公司可以制定明确的要求和条件,细化评估标准,并建立晋升机制,通过员工的努力和表现,实现职业晋升。

(3)开展员工调查,了解员工需求和想法,及时解决人力资源管理方面的需求和问题。

一家公司要想有效解决人力资源管理方面的需求和问题,可以开展员工调查,了解员工需求和想法,为人力资源管理工作提供参考和依据。具体实施过程如下。

第一步:确定调查对象和范围。公司应该确定调查的对象和范围,例如可以选择全体员工或者某一部门的员工进行调查。同时,还应该明确调查的内容和目的,例如了解员工对公司的管理制度和团队文化的满意度、了解员工的职业发展需求等。

第二步:制定调查问卷。公司可以制定调查问卷,并根据员工的实际情况设计合理的调查内容和问题。调查问卷应该包括员工工作状态、学习培训需求、团队协作能力、公司福利待遇等相关问题,以便于全面了解员工的需求和想法。

第三步:组织调查实施。公司可以通过多种方式开展员工调查,例如组织线下问卷调查、通过企业微信或员工 App 在线调查等。在调查过程中,公司应该保证员工的隐私安全,避免员工信息泄露。

第四步:收集和分析调查结果。公司收集调查结果后,应该进行数据分析和总结,了解员工的需求和想法,并针对调查结果制定相应的人力资源管理措施。例如,如果员工普遍反映工作压力大、学习培训机会少,公司可以增加员工工作的自主性和灵活性,提供更多有针对性的培训计划等。

第五步:实施调查改善措施。公司应该根据调查结果制定相应的措施,并及时实施改善。在实施过程中,公司应该密切关注措施的效果和反馈,并根据情况进行调整和优化。例如,开展员工福利待遇优化计划,为员工提供更好的工作环境和员工福利,包括加班补贴、健康保险等,以提高员工的参与度和工作积极性。

通过上述实施步骤,公司可以更好地了解员工的需求和想法,及时解决人力资源管理方面的需求和问题,提高企业的人力资源管理水平和员工满意度。

人力资源管理是公司管理的重要组成部分,它可以为从业人员提供优良的资源,建立高效的团队合作。企业可以施行人力资源管理制度来确保管理的规范性和有效性。

3.3　人力资源管理体系构建方法与工具

在现代企业中,建立一个高效的人力资源管理体系对于企业的长期发展至关重要。人力资源管理体系是一个基于人性化管理理念,通过完善的职能和流程来加强企业内外部协作,并确保员工和企业实现共同发展的管理模式。本书将阐述人力资源管理体系构建的方法与工具。

3.3.1　构建人力资源管理体系的方法

1. 明晰企业目标和战略

在构建人力资源管理体系前,企业应先确立明确的目标和战略。只有掌握了企业的发展方向和规划目标,才能在构建人力资源管理体系中寻找到合适的打造方案和工具,帮助企业实现目标的持续发展。

2. 确定组织结构和职责

人力资源管理体系应该是一个整体的、系统的管理体系,需要明确定义和划分人力资源部门和各个职责的组织结构。在此基础上,人力资源部门应该合理分配工作职责,确保各个部门之间的协作和团队合作。

3. 制定系统化的管理流程

人力资源管理体系应该具备明确的管理流程,包括招聘、入职、培训、考核、晋升、离职等工作流程。制定标准化的管理流程,可以确保企业工作的规范化和经验的积累。

4. 制度规范化

人力资源管理体系应该制定相应的规章制度和流程,包括员工手册、职工考核评估、工资福利等,目的在于规范企业经营行为,保证员工权益和确保企业稳定运营。

5. 资源配置和工具应用

在构建人力资源管理体系的过程中,企业应该做好资源配置和工具应用的工作,例如设计和采用人力资源管理软件、考核评估工具、薪资结构规划等。这些工具和资源的合理应用可以节约人力资源管理的时间和成本,提高管理的效率和准确性,从而实现企业的长期发展。

3.3.2　构建人力资源管理体系的工具

1. 绩效管理系统

绩效管理系统是人力资源管理体系中的重要工具,主要包括绩效目标设定、绩效评估和绩效反馈三个环节。企业可以通过制定明确的工作目标,实行绩效评估制度,及时听取员工的意见和反馈,以达到更好的管理效果。

2. 培训管理系统

培训管理系统是企业人力资源管理体系中的不可或缺的工具,它包括计划、实施、检查和总结四个环节。企业可以根据员工的培训需求,安排相应的课程和活动,如此不仅有助于提升员工的职业素养,还有助于促进员工的发展。

3. 员工档案管理系统

员工档案管理系统是人力资源管理体系中的重要工具,包括人事档案、绩效档案、薪酬档案等。企业应该根据实际需求,通过电子化管理,完善员工档案,保存员工的个人信息和日常工作记录,方便员工随时查看和更新。

4. 信息化人力资源管理系统

信息化人力资源管理系统是一个较为全面的工具,包括招聘管理、绩效管理、培训管理、薪资管理、人力资源分析等多个功能。企业可以根据实际需求以及自身特点,构建适合国家和企业的信息化人力资源管理体系,用于提升工作效能和员工满意度。

通过上述工具和方法的使用,企业可以构建完善的人力资源管理体系,提升职业素养,增加企业生产力,实现人与企业的共同成长。同时,也要持续创新,与时俱进,随着企业和社会的变化调整人力资源管理体系,以更好地适应企业和员工的需求与发展。

第4章 区块链技术在人力资源管理中的应用

区块链技术是一种去中心化的分布式账本技术,它具有不可篡改、安全性高等优点,在很多领域都有广泛的应用。其中,在人力资源管理领域,区块链技术可以帮助企业提高人力资源的管理效率和管理质量,实现员工数据和劳动力市场资源的可追溯和安全共享等功能。

区块链技术在人力资源管理领域的应用值得我们深入探究,它可以帮助企业提高数据的安全性和管理效率,优化人力资源的管理模式,进一步推动企业的数字化转型和发展。

4.1 区块链技术与人力资源管理的关系

区块链技术是一种去中心化的分布式账本技术,近年来在各个领域都有着广泛的应用。而在人力资源管理方面,区块链技术也有着很大的潜力。本书将从以下几个方面探讨区块链技术与人力资源管理的关系。

4.1.1 人才招聘

传统的人才招聘流程通常比较烦琐,需要进行简历筛选、面试、背景调查等环节,容易出现信息不对称、虚假简历等问题。而采用区块链技术,可以构建一个去中心化的招聘平台,让求职者和用人单位能够直接进行沟通和交流,同时所有的招聘相关信息都会被记录在区块链中,不可篡改,可以大大提高招聘的效率和可靠性。

1.区块链技术在人才招聘中的应用优势

(1)透明度和可信度。区块链技术可以提供完全透明的招聘过程。招聘方和求职者的信息将被安全地存储在区块链上,任何人都可以访问和验证这些信息。这可以消除信息不对称和欺诈行为,提高招聘过程的可信度。

（2）数据安全。区块链技术通过分布式存储和加密算法,保证数据的安全性和可靠性。招聘方和求职者的个人信息和敏感数据会被安全地存储在区块链上,防止了数据泄露和篡改的风险。

（3）自主管理。区块链技术允许个人拥有和管理自己的数据,招聘方只能通过授权获得访问权限。这保护了个人隐私权和数据安全,让求职者能够自主地掌控自己的职业信息。

（4）去中心化流程。区块链技术可以建立去中心化的人才招聘平台,去除了中介机构的角色。招聘方和求职者可以直接进行沟通和交流,提高匹配度和效率,同时降低了招聘成本。

2. 区块链技术在人才招聘中存在的缺点

（1）技术成熟度。区块链技术尚处于发展初期,相关的人才和应用案例还比较有限。在实际应用中,需要克服技术和平台的不稳定性,确保系统的安全和稳定运行。

（2）用户接受度。区块链技术对用户的学习和接受成本较高。招聘方和求职者需要理解和掌握区块链技术的基本原理和操作方式,才能更好地利用其优势。

（3）数据标准化和互操作性。不同平台上的数据标准和格式不一致,数据的互操作性较差。在区块链招聘平台之间进行数据交换和共享时,需要解决数据标准化和格式转换等问题。

综上所述,尽管区块链技术在人才招聘中具有一些显著的优势,但仍然需要克服一些技术和应用方面的挑战,以实现更广泛的应用。

4.1.2　个人信息管理

在人力资源管理中,个人信息的管理是至关重要的一环。它涉及员工的身份信息、教育背景、工作经历、薪资记录、绩效考核等敏感数据,这些信息的准确性和安全性直接关系到企业的运营和员工的权益。

然而,传统的个人信息管理方式通常依赖于中心化的数据库,这种方式存在诸多安全隐患。一旦数据库受到黑客攻击或内部人员滥用权限,就可能导致数据泄露或被篡改,给企业和员工带来巨大的损失。

区块链技术作为一种去中心化、分布式的数据存储和传输技术,为个人信息管理提供了新的解决方案。通过把员工个人信息记录在区块链的分布式账本中,可以确保数据的安全性和隐私性。区块链的加密技术和共识机制使得数据难以被篡改和伪造,同时,通过合理的权限设置,可以确保只有授权人员才能访问和修改数据。

此外,区块链技术还可以实现员工个人信息的透明化和可追溯性。员工可以通过私钥随时查看和更新自己的信息,而企业也可以实时掌握员工信息的变动情况,提高人力资源管理的效率和准确性。

因此,将区块链技术应用于人力资源管理中的个人信息管理环节,不仅可以提升数据的安全性,还可以增强信息的透明度和可追溯性,为企业和员工带来更好的管理体验。

4.1.3　绩效评估

在传统的绩效评估体系中,人为因素往往是一个不可忽视的干扰项。例如,主观判断、关系亲疏等都可能影响绩效评估的公正性。这不仅会导致员工对绩效评估结果的不信任,还可能损害企业的内部团结和员工的工作积极性。

区块链技术的引入,为绩效评估带来了革命性的改变。其去中心化的特性使得绩效评估系统更加公平、透明和可靠。具体来说,区块链在绩效评估中的应用主要体现在以下几个方面。

1. 数据真实性保障

绩效数据被记录在分布式账本中,这意味着数据不是由单一的权威机构或个体所控制。每一个数据块的生成都需要经过网络中的多个节点验证和确认,从而确保了数据的真实性和完整性。这大大减少了人为篡改或伪造绩效数据的可能性。

2. 透明性提升

由于区块链上的数据是公开可查的(当然,这里的公开是指经过授权的人员可以访问),员工可以随时查看自己的绩效数据,了解自己在工作中的表现和进步。这种透明度不仅增强了员工对绩效评估的信任感,还激发了他们的工作积极性和自我提升的动力。

3. 减少人为干预

区块链技术通过智能合约等机制,可以实现绩效评估的自动化和智能化。智能合约可以根据预设的规则和条件自动执行绩效评估,减少了人为干预和主观判断的影响,使得绩效评估更加客观和公正。

4. 便于数据管理和分析

对于人力资源部门而言,区块链技术也使得绩效数据的管理和分析更加便捷。所有数据都被安全地存储在分布式账本中,可以随时调用和分析,为企业制定更科学的薪酬制度、晋升机制和培训计划提供了有力支持。

综上所述,区块链技术通过其去中心化、数据真实性和透明性等特性,为绩效评估带来了前所未有的改变。它不仅可以提高绩效评估的公正性和准确性,还可以增强员工对绩效评估的信任感和参与度,为企业创造更加和谐、高效的工作环境。

4.1.4 薪资发放

区块链技术在薪资发放中的应用,确实为企业带来了诸多优势,显著提高了薪资发放的效率和安全性。下文将详细介绍区块链在薪资发放中的具体应用和潜在影响。

首先,薪资发放作为企业管理中至关重要的一环,其准确性和安全性直接关系到员工的切身利益以及企业的稳定运营。然而,传统的薪资发放方式往往面临着数据泄露和错误发放等风险。数据泄露可能导致员工隐私泄露,而错误发放则可能引发员工不满和信任危机。

区块链技术的应用则能够有效解决这些问题。通过将薪资信息记录在分布式账本中,可以实现信息的安全共享和不可篡改。这意味着薪资数据不再依赖于单一的、易于受到攻击的中央数据库,而是分布在网络中的多个节点上,从而大大提高了数据的安全性。同时,由于区块链的透明性,员工也可以随时查看自己的薪资记录,增加了对薪资发放的信任度。

此外,区块链技术还可以结合智能合约,实现薪资发放的自动化和智能化。智能合约是一种自动执行合同条款的计算机程序,可以根据预设的规则和条件自动处理薪资发放流程。通过编程设定薪资发放的规则和时间,智能合约可以在满足条件时自动执行发放操作,从而减少了人为干预和错误发生的可能性。

区块链技术在薪资发放中的应用潜力巨大,不仅提高了管理效率和质量,还为员工数据和劳动力市场资源的可追溯和安全共享提供了可能。通过构建基于区块链的薪资发放系统,企业可以实现更加高效、透明和安全的薪资管理,提升员工的满意度和忠诚度。

然而,我们也需要注意到,区块链技术的应用并不是万能的,需要结合企业的实际情况进行考量和优化。企业在应用区块链技术时,需要充分考虑其技术特点、成本投入以及与其他系统的集成等问题,确保技术的有效性和实用性得到满足。

总之,区块链技术在薪资发放中的应用为企业带来了显著的优势和潜力,有望在未来的人力资源管理中发挥更加重要的作用。随着技术的不断发展和完善,相信我们将会看到越来越多的企业采用区块链技术来优化薪资发放流程,推动企业的数字化转型和发展。

4.2　区块链技术在人力资源招聘中的应用

随着区块链技术的快速发展,越来越多的企业开始将其应用于人力资源招聘中。区块链技术具有去中心化、安全性高、透明度等优势,可以有效地提高招聘的效率和可靠性,同时也能够帮助企业更好地保护求职者和员工的个人信息。本节将围绕区块链技术在人力资源招聘中的应用展开讨论。

4.2.1　求职者身份认证

求职者身份认证是招聘流程中的关键环节,它涉及个人信息的真实性验证以及隐私保护等重要问题。传统的身份认证方式往往依赖于纸质证明文件和人工审核,这种方式不仅效率低下,而且存在诸多安全隐患。区块链技术的引入为求职者身份认证带来了革命性的改变。

首先,区块链技术通过构建一个去中心化的身份认证系统,能够确保求职者提交的个人信息和证明文件的真实性。在区块链上,每一个信息块都会被加密并连接在一起,形成一个不可篡改的数据链。这意味着一旦信息被记录在区块链上,就无法被修改或删除。因此,求职者的学历证书、身份证等关键信息一旦通过区块链进行验证,其真实性就可以得到永久性的保障。

其次,区块链技术通过多重验证机制,提高了身份认证的可靠性。在传统的身份认证方式中,往往只依赖于单一的证明文件或机构进行验证,这存在着被伪造或篡改的风险。而区块链技术可以通过多个节点共同参与验证,形成一个分布式的信任网络。在这个网络中,每个节点都可以对信息进行验证和确认,从而确保信息的真实性和可信度。

此外,区块链技术还能够有效保护求职者的隐私安全。在传统的身份认证过程中,求职者的个人信息往往会被多个机构或人员所掌握,存在泄露和滥用的风险。而区块链技术通过加密算法和隐私保护机制,可以确保求职者的个人信息在传输和存储过程中不被泄露。同时,由于区块链的去中心化特性,任何机构都无法单独控制或滥用求职者的个人信息,从而保障了求职者的隐私权益。

综上所述,利用区块链技术构建的去中心化身份认证系统,可以为求职者和用人单位提供更加高效可靠的身份认证服务。这种新型的身份认证方式不仅提高了认证的可靠性和效率,还加强了隐私保护,为招聘流程带来了更大的便利性和安全性。随着区块链技术的不断发展和完善,相信未来会有越来越多的企业和机构采用这种新型的身份认证方式,推动招聘流程的数字化和智能化发展。

4.2.2 职位发布和信息查询

区块链技术在职位发布和信息查询方面的应用,为招聘流程带来了全新的变革。具体来说,这种技术的应用体现在以下几个方面。

1. 去中心化的招聘平台

传统的招聘流程往往依赖于中心化的招聘平台或中介机构,这些平台通常掌握着大量的求职者和企业的信息,不仅存在数据安全和隐私保护的问题,还可能因为信息不透明而引发不公平现象。区块链技术的引入,使得构建一个去中心化的招聘平台成为可能。在这个平台上,求职者和企业可以直接进行信息交流和查询,无须经过第三方中介。

2. 招聘信息的发布

企业可以在区块链上发布招聘信息,包括职位名称、职责要求、薪资待遇等详细信息。由于区块链具有不可篡改的特性,一旦信息被发布到区块链上,就无法修改或删除,从而确保了信息的真实性和可信度。这不仅可以提高招聘信息的透明度,还有助于减少虚假招聘和欺诈行为的发生。

3. 求职者的信息查询

求职者可以通过区块链应用程序搜索职位和相关信息。这些应用程序可以根据求职者的技能、经验和兴趣等因素,智能推荐合适的职位。同时,求职者还可以查看企业的信用评级、历史招聘信息等背景信息,从而更全面地了解企业的情况。这种信息查询方式不仅方便快捷,而且能够确保信息的准确性和可靠性。

4. 信息的共享和透明

区块链技术使得招聘信息的共享和透明成为可能。由于区块链上的信息是公开可查的,任何有权限的个体都可以访问和验证这些信息。这有助于消除信息不对称现象,使得求职者和企业能够更加公平地进行交流和选择。同时,这也能够增加招聘过程的透明度,减少暗箱操作的可能性。

综上所述,采用区块链技术构建去中心化的招聘平台,可以实现职位发布和信息查询的高效、透明和可靠。这不仅有助于提升招聘流程的效率和质量,还能够保障求职者和企业的权益,推动招聘市场的健康发展。随着区块链技术的不断发展和完善,相信这种新型的招聘方式将会得到更广泛的应用和推广。

4.2.3 智能合同管理

智能合同管理是区块链技术在人力资源招聘领域中的一项重要应用,它通过自动化执行合同功能,为招聘过程带来了前所未有的便利性和安全性。下面,我们将详细探讨智能合同管理在人力资源招聘中的应用及其优势。

首先,我们需要理解智能合同的概念。智能合同是区块链技术的一个重要组成部分,它基于区块链的去中心化、透明性和不可篡改性等特性,实现了合同的自动化执行。智能合同以代码形式嵌入区块链中,当满足预设条件时,合同将自动执行相应的操作,无须第三方干预。

在人力资源招聘中,智能合同的应用主要体现在以下几个方面。

1. 自动化协议管理

通过智能合同,应聘者与用人单位之间的协议可以实现自动化管理。例如,薪资合同、福利待遇、试用期规定等都可以通过智能合同进行设定和执行。当满足合同约定的条件时,如试用期满、完成工作任务等,智能合同将自动触发相应的薪资支付、福利发放等操作。

2. 减少纠纷和人为干扰

传统合同管理方式中,由于人为因素和信息不对称等原因,容易引发合同纠纷。而智能合同以代码形式执行,具有极高的透明性和不可篡改性,可以有效减少合同纠纷的发生。同时,智能合同的执行不受人为因素的干扰,确保了招聘过程的公平性和公正性。

3. 提高招聘效率和安全性

智能合同的自动化执行功能可以大大提高招聘效率。例如,在面试过程中,一旦应聘者通过面试,智能合同将自动触发后续流程,如薪资谈判、合同签订等,无须再进行烦琐的人工操作。此外,智能合同还可以提高招聘过程的安全性。由于区块链的不可篡改性,智能合同一旦生成,将无法被恶意修改或删除,从而确保了合同内容的安全性和完整性。

总之,智能合同管理在人力资源招聘中的应用,通过自动化执行合同功能,实现了协议管理的自动化、减少了纠纷和人为干扰、提高了招聘的效率和安全性。随着区块链技术的不断发展和完善,相信智能合同管理将在未来的人力资源招聘领域发挥更加重要的作用。

4.2.4　员工背景调查

员工背景调查是招聘过程中非常重要的一环,但是对于企业来说,背景调查往往也是很费力的事情。利用区块链技术,可以建立一个去中心化的背景调查平台,记录求职者和员工的背景信息,如工作履历、教育背景等,在保证隐私和安全的前提下,进行信息共享和查询。

总之,区块链技术在人力资源招聘中的应用是多方面的,覆盖了求职者身份认证、职位发布、智能合同管理和员工背景调查等多个环节。区块链技术的去中心化、安全性高、透明度等优势,可以可以帮助企业优化招聘流程,提高效率和安全性。未来,随着区块链技术的进一步发展和应用,人力资源招聘也将迎来更多可能性和机遇。

下面是区块链与大数据人才库的对接示例,是一个基于 Python Flask 框架的简单示例代码。

```python
···python
from flask import Flask, request, jsonify
app = Flask(__name__)
# 区块链数据存储
blockchain = []
# 大数据人才库
talent_pool = []
# 创建区块
def create_block(name, skills):
    block = {
        'name': name,
        'skills': skills
    }
    blockchain.append(block)
# 添加人才信息
def add_talent(name, skills):
    talent = {
        'name': name,
        'skills': skills
    }
    talent_pool.append(talent)
# 获取所有区块链数据
@app.route('/blockchain', methods=['GET'])
def get_blockchain():
    return jsonify(blockchain)
# 添加人才信息到大数据人才库
@app.route('/talent', methods=['POST'])
```

```
def add_talent_endpoint():
    name = request.json['name']
    skills = request.json['skills']
    add_talent(name, skills)
    return jsonify({'message':'Talent added to pool.'})

# 创建区块并将人才信息添加到区块
@app.route('/block', methods=['POST'])
def create_block_endpoint():
    name = request.json['name']
    skills = request.json['skills']
    create_block(name, skills)
    return jsonify({'message':'Block created.'})

if __name__ == '__main__':
    app.run(debug=True)
...
```

上述代码实现了一个简单的 Flask 应用程序,在其中可以添加人才信息到大数据人才库,并创建新的区块将人才信息添加到区块链中。你可以根据需求进行扩展和完善。当然了,这个代码仅为讲解分析示例,在实际开发中需要考虑数据安全、验证、权限控制等方面的实现。

4.3　区块链技术在人力资源培训中的应用

随着人力资源培训的重要性逐渐被企业所认识,越来越多的企业开始关注并使用区块链技术进行人力资源培训。这种新型技术的应用为企业提供了全新的方式来提高培训的效率、安全性和参与度。本书将从三个方面展开,详细讨论区块链技术在人力资源培训中的应用。

4.3.1　培训资源管理

在传统培训方式下,企业通常需要花费大量的时间和精力来制订培训计划、安排培训场所、寻找合适的培训教师等。此外,还需要为每位参与者记录学习过程和结果,管理培训资源,这些都是非常烦琐和费时的事情。而将区块链技术应用于人力资源培训中,可以构建一种更高效、安全和可靠的培训管理机制。企业可以建立一套去中心化的培训资源管理系统,将培训课程、课件、考试结果、证书等相关信息记录在区块链上,这些信息在保证隐私和安全的前提下,可以进行集体管理,大大提高管理效率。

一套具体的培训资源管理系统建设方案及操作系统方法可以按照以下步骤进行设计和实施。

1. 系统设计和规划

(1)定义系统的目标和需求。确定系统的功能范围,包括培训课程管理、课件管理、考试结果管理、证书管理等。

(2)确定系统的架构和技术。选择合适的区块链平台,例如以太坊、EOS 等,并确定其他技术组件,例如数据库、前端界面等。

(3)设计数据结构和工作流程。确定如何存储和管理培训资源的数据结构,以及不同角色的用户在系统中的操作流程和权限控制。

2. 培训资源管理

(1)课程管理。建立课程目录,包括课程名称、描述、课程资料等,并记录在区块链上。可以考虑支持课程的版本管理。

(2)课件管理。将课件上传到系统中,提供搜索和下载功能,并将相关信息记录在区块链上,确保课件的完整性和防止篡改。

(3)考试结果管理。记录考试成绩和评估结果,以及相应的证书颁发情况,确保考试结果的真实性和可追溯性。

3. 用户身份和权限管理

(1)设计用户身份验证和权限控制机制。采用区块链上的身份验证机制,确保用户的身份真实性,并控制其对资源的访问权限。

(2)考虑不同角色的用户。根据企业的需求,定义不同角色的用户,例如培训管理员、培训师、学员等,并为每个角色分配适当的权限。

4. 隐私和安全保护

(1)区块链上的匿名性。确保用户的个人信息在区块链上是匿名的,只有授权的用户才能查看相应的个人信息。

(2)数据加密。对敏感数据进行加密处理,保护数据的机密性。

(3)访问控制。建立合理的访问控制机制,防止未经授权的访问和篡改。

5. 系统运营和维护

(1)定期备份和恢复。定期备份系统数据,以防止数据丢失,并确保数据的可恢复性。

（2）系统监控。建立监控机制，及时发现系统问题并进行修复。

（3）更新和升级。定期更新系统的组件和升级区块链平台，以保持系统的安全性和功能性。

通过以上的方案和操作方法，企业可以建立一套去中心化的培训资源管理系统，实现资源集中管理、保护数据隐私和安全性，并提高管理效率。请注意，在实施前，需经过充分的需求分析和技术评估，以确保该系统符合企业的实际需求和能力。

4.3.2　培训过程记录

利用区块链技术，可以实现对培训过程的记录和跟踪，从而提高培训过程的透明度和可靠性。企业可以通过区块链技术建立一个去中心化的培训过程记录系统，记录每个参与者在培训过程中的学习情况和表现情况，同时也可以实时收集和反馈监督者和管理者的评价，从而实现培训全程的监管和反馈，确保培训过程的公正性和透明度。

以下是一个基本的模拟操作流程设计，利用区块链技术实现培训过程的记录和跟踪。

1. 参与者注册与身份验证

（1）参与者（学员、培训师等）注册并创建账户，账户信息包括姓名、联系方式等。

（2）系统通过区块链的身份验证机制验证参与者的身份，确保其真实性。

2. 培训课程创建和发布

（1）培训管理员创建课程，并填写课程信息（名称、描述、学习目标等）。

（2）系统将课程信息记录在区块链上，并生成对应的唯一课程标识符。

（3）课程发布后，参与者可以浏览和选择感兴趣的课程。

3. 学习进度记录和证书颁发

（1）参与者选择并加入课程后，系统将创建一个特定的区块链账户用于记录其学习进度。

（2）参与者每完成一个学习任务，系统将其学习情况（包括学习时间、成绩等）记录在区块链上。

（3）培训教师或管理员根据参与者的学习情况，决定是否颁发相应的证书。

（4）证书信息（包括证书类型、颁发日期等）将被记录在区块链上，确保证书的真实性和可追溯性。

4. 监督者和管理者评价

(1)监督者和管理者可以参与课程学习,并对参与者的学习过程进行评价和反馈。

(2)监督者和管理者的评价和反馈将被记录在区块链上,确保评价的公正性和透明度。

5. 数据隐私和安全

(1)区块链上的个人信息和评价数据将通过加密和区块链智能合约进行保护,确保数据隐私性和安全性。

(2)参与者可以根据权限控制决定个人信息的可见性,并监控其数据被访问和使用情况。

通过以上操作流程,企业可以基于区块链技术建立一个去中心化的培训过程记录系统,实现培训过程的透明度和可靠性。最终可以提供一个公正、透明的培训环境,同时也为参与者提供了更好的学习和发展机会。需要根据具体业务需求进一步完善和定制系统功能。

4.3.3　数字资产管理

数字资产管理是区块链技术的一个重要应用场景,可以实现更高效、安全和透明的数字资产管理方式。在人力资源培训中,数字资产主要指培训课程和相关证书。利用区块链技术可以建立一个去中心化的数字资产管理平台,将培训课程和证书等资产存证在区块链上,从而实现资产的可追溯、可验证和可交易性。企业可以通过这样的方式,更好地管理和分配培训资源,并为参与者提供更加全面、广泛、个性化和专业化的培训课程。

以下是一个基本的模拟操作流程设计,利用区块链技术实现数字资产处理的具体操作。

1. 资产存证和验证

(1)培训管理员将培训课程和相关证书等数字资产上传到区块链网络上。

(2)区块链技术将为每个数字资产分配一个唯一的标识符,并记录在区块链上。

(3)参与者可以通过区块链上的标识符验证数字资产的真实性和有效性。

2. 资产交易和转移

(1)参与者可以通过交易功能在区块链上进行数字资产的买卖、转让等操作,实现资产的自由流通。

(2)区块链技术将确保交易的安全性和透明性,防止篡改和双重支出等欺诈行为。

3. 资产管理和分配

(1)培训管理员可以根据参与者的需求和资质,在数字资产管理平台上进行培训资源的管理和分配。

(2)根据参与者的学习情况和培训需求,系统可以通过智能合约自动分发适合的培训课程和证书等数字资产。

4. 数据隐私和安全

(1)数字资产的信息将通过加密和区块链智能合约进行保护,确保数据的隐私性和安全性。

(2)参与者可以根据权限控制决定个人数据的可见性,并监控其数据被访问和使用情况。

通过以上操作流程,企业可以建立一个去中心化的数字资产管理平台,实现培训资源的高效管理和分配。参与者可以通过该平台获得更加全面、广泛、个性化和专业化的培训课程,同时也能够更方便地管理自己的培训证书等数字资产。企业可以根据具体业务需求进一步完善和定制系统功能。

总之,区块链技术在人力资源培训中的应用涉及培训资源管理、培训过程记录、数字资产管理等多个方面。区块链技术的去中心化、安全性高、透明度等优势,可以帮助企业优化培训流程,提高效率和安全性。随着区块链技术的不断发展,人力资源培训也将迎来更加丰富和创新的可能性和机遇。

4.4　区块链技术在人力资源绩效管理中的应用

随着企业对绩效管理越来越重视,区块链技术被越来越多的企业应用于人力资源绩效管理。这种新型技术的应用为企业提供了全新的方式,可以更加高效和准确地进行绩效评估、薪资调整以及员工参与度的提升。本节将从三个方面详细介绍区块链技术在人力资源绩效管理中的应用。

4.4.1　信息记录和验证

利用区块链技术,可以对员工的绩效信息进行全面、准确和可靠的记录和验证。企业可以在区块链上建立一个去中心化的绩效管理系统,将员工绩效数据存储在区块链上,实现信息的全过程可追溯。同时,通过区块链技术的加密和安全性的保障,防止未经授权访问和篡改数据,确保绩效数据的可信性和公正性。这样就可以为企业提供准确和可信的员工绩效数据,为管理者提供更加全面、真实和可靠的参考。

以下是一个基本的模拟设计,利用区块链技术实现员工绩效信息记录和验证的具体过程。

1. 员工绩效数据记录

(1)每位员工的绩效数据包括绩效评分、评价标准、评价人等信息。

(2)管理者通过区块链绩效管理系统录入员工的绩效数据,并为每个绩效数据分配一个唯一的标识符。

(3)绩效数据被加密并记录在区块链上的一个数据块中,形成一个新的区块。

2. 绩效数据验证

(1)绩效数据被保存在区块链上,任何人都可以通过区块链的去中心化特性访问和验证数据。

(2)参与者可以通过区块链上的标识符验证绩效数据的真实性和有效性。

(3)区块链技术将确保绩效数据的不可篡改性和透明性,防止对数据的未经授权访问和修改。

3. 数据安全和隐私保护

(1)绩效数据在区块链上是加密存储的,只有授权的人员可以解密和查看数据。

(2)区块链技术使用密码学算法确保数据的隐私性和安全性。

(3)参与者可以根据权限控制决定个人绩效数据的可见范围,并监控数据的访问和使用情况。

通过以上操作流程,企业可以建立一个去中心化的员工绩效管理系统,实现员工绩效数据的全面、准确和可靠记录及验证。参与者可以通过该平台获得准确和可信的员工绩效数据,为管理者提供更加全面、真实和可靠的参考,并支持员工绩效评估和奖励机制的建立。企业可以根据具体业务需求进一步完善和定制系统功能。

4.4.2 薪酬调整

通过区块链技术,可以实现员工绩效与薪资的高效关联。企业可以建立一个去中心化的薪资管理系统,将员工绩效与薪资调整之间的关系记录在区块链上,实现员工绩效与薪资之间的快速匹配和调整。这样就能够加快薪酬调整的速度,并为员工提供公正、透明、可信的薪酬体系,提高员工的满意度和参与度。

以下是一个基本的模拟设计,利用区块链技术实现员工绩效与薪资高效关联的实际操作过程。

1. 绩效评估和薪资调整

(1)员工绩效评估通过公司内部的评估系统进行,管理者或评估人对每位员工的绩效进行评分和评价。

(2)绩效评估结果将与员工的薪资调整关联起来,根据公司设定的薪资调整规则进行相应的计算和调整。

2. 绩效与薪资关联记录

(1)管理者或评估人通过区块链薪资管理系统将员工绩效评估结果与薪资调整关联记录在区块链上。

(2)每次薪资调整都会形成一个新的数据块,该数据块包括员工标识符、绩效评分、薪资调整内容等信息。

3. 数据的验证和审计

(1)区块链上记录的绩效与薪资关联数据是可供参与者访问和验证的。

(2)参与者可以通过区块链的去中心化特性,随时查看和验证绩效与薪资的关联情况。

(3)绩效与薪资关联数据的不可篡改性和透明性能够保障数据的可信性。

4. 薪资调整的高效执行

(1)绩效评估和薪资调整的结果通过区块链系统可以迅速实现调整。

(2)薪酬部门可以通过区块链上的绩效与薪资关联数据,迅速进行薪资调整的计算、核准和执行。

通过以上操作流程,企业可以建立一个去中心化的薪资管理系统,实现员工绩效与薪酬的高效关联和调整。参与者可以通过该平台获得公正、透明、可信的薪酬体系,满足员工对薪酬调整的期望和要求。企业可以根据具体业务需求进一步完善和定制系统功能。

4. 4. 3 员工激励机制

区块链技术也可以用于实现员工激励机制,提高员工的参与度和积极性。企业可以建立一个去中心化的员工激励机制,将员工绩效、贡献等数据存储在区块链上,并将相应的奖励和奖金安排在区块链上自动执行。这样就可以实现员工绩效和激励之间的快速配对和执行,提高员工的参与度和积极性,进而提高企业绩效。

以下是一个基本的模拟设计,利用区块链技术实现员工激励机制的平台具体操作过程。

1. 员工绩效数据记录

（1）公司设定一套评估标准和绩效指标，通过内部的绩效评估系统对员工的绩效进行评估和记录。

（2）绩效评估结果将存储在区块链上，包括员工标识符、绩效评分以及其他相关评价信息。

2. 员工贡献数据记录

（1）公司设定一套员工贡献评估机制，将员工的工作表现、项目贡献等数据记录在区块链上。

（2）员工贡献数据可以通过项目管理系统、工作日志等方式获取，并与员工标识符关联。

3. 奖励和奖金设定

（1）公司设定一套激励机制，根据员工的绩效和贡献数据为员工提供相应的奖励和奖金。

（2）奖励和奖金的设定可以通过预设规则、激励方案等方式确定，确保激励的公平性和透明性。

4. 自动执行和结算

（1）基于区块链的员工激励平台将绩效数据、贡献数据和奖励设定关联起来，自动执行奖励和奖金的发放。

（2）平台根据预设的规则和条件，自动计算奖励和奖金的金额，并将其存储在区块链上进行公开记录和验证。

5. 参与者的查看和参与

（1）员工可以通过平台随时访问自己的绩效评估结果、贡献数据，以及奖励和奖金的记录。

（2）平台还可以提供交互功能，员工可以提出异议、建议并参与到激励机制的改进和优化中。

通过以上操作流程，企业可以建立一个去中心化的员工激励机制平台，实现员工绩效和激励的快速配对和执行。参与者可以通过该平台获得公正、透明、自动化的激励机制，提高员工的参与度和积极性，进而提高企业的绩效和竞争力。企业可以根据具体业务需求进一步完善和定制系统功能。

总之，区块链技术在人力资源绩效管理中的应用可以帮助企业更加高效、准确和公正地进行员工绩效管理、薪资调整和员工激励等，并为企业提供更具可信性、透明度和公正性的参考。随着区块链技术的不断发展和应用创新，其在人力资源绩效管理中的应用也将变得更加广泛和深入。

4.5　区块链技术在人力资源薪酬福利管理中的应用

随着企业对员工薪酬福利管理的要求越来越高,区块链技术被越来越多的企业应用于人力资源薪酬福利管理中。这种新型技术的应用为企业提供了全新的方式,可以更加高效和准确地进行薪酬管理、福利发放以及员工满意度的提升。本书将从三个方面详细介绍区块链技术在人力资源薪酬福利管理中的应用。

4.5.1　信息记录和验证

利用区块链技术,企业可以对员工薪酬福利信息进行全面、准确和可靠的记录和验证。企业可以在区块链上建立一个去中心化的薪酬福利管理系统,将员工薪酬福利数据存储在区块链上,实现信息的全过程可追溯。同时,通过区块链技术的加密和安全性的保障,防止未经授权访问和篡改数据,确保薪酬福利数据的可信度和公正性。这样就可以为企业提供准确和可信的员工薪酬福利数据,为管理者提供更加全面、真实和可靠的参考。

以下是一个模拟设计,利用区块链技术实现员工薪酬福利信息的记录和验证的具体系统操作过程。

1. 员工薪酬福利信息记录

(1)公司将员工的薪酬福利信息存储在区块链上,包括员工标识符、工资、福利待遇、社保信息等。

(2)公司可以通过内部工资系统或与外部支付系统集成,将员工的薪酬福利信息记录在区块链上。

2. 数据验证和加密

(1)公司利用区块链的分布式特性和加密算法,对薪酬福利数据进行验证和加密,确保数据的完整性和安全性。

(2)数据验证可以通过在区块链上生成的哈希值或数字签名进行验证,确保数据未被篡改或伪造。

3. 权限控制和访问管理

(1)公司建立相应的权限控制机制,只有授权的人员可以访问和修改员工薪酬福利数据。

（2）对于不同级别的员工、管理者和 HR 等人员,公司可以设定不同的权限和访问级别,确保数据的安全性和机密性。

4. 数据共享和透明度

（1）公司可以选择性地公开一些薪酬福利数据,供员工和管理者参考和查看。

（2）公司可以使用区块链的共识机制,确保公开数据的可信度和一致性。

5. 数据追溯和审计

（1）区块链的特性可使薪酬福利数据实现全过程可追溯,任何的修改或记录都将永久存储在区块链上。

（2）公司可以通过审计功能,对员工薪酬福利数据的修改和访问记录进行审计,确保数据的真实性和合规性。

通过以上操作流程,企业可以建立一个去中心化的薪酬福利管理系统,实现员工薪酬福利信息的全面、准确和可靠的记录和验证。使用区块链技术可以提高数据的可信度和可靠性,同时保护数据的安全性和隐私性。企业可以根据具体业务需求进一步完善和定制系统功能。

4.5.2 薪酬福利发放

通过区块链技术,可以实现员工薪酬福利的高效发放和管理。企业可以建立一个去中心化的薪酬福利发放系统,将员工薪酬福利发放记录在区块链上,实现快速匹配和发放。这样就能够加快薪酬福利发放的速度,并为员工提供公正、透明、可信的薪酬福利体系,提高员工的满意度和参与度。

以下是一个模拟设计,利用区块链技术实现员工薪酬福利发放和管理的具体系统操作过程。

1. 员工薪酬福利信息记录

（1）公司将员工的薪酬福利信息存储在区块链上,包括员工标识符、工资、福利待遇、社保信息等。

（2）公司可以通过内部人力资源管理系统或与外部薪酬系统集成,将员工的薪酬福利信息记录在区块链上。

2. 薪酬福利发放

（1）公司根据员工的薪酬福利信息和发放规则,在区块链上创建相应的交易记录。

（2）公司可以设定自动发放规则,例如设定每月固定时间自动发放工资。

3.数据验证和匹配

(1)公司利用区块链的不可篡改性和可追溯性,对薪酬福利发放数据进行验证。

(2)公司可以自动匹配员工薪酬福利信息和发放记录,确保发放的准确性和一致性。

4.发放通知和确认

(1)公司可以通过区块链上的智能合约,发送薪酬福利发放通知给员工。

(2)员工可以通过个人账户或移动应用程序等方式,确认薪酬福利的发放情况。

5.数据追溯和审计

(1)区块链的特性可使薪酬福利发放数据实现全过程可追溯,任何一次发放记录都将永久存储在区块链上。

(2)公司可以通过审计功能,对薪酬福利发放记录进行审计,确保数据的真实性和合规性。

通过以上操作流程,企业可以建立一个去中心化的薪酬福利发放系统,实现高效的薪酬福利发放和管理。使用区块链技术可以提高数据的可信度和可靠性,同时加速薪酬福利的发放过程,并确保公正和透明。企业可以根据具体业务需求进一步完善和定制系统功能。

4.5.3　福利优化和升级

区块链技术也可以用于实现优化和升级员工福利机制,提高员工的满意度和信任度。企业可以建立一个去中心化的员工福利优化系统,将员工福利数据存储在区块链上,并将相应的福利升级和优化安排在区块链上自动执行。这样就可以实现员工薪酬福利和升级之间的快速配对和执行,提高员工的满意度和信任度,进而提高企业绩效。

以下是一个模拟设计,利用区块链技术实现员工福利优化和升级的具体系统操作过程。

1.员工福利数据记录

(1)公司将员工的福利信息和优化计划存储在区块链上,包括员工标识符、现有福利、福利优化计划等。

(2)公司可以通过内部人力资源管理系统或与外部福利系统集成,将员工的福利数据记录在区块链上。

2. 福利优化计划制定

（1）公司根据员工的需求和福利优化的目标，在区块链上创建相应的福利优化计划。

（2）公司可以设定福利优化计划的具体内容和时限，例如增加健康保险额度、提供更多的培训机会等。

3. 福利升级的智能合约

（1）公司利用区块链的智能合约功能，创建福利升级的智能合约。

（2）智能合约可以根据员工的需求和福利优化计划，自动触发福利升级的执行。

4. 数据验证和匹配

（1）公司利用区块链的不可篡改性和可追溯性，对福利优化数据进行验证。

（2）公司可以自动匹配员工福利信息和优化计划，确保升级的准确性和一致性。

5. 福利升级通知和确认

（1）公司可以通过区块链上的智能合约，发送福利升级通知给员工。

（2）员工可以通过个人账户或移动应用程序等方式，确认福利的升级情况。

6. 数据追溯和审计

（1）区块链的特性可使福利优化数据实现全过程可追溯，任何一次升级记录都将永久存储在区块链上。

（2）公司可以通过审计功能，对福利升级记录进行审计，确保数据的真实性和合规性。

通过以上操作流程，企业可以建立一个去中心化的员工福利优化系统，实现员工福利的升级和优化。使用区块链技术可以提高数据的可信度和可靠性，同时加速福利升级的执行过程，并确保公正和透明。这样能够提高员工的满意度和信任度，进而促进企业绩效的提升。企业可以根据具体业务需求进一步完善和定制系统功能。

总之，区块链技术在人力资源薪酬福利管理中的应用可以帮助企业更加高效、准确和公正地进行员工薪酬福利管理、福利发放和员工满意度的提升，并为企业提供更具可信性、透明度和公正性的参考。随着区块链技术的不断发展和应用创新，其在人力资源薪酬福利管理中的应用也将变得更加广泛和深入。

4.6　区块链技术在人力资源人事事务管理中的应用

随着数字技术的飞速发展,越来越多的人力资源管理者寻求新的解决方案来优化和改进他们的人事事务管理。区块链技术正成为一个热门选择,因为它可以提供高安全性,高透明度和智能化解决方案。本节将从三个方面详细介绍区块链技术在人力资源人事事务管理中的应用。

4.6.1　信息记录和验证

在人事管理中,区块链技术可以用于高效、准确和可靠地记录及验证员工信息。人力资源部门可以将员工信息,例如身份证明、雇佣契约、薪资收入等信息存储在区块链上,实现信息的全程可追溯。通过区块链技术的加密和安全性保障,防止未经授权访问和篡改数据,确保信息的可信度和公正性。这样就可以为企业提供准确和可信的员工信息,为管理者提供更全面、真实和可靠的参考。

以下是一个模拟设计,利用区块链技术实现员工信息记录和验证的具体操作过程。

1. 员工信息记录

(1)公司将员工信息存储在区块链上,包括身份证明、雇佣契约、薪资收入等。

(2)公司可以通过内部人事管理系统或与外部数据源集成,将员工信息记录在区块链上。

2. 数据加密和安全保障

(1)公司利用区块链的加密技术,对员工信息进行加密处理,保障信息的安全性和隐私性。

(2)公司可以设定访问权限和身份验证机制,防止未经授权访问和篡改数据。

3. 数据存储和验证

(1)公司将员工信息存储在区块链上,并为每个员工创建唯一的身份标识。

(2)公司可以通过区块链的不可篡改性和可追溯性,对员工信息进行验证,确保数据的准确性和一致性。

4. 员工信息更新和变动

(1)当员工信息发生更新或变动时,公司可以通过区块链系统,更新相应的信息记录。

(2)公司可以设定访问权限,只允许授权的人员进行信息更新,确保数据的安全性和正确性。

5. 数据访问和查询

(1)公司可以通过区块链系统,为合适的人员提供访问员工信息的权限。

(2)管理者可以通过指定的接口,查询员工的身份证明、雇佣契约、薪资收入等信息,作为决策的参考。

6. 数据审计和验证

(1)区块链的特性可使员工信息实现全程可追溯,任何一次变动记录都将永久存储在区块链上。

(2)公司可以通过审计功能,对员工信息记录进行审计,确保数据的真实性和合规性。

通过以上操作流程,企业的人力资源部门可以利用区块链技术实现员工信息的高效、准确和可靠记录与验证。区块链的加密和安全性保障可以防止未经授权访问和篡改数据,确保信息的可信性和公正性。这样可以为企业提供准确和可信的员工信息,为管理者提供更全面、真实和可靠的参考,优化和提高人力资源管理的效率和质量。企业可以根据具体业务需求进一步完善和定制系统功能。

4.6.2　自动化招聘流程

采用区块链技术,人力资源部门能够实现招聘流程自动化,提高流程效率和准确性。企业可以建立一个去中心化的人才招募平台,将候选人的信息添加到区块链上,实现流程自动化和信息的智能化匹配。这样可以提高人才招聘的效率和准确性,同时能够为求职者提供更公正、透明、可信的招聘流程。

以下是一个模拟设计,利用区块链技术实现自动化招聘流程的具体操作过程。

1. 创建去中心化的人才招募平台

(1)公司建立一个基于区块链的人才招募平台,该平台可以连接企业与求职者,并存储招聘相关的信息。

(2)平台可以具备智能化匹配功能,根据求职者和企业的需求,自动匹配合适的职位和候选人。

2. 将候选人信息添加到区块链上

(1)求职者在平台上填写个人信息,包括教育背景、工作经历、技能等。

(2)平台将候选人的信息加密并存储在区块链上,确保信息的安全性和隐私性。

3. 招聘需求发布

(1)公司在平台上发布招聘需求,包括职位描述、薪资待遇、福利等信息。

(2)平台将招聘需求存储在区块链上,确保信息的可信性和不可篡改性。

4. 自动化匹配

(1)平台利用智能化匹配算法,根据候选人的技能和经历,与招聘需求进行匹配。

(2)根据匹配结果,平台向合适的候选人发送通知,提供相关职位的信息。

5. 面试和评估

(1)候选人接收到通知后,可以选择参加面试,并通过平台预约面试时间。

(2)公司可以在平台上进行候选人的面试评估,记录评估结果。

6. Offer 和录用

(1)在完成面试评估后,公司可以通过平台向候选人发放 Offer。

(2)平台记录 Offer 和录用的信息,存储在区块链上,确保招聘流程的透明性和可信性。

通过以上操作流程,人力资源部门可以利用区块链技术实现自动化招聘流程,提高流程效率和准确性。区块链的去中心化特性和不可篡改性保障了招聘信息的安全性和可信性。平台的智能化匹配功能能够自动将合适的候选人与招聘需求进行匹配,提高了招聘的效率和准确性。同时,区块链的透明性和可追溯性为求职者提供了更公正、透明、可信的招聘流程。企业可以根据具体业务需求进一步完善和定制系统功能。

4.6.3　智能合同管理

人力资源部门可以利用区块链技术来优化和改善员工合同的管理。通过建立一个智能合同管理系统,人力资源部门能够实现员工合同的自动化管理,从拟定、存档到执行都能够智能化地完成。这样,可以简化合同管理流程,减少管理人员的人力成本和减少合同风险。同时区块链技术的安全性和可信性,可以保证合同信息的安全性和不可篡改性。

以下是一个模拟设计,利用区块链技术实现智能合同管理的具体操作过程。

1. 建立智能合同管理系统

(1)人力资源部门建立基于区块链的智能合同管理系统,该系统能够与员工和相关部门进行连接,并存储合同相关信息。

(2)系统具备智能化功能,能够自动化管理合同的拟定、存档、执行等过程。

2. 合同拟定

（1）人力资源部门根据公司政策和法律要求，在管理系统中拟定合同模板。

（2）员工和相关部门可以根据需要，在管理系统中填写合同相关信息，如员工信息、职位、薪资等。

3. 合同存档

（1）拟定完成的合同被存储在区块链上，保证合同信息的安全性和不可篡改性。

（2）合同存档后生成一个唯一的数字签名，确保合同的唯一性和真实性。

4. 合同执行

（1）合同中设定的执行条件满足时，系统会自动触发相关操作，如自动发放薪资、执行岗位变动等。

（2）员工和相关部门可以在系统中查看合同执行情况，确保合同权益的实现。

5. 合同更新和终止

（1）如果需要更新合同内容，人力资源部门可以在系统中进行修改和更新。

（2）当合同到期或满足终止条件时，系统会自动触发终止操作，如自动终止薪资发放、发放离职证明等。

通过以上操作流程，人力资源部门可以利用区块链技术实现智能合同的自动化管理。区块链的安全性和不可篡改性保证了合同信息的安全性和可信度。智能合同管理系统能够自动化处理合同的拟定、存档和执行过程，简化了合同管理流程，减少了管理人员的人力成本和合同风险。同时，员工和相关部门可以在系统中实时查看合同执行情况，保障了合同权益的实现。企业可以根据具体业务需求进一步完善和定制系统功能。

综上所述，区块链技术可以帮助人力资源部门实现更高效、更安全、更智能的人事事务管理。通过信息的记录和验证、自动化招聘流程和智能合同管理，可以提高流程效率、准确性和可信性，从而提高企业的竞争力。随着区块链技术的发展和普及，它在人力资源人事事务管理中的应用也将愈加广泛和深入。

第 5 章　区块链+人力资源管理体系
构建实践案例分析

5.1　案例分析的内容

本案例分析的内容是区块链技术在人力资源管理体系中的应用,主要包括以下两个方面的实践案例:信息验证和智能合同管理。

5.1.1　信息验证

信息验证是任何组织在运营过程中都不可或缺的一环,特别是在员工信息管理方面。员工信息不仅涉及个人隐私,还直接关系到企业的运营安全和合规性。传统的员工信息管理方式,如中心化的数据库系统,往往存在安全风险,如数据泄露、篡改和盗用等。因此,寻求一种更为安全、可靠的信息验证方式成为企业亟待解决的问题。

区块链技术以其去中心化、不可篡改和高度安全的特点,为信息验证提供了新的解决方案。通过将员工信息存储在区块链上,企业可以确保信息的真实性和完整性,同时降低信息被篡改或盗用的风险。

1.区块链保障数据安全新方式

区块链的去中心化特性使得信息不再依赖于单一的、中心化的数据库进行管理。相反,信息被分散存储在多个节点上,这些节点通过共识机制来确保数据的一致性和安全性。这种分布式存储方式有效防止了单点故障和数据篡改的可能性。

2.区块链确保数据真实可信

区块链上的信息一旦被记录,就无法被轻易更改或删除。这是因为区块链采用了密码学原理来确保数据的不可篡改性。任何对数据的修改都会立即被网络中的其他节点察觉,并被视为无效。这种刚性确认机制为信息验证提供了强有力的保障。

3.智能合约强化信息验证

智能合约在区块链信息验证中发挥了重要作用。智能合约是一种自动执行、自动验证的计算机程序,它可以根据预设的规则和条件来管理区块链上的数据。在员工信息管理方面,智能合约可以记录员工的个人信息、工作历史、身份证号码等关键信息,并确保这些信息在区块链上的真实性和完整性。同时,智能合约还可以实现自动化的信息验证过程,减少人为干预和错误的可能性。

4.区块链助力信息管理

通过区块链技术,企业可以构建一个透明、可信的员工信息管理系统。所有员工信息都被安全地存储在区块链上,并受到严格的保护。任何需要验证员工信息的人员都可以通过访问区块链来获取真实、可靠的数据。这种信息验证方式不仅提高了企业的运营效率,还增强了企业的信任度和声誉。

综上所述,区块链技术在信息验证方面具有显著的优势和潜力。通过将员工信息存储在区块链上并利用智能合约进行管理,企业可以确保信息的真实性和完整性,降低安全风险,并提升企业的运营效率和信任度。随着区块链技术的不断发展和完善,相信未来会有更多的企业采用这种方式来进行信息验证和管理。

5.1.2　智能合同管理

另一家公司面临员工合同管理难题:条款复杂、管理难度大且准确性低。为破解此难题,公司引入区块链技术简化流程、提升准确性。

该公司开发了基于区块链的智能合同管理系统,实现合同自动执行与银行处理功能。管理者可创建虚拟合同,设定条款并自动化执行,使合同处理全程可追溯,大幅简化流程复杂性。

总体而言,这两个案例充分展现了区块链技术在人力资源管理领域的巨大潜力。尤其在信息验证和智能合同管理方面,区块链技术能显著优化管理流程、提高管理准确性。未来,随着区块链技术的不断发展和普及,更多实际应用案例将涌现,助力企业高效管理人力资源,获取竞争优势。

"区块链"技术作为改变未来生活方式的利器,与早期互联网有异曲同工之妙。鉴于招聘市场存在信息泄露和真实性等问题,结合"区块链"技术可有效解决这些难题。本文设计的招聘平台能确保信息安全,增强企业与求职者间的信任,减少违约现象,从而革新传统招聘方式。

5.2　我国招聘市场问题分析和针对方案设计

5.2.1　招聘市场问题分析

根据教育部网站的数据显示,2020 年全国高校毕业生人数预计将达到 874 万人,比去年增加了 40 万人。这些数据表明我国的招聘市场规模不断扩大。然而,招聘过程中存在着招聘网站、朋友圈效应和传统招聘方式等问题,这些问题涉及信息的落后和虚假,从而影响了招聘的效率。接下来将从求职者和企业两个角度论述招聘中存在的问题。

首先,对于求职者而言:调查显示,只有 13.46% 的人平时注意保护自己的信息,而 29% 的人则不太关注这一问题。一些平台在获取用户数据后会出售这些个人信息。例如,2019 年 7 月 5 日,北京朝阳区人民法院审理了一起某招聘网站员工参与倒卖个人信息的案件。以上情况表明,信息安全环境并不理想。此外,求职者在招聘平台上可以看到企业发布的招聘信息显示岗位已经满员,这说明企业只是为了宣传而发布这些虚假信息。还有一些企业在求职者实习期间告知其可以转正,但后来因绩效不达标等问题又不与求职者签约,导致求职者浪费了时间和金钱。

综上所述,现阶段的招聘市场存在着很多问题,无论是从求职者还是企业的角度来看,信息的落后和虚假都是其中的主要问题。这些问题对招聘的效率和真实性产生了负面影响。因此,我们需要寻求新的解决方案来改善现有的招聘方式。

对于企业来说:在招聘过程中,企业所获得的简历信息可能是不真实的,因为求职者可能会夸大其能力或者伪造信息,这可能导致企业在根据简历判断求职者能力时出现误差。另外,招聘方式包括互联网网站、朋友圈效应和传统方式,这三种方式并不能确保招聘信息的真实性和有效性。此外,一些求职者在给予企业口头承诺后,在后续过程中接受了工资待遇更好的工作,从而违约,这使得企业需要重新招聘。

综上所述,企业在招聘过程中也面临一些问题。简历信息的真实性是一个重要的问题,而且招聘方式的可靠性也存在一定的问题。此外,求职者的违约行为也给企业带来了不必要的麻烦和成本。因此,我们需要改进招聘流程,确保求职者提供真实和可靠的信息,并且选择合适的招聘渠道来确保招聘的有效性。

5.2.2 针对招聘市场问题解决方案设计

1. 目标设计

本平台对已经在链上的信息进行存储,生成时间结点,对其进行处理后使其拥有自己唯一确定的码值;其次由于"区块链"去中心化的特征和具有不可篡改和可追溯的特征,使得"区块链"建立的招聘平台具有以下性质,才能提高招聘效率。

(1)一致性。每一次在平台进行存储信息都要在链上进行广播,同时要确保每一个结点的改变是同步的;

(2)真实性。确保企业与求职者录入的信息真实有效,如果后续发现信息虚假,则要进行广播其虚假信息,降低其信用度;

(3)容错性。当有外界进行攻击区块链上的结点时,确保结点上的时间戳安全可靠、不易被篡改。

2. 模块设计

本平台业务层分为以下三个功能。

(1)信息存储功能。可以存储任何信息,在其录入平台后,生成时间结点,加盖时间戳或数字签名,确保信息的安全性。

(2)信息查验功能。利用生成的数字签名和 MD5 码值和现在信息生成的码值进行对比,或者利用哈希函数生成的哈希值进行比对,从而查验信息的真伪。

(3)广播信息功能。利用广播信息的功能可以杜绝违约现象的发生,在平台中我们采用智能合约,它是"区块链"关键技术之一,一旦编码完成,智能合约就会被广播到整个平台。

信息在平台中首先进入存储层进行存储信息,其次进入接口层对信息进行处理,最后用户可以根据需求在业务层选择不同的业务,具体结构流程:求职者与企业都可以在链上进行存储信息,也可以将自己想要共享的信息在链上进行广播,或者将一些合约采用智能合约技术,将合约广播到整个平台;在信息进行存储完成后,在接口层用户可以对其信息加盖时间戳和数字签名,确保信息与码值一一对应;查验信息真伪,采用多方认证和码值或者哈希值进行查验真伪,如果码值相同,则说明信息真实,反之则不真实。

5.2.3 方案设计优势

1. 区块链助力招聘认证

"区块链助力招聘认证"这个主题可以进一步详细讲解和引证分析如下。

（1）区块链的特性与招聘认证的结合

区块链技术以其独特的特性，如透明性、去中心化、不可篡改等，为招聘认证过程带来了革命性的改变。

①透明性：区块链上的所有信息都是公开可见的，这使得求职者与企业之间的信息流动更加畅通。求职者可以将自己的简历和诉求广播到链上，而企业则可以轻松获取这些信息，大大提高了招聘效率。

②去中心化：传统的招聘过程中，往往存在中介机构或平台，它们作为中心化的存在，可能会引发信息不对称、数据泄露等问题。而区块链技术的去中心化特性，使得求职者与企业可以直接在链上进行交互，减少了中介环节，降低了成本。

③不可篡改：区块链上的信息一旦写入，便无法更改，这保证了信息的真实性和可信度。在招聘过程中，求职者的简历信息、教育背景、工作经历等都可以通过区块链进行验证，确保企业获取到的是真实有效的信息。

（2）多方验证确保信息真实性

利用区块链平台进行多方验证，可以进一步确保信息的真实性。

①唯一确定的码值验证：当信息被存储在区块链上时，会生成一个唯一确定的码值（如哈希值）。这个码值可以作为信息的唯一标识，用于后续的验证过程。如果信息被篡改，其对应的码值也会发生变化，从而被轻易识别出来。

②链上对象参与验证：除了利用码值进行验证外，区块链上的所有对象（包括其他求职者、企业、第三方机构等）都可以参与验证过程。这种多方参与的方式，可以形成一个相互监督的机制，进一步确保信息的真实性。

（3）引证分析

近年来，越来越多的企业和机构开始探索区块链在招聘领域的应用。一些实践案例表明，利用区块链进行招聘认证，不仅可以提高招聘效率和就业率，还可以降低招聘过程中的风险和成本。

例如，某些招聘平台已经开始采用区块链技术来验证求职者的简历信息和教育背景。通过区块链平台，企业可以方便地获取到经过验证的求职者信息，大大减少了筛选和核实的工作量。同时，求职者也可以通过区块链平台展示自己的真实能力和经历，提高求职成功率。

综上所述，"区块链助力招聘认证"不仅是一个具有创新性的主题，也是一个具有实际应用价值的解决方案。随着区块链技术的不断发展和完善，相信它将在招聘领域发挥更加重要的作用。

2. 确保信息安全

确保信息安全是区块链技术应用于招聘领域的又一重要优势。下面我将详细讲解并引证分析这一优势。

（1）区块链如何确保信息安全

区块链技术通过一系列独特的机制,确保存储在链上的信息安全可靠。

①加盖时间戳与唯一码值:当信息在区块链平台上进行存储时,平台会为该信息加盖时间戳,并将其链接到之前的结点,形成一个不可篡改的时间线。同时,每条信息都会生成一个唯一确定的码值(如哈希值),作为信息的数字指纹。这样,任何对信息的修改都会导致码值的变化,从而被轻易识别。这种机制确保了信息的完整性和真实性。

②数字签名:区块链平台支持数字签名技术,使得求职者或企业可以对信息进行签名。数字签名是一种电子形式的签名,用于验证信息的来源和完整性。只有持有相应私钥的个体才能对信息进行签名,而其他人可以通过公钥验证签名的真实性。这种机制确保了信息的私密性和权限控制,只有获得授权的用户才能查看或修改信息。

（2）区块链的共识机制在保护信息安全中的作用

区块链的共识机制是确保信息安全和去中心化的关键。

①防止篡改:共识机制确保链上的所有节点都达成一致,从而防止了单个节点对信息进行篡改的可能性。因为任何对信息的修改都需要经过链上其他节点的验证和同意,这使得篡改行为变得极为困难。

②减少欺骗行为:由于区块链上的信息是透明且不可篡改的,这大大降低了欺骗行为的可能性。企业和求职者都可以信任链上的信息,减少了虚假简历、欺诈行为等问题的发生。

（3）引证分析

近年来,越来越多的研究表明区块链技术在确保信息安全方面的有效性。一些实践案例也证明了这一点。

例如,某些招聘平台利用区块链技术存储和管理求职者和企业的信息。通过加盖时间戳、使用唯一码值和数字签名等技术手段,这些平台成功提高了用户信息的存储安全。同时,由于区块链的共识机制,这些平台也有效减少了欺骗行为的发生,提高了招聘的效率和可信度。

综上所述,区块链技术通过加盖时间戳、使用唯一码值和数字签名等机制,以及共识机制的作用,确保了招聘过程中信息的安全性。这不仅提高了招聘的效率和可信度,也降低了欺诈和虚假信息的风险。随着区块链技术的进一步发展和应用,相信其在保护信息安全方面将发挥更加重要的作用。

3. 防止信息虚假和违约

区块链技术在防止信息虚假和违约方面展现出了显著的优势。下面我将详细讲解并引证分析这一优势。

（1）区块链如何防止信息虚假

区块链技术的核心特性之一是数据的不可篡改性。这意味着一旦信息被记录在区块链上，它就不能被单方面修改或删除。这种特性在防止信息虚假方面起到了关键作用。

①确保信息真实性：在区块链平台上，无论是求职者还是企业发布的信息，都会被作为时间结点进行记录。由于区块链的不可篡改性，这些信息一旦被记录，就无法被篡改。因此，企业和求职者都更有动力发布真实的信息，以维护自己的声誉和信用。

②降低虚假信息的风险：如果一开始存储的信息被证实是不真实的，这一行为会被记录在案。区块链的公开透明性使得这一记录可以被链上的所有用户查看，从而降低虚假信息发布者的信用等级。这种机制有效地遏制了虚假信息的传播，提高了整个招聘平台的信任度。

（2）区块链如何防止违约

除了防止信息虚假外，区块链技术还能有效防止违约行为的发生。

①多方认证机制：在区块链平台上，违约行为需要经过多方认证。例如，当企业与求职者之间发生纠纷时，双方都可以提供证据证明自己的立场。由于区块链上的信息是可信且不可篡改的，这些证据可以被用来公正地解决纠纷，避免任何一方单方面违约。

②降低违约风险：通过区块链技术的多方认证机制，企业和求职者都更加清楚对方的信誉和履约能力。这有助于双方在签约前进行充分的了解和评估，从而降低违约风险。同时，一旦违约行为发生，区块链平台可以快速识别并处理，维护整个招聘市场的秩序和公平。

（3）引证分析

近年来，越来越多的研究和实践案例表明区块链技术在防止信息虚假和违约方面的有效性。一些招聘平台已经开始采用区块链技术来提高信息的真实性和可靠性，降低违约风险。这些平台通过区块链技术记录和验证求职者和企业的信息，确保双方都能够遵守合约，维护市场的公平和秩序。

例如，某些招聘平台利用区块链技术建立了信用评价体系。在这个体系中，求职者和企业的每一次行为都会被记录在区块链上，并作为评价其信用的依据。这种机制使得信用评价更加公正、透明和可靠，有效地减少了信息虚假和违约行为的发生。

综上所述,区块链技术通过其不可篡改性和多方认证机制,在防止信息虚假和违约方面发挥了重要作用。随着技术的不断发展和应用场景的拓展,相信区块链将在未来的招聘市场中发挥更加重要的作用,为求职者和企业提供更加安全、可靠和高效的招聘服务。

5.2.4　相关技术

本平台主要应用了"区块链"的存储功能、查验功能以及数据保护功能,以下是"区块链"技术在本平台三个方面的应用。

1. 存储方面

本平台的存储是基于"区块链"的去中心化、权限设置以及生成时间结点特征建立的。生成"区块链"系统在招聘平台中的数据存储是指企业与求职者在平台中进行录入信息,平台在链上对录入的信息生成时间结点对应的时间结点,并在链上广播其数据的更改,保证其时间结点的一致性,从而对其加盖时间戳或数字签名,生成唯一确定的码值。

2. 信息查验方面

链上进行存储信息的是所有企业与求职者,只要在平台上所发生的交易,"区块链"都会进行广播,因此,每一个人都是这场交易的见证者,多方认证技术通过企业与求职者互相证明。在本平台进行存储信息时,每条信息有唯一确定的码值与之对应,如果信息虚假,则码值不一样,从而进行判断信息。

3. 数据保护方面

利用时间戳和数字签名,生成唯一确定的码值,实现只有相关方允许的情况下才可以进行查询信息的功能;每一条信息都是隔离的,是分布进行存储的,保证信息的隔离性和私密性。信息在传递过程中时,首先将这些信息生成摘要,通过哈希函数生成哈希值。在传递过程中,只需要传递它的摘要即可,收到摘要的一方再次通过哈希函数生成哈希值,比较两次生成的是否相等,从而确保在传递过程中信息不会更改。

5.3　案例一:区块链技术在招聘过程中的应用

区块链技术在招聘过程中的应用案例,是指企业采用区块链技术来优化和改善招聘过程,从而提高招聘效率和准确性,降低招聘过程中的成本和风险。

为人更加形象地说明区块链技术在招聘过程中的应用,现在假想一个求职者在求职前的个人信息填报准备,以下是求职者 A 在使用区块链技术进行招聘过程的详细场景模拟。

5.3.1　创建去中心化身份

求职者 A 使用去中心化身份验证平台,如以太坊或比特币网络中的身份验证系统,在该平台上创建自己的数字身份。他提供必要的个人信息,并使用私钥创建一个身份账户。这个身份账户将成为他在区块链上进行求职的唯一标识符。

求职者 A 决定利用区块链技术来创建去中心化身份,这能够提供更高的安全性和数据隐私保护。他选择使用以太坊网络作为身份验证平台,并遵循以下步骤。

1. 下载以太坊钱包

求职者 A 前往以太坊官方网站,并下载并安装一个以太坊钱包,如 MetaMask。这个钱包将用于创建和管理他的区块链身份。

2. 创建身份账户

求职者 A 通过打开 MetaMask 钱包,并按照指示,创建一个新的账户。这个账户将由以太坊网络分配给他,并与他的私钥关联。私钥将用于后续对区块链上的数据进行签名和验证。

3. 提供个人信息

在创建账户后,求职者 A 需要提供必要的个人信息,如姓名、联系方式、学历等。这些信息将被存储在他的身份账户中,并加密保存在区块链上的各个节点中。

4. 密钥管理

求职者 A 需要妥善管理他的私钥,以确保身份账户和个人信息的安全。他可以选择将私钥存储在安全的硬件钱包中,或使用多重签名等机制来增加账户安全性。他还应该设置安全的密码,并定期备份私钥以防意外丢失。

5. 身份验证

一旦求职者 A 完成身份账户的创建和个人信息的提供,他可以将账户地址和验证签名提供给招聘网站或应聘平台。网站或平台可以使用这些信息来验证求职者 A 的身份,并确保他的信息不会被篡改。

通过这个去中心化身份,求职者 A 可以在招聘过程中更加安全和可靠地管理他的个人信息。他不再需要依赖传统的在线账户和密码,而是通过私钥来证明自己的身份和所有权。这也使得他能够更好地控制自己的数据,并随时对其进行访问和更新。

5.3.2　填写个人信息

求职者 A 使用自己的区块链身份账户访问招聘网站或应聘平台,开始填写个人信息。这可能包括姓名、联系方式、工作经历、教育背景等。这些信息将由求职者 A 直接输入到招聘网站的区块链数据库中,并与他的身份账户关联。

一旦求职者 A 使用他的区块链身份账户登录招聘网站或应聘平台,他可以开始填写个人信息。以下是详细过程。

1. 访问招聘网站

求职者 A 打开招聘网站并登录自己的区块链身份账户,身份验证系统将使用他的账户地址和验证签名来验证他的身份。

2. 选择个人资料选项

一旦登录成功,求职者 A 可以选择个人资料选项来填写他的个人信息。这可能是一个单独的页面或一个表格,其中包含各种必填和可选的字段。

3. 输入个人信息

求职者 A 开始逐项输入他的个人信息。他可能会被要求提供姓名、电话号码、电子邮箱地址、居住地址等基本联系信息。他还可以填写他的社交媒体账号或个人网站链接(如果适用)。

4. 提供工作经历

求职者 A 提供他的工作经历信息,包括以前的职位、公司名称、从事的行业以及任职时间。这些信息有助于招聘方了解他的工作背景和经验。

5. 填写教育背景

求职者 A 提供他的教育背景信息,包括学历、学校名称、专业以及获得的荣誉或奖项。这些信息对于评估求职者的学术能力和专业素养非常重要。

6. 上传附件

在某些情况下,招聘网站可能要求求职者 A 上传简历、求职信、推荐信或其他相关文件。求职者 A 可以将这些文件上传到区块链数据库中,确保其安全性和完整性。

7.更新个人信息

一旦求职者 A 提交个人信息,他可以随时登录自己的区块链身份账户对其进行更新或编辑。这使他能够及时调整和完善个人资料,以适应求职需求或新的工作机会。

通过将个人信息直接存储在招聘网站的区块链数据库中,求职者 A 可以更加安全和可靠地管理他的应聘资料。这消除了传统应聘过程中可能出现的数据泄露或篡改问题,同时减少了对中介机构或第三方数据存储的依赖。招聘方可以通过对区块链上的数据进行查找和验证,确认求职者 A 的个人信息真实无误,提高招聘过程的效率和可靠性。

5.3.3　存储学历和工作经历

求职者 A 可以上传并存储他的学历证书和工作经历的相关文件,如学位证书、工作证明信等。这些文件会被加密,并通过区块链技术存储在分布式网络中的多个节点中。以保证信息的安全和隐私性,并且确保数据的完整性和不可篡改性。

在填写个人信息的过程中,求职者 A 可以选择上传并存储他的学历证书和工作经历的相关文件,例如学位证书、工作证明信等。以下是详细的过程。

1.选择文件上传选项

在填写个人信息的页面或表格上,招聘网站或应聘平台将提供一个文件上传的选项,用于求职者 A 上传他的学历和工作经历文件。

2.加密文件

在上传之前,求职者 A 可以选择对文件进行加密。这样可以保护文件的隐私和安全性,使其在存储和传输过程中不能被未经授权的人访问。

3.存储在区块链上

一旦文件被上传,它们将被存储在区块链网络中的多个节点上。这使得文件的存储更加分散和安全。区块链技术使用分布式记账和加密算法来确保文件的安全性和完整性。

4.数据的不可篡改性

一旦文件存储在区块链上,它们将被链接到求职者 A 的身份账户,并与他的个人信息相关联。区块链的不可篡改性表示一旦数据存储在区块链上,它们无法被修改或删除。这意味着求职者 A 可以确信他的学历和工作经历的信息不会被恶意篡改或变造。

5.验证过程

招聘方可以使用区块链技术来查看和验证存储在区块链上的信息。他们可以通过检查区块链上的交易历史和存储的数据,确认求职者 A 提供的学历和工作经历是真实和可信的。

通过存储学历和工作经历文件的方式,使用区块链技术能够提供更高的数据安全性和可信度。求职者 A 可以确保他的学历和工作经历信息的隐私性,同时减少了对传统存储方法(如服务器或云存储)的依赖。招聘方可以通过区块链上的学历和工作经历文件,更加准确和快速地评估求职者的背景和经验。

5.3.4　技能记录和认证

求职者 A 可以在区块链上记录他的技能和证书,如编程语言、项目经验等。他可以上传相关的证书或参加由区块链认证平台提供的在线考试,以验证自己的技能。考试结果和证书将被存储在区块链上,提供给雇主进行核实。

在填写个人信息的过程中,求职者 A 可以使用区块链技术记录他的技能和证书。以下是详细的过程。

1. 技能记录

在求职者 A 的个人信息页面或表格上,招聘网站或应聘平台将提供一个选项用于记录技能。求职者 A 可以填写他的技能和经验,例如编程语言、项目经验等。

2. 上传相关证书

如果求职者 A 拥有相关的技能证书,他可以选择上传这些证书。这些证书可以是由学校、培训机构或其他认证机构颁发的,可以证明求职者 A 的技能水平和专业能力。

3. 区块链认证平台

求职者 A 还可以选择参加由区块链认证平台提供的在线考试来验证他的技能。这些考试可能涉及针对特定技能领域的知识测试或实际项目的解决方案。

4. 存储在区块链上

无论是上传的证书还是考试结果,相关信息将被存储在区块链网络中的多个节点上。这样做可以确保文件的存储更加分散和安全。区块链技术的分布式记账和加密算法保护了证书和考试结果的安全性和完整性。

5. 雇主的核实

招聘方可以使用区块链上存储的技能记录和认证信息来核实求职者 A 的技能。他们可以通过查询区块链的交易历史和存储的数据,来确认求职者 A 提供的技能信息的真实性和可信度。

通过在区块链上记录技能和进行认证,求职者 A 可以提供更全面和可验证的技能背景。这种方式不仅提供了求职者的技能证明,还增加了数据的可靠性和真实性。招聘方可以更准确和快速地评估求职者的技能和能力,从而更好地匹配和招聘合适的人才。此外,区块链技术还能防止技能记录和认证的篡改和伪造,提供更高的数据安全性和可信度。

5.3.5　获取推荐和匹配

求职者 A 的个人信息和技能记录都存储在区块链上之后,招聘网站或应聘平台可以利用智能合约和匹配算法,将他的个人背景与潜在职位进行匹配。基于雇主的需求和求职者 A 的条件,系统可以自动提供符合条件的招聘推荐。

在求职者 A 的技能和证书被记录在区块链上后,招聘网站和应聘平台可以利用智能合约和匹配算法来为求职者 A 提供符合条件的工作推荐。以下是更详细的操作过程。

1. 区块链数据库

招聘网站或应聘平台将建立一个区块链数据库,用于存储求职者 A 的个人信息、技能记录和认证信息。这些信息包括技能、项目经验、证书等。

2. 智能合约

利用智能合约技术,招聘网站或应聘平台可以编写规则和条件,根据雇主的需求和职位要求,来自动匹配求职者 A 的个人背景。智能合约会自动执行和分析匹配的过程。

3. 匹配算法

招聘网站或应聘平台利用机器学习和推荐系统算法,将求职者 A 的技能和背景与潜在职位进行匹配。这些算法可以分析求职者 A 的技能矩阵、求职意向和职位要求,找到最佳的匹配。

4. 招聘推荐

基于匹配算法和智能合约的结果,招聘网站或应聘平台将向求职者 A 提供符合条件的招聘推荐。这些推荐可能包括职位列表、职位描述和其他相关信息。

5. 双向匹配

不仅是对求职者 A 的匹配,系统还可以根据求职者 A 的技能和背景,向雇主提供相关的求职者推荐。这样可以实现双向匹配,提高雇主和求职者的满意度。

通过利用区块链技术、智能合约和匹配算法,招聘网站和应聘平台能够更加准确和高效地进行职位推荐和匹配。求职者 A 可以获得更适合和符合他技能和背景的工作机会,同样,雇主也可以更快速地找到和招募合适的人才。这种方式可以提高招聘过程的效率和准确性,节省时间和资源成本。

5.3.6 智能合约的使用

求职者 A 与雇主建立智能合约来管理聘用过程中的条款和条件。智能合约可以定义工资、工作时间、福利和合同条款等。求职者 A 和雇主可以通过区块链技术执行智能合约,确保支付的透明性和准确性。合同的变更和执行也可以通过智能合约自动化处理。

求职者 A 与雇主之间使用智能合约来管理聘用过程中的各项条款和条件,可以有效提高聘用过程的透明性和准确性。

1. 建立智能合约

求职者 A 和雇主在区块链上建立智能合约,定义工资、工作时间、福利和其他合同条款。智能合约是基于预先设定的规则和条件的自动执行程序。

2. 条件审核

在建立智能合约之前,求职者 A 和雇主可以相互审核合同条款,确保双方的需求和期望得到满足。通过智能合约,条款和条件可以在区块链上得到保护,并且无法轻易更改。

3. 支付透明性

智能合约使用区块链技术确保支付的透明性和准确性。工资和福利待遇的支付可以记录在区块链上,并且只有在满足合同条款的情况下才会自动执行。这样,双方都可以放心,确保各项待遇的支付得到保障。

4. 变更和执行

如果需要更改合同条款,双方可以通过智能合约进行协商。合同的变更过程也可以通过智能合约自动化处理,确保双方的意愿和待遇的变更得到准确执行。

5. 合同解除

在合同解除的情况下,智能合约可以自动执行相应的附加条款。例如,支付尾款、解雇费用或其他合同约定的责任。通过使用智能合约,求职者 A 和雇主可以实现更高效、更透明的聘用过程。智能合约可以帮助双方准确记录和执行合同条款,避免争议和纠纷。此外,智能合约还可以节省时间和资源,自动处理合同变更和解除的流程,提高聘用流程的便利性和效率。

通过这些区块链技术的应用,求职者 A 在招聘过程中能够获得更加透明、安全和可验证的求职体验。而招聘方也能够更准确地评估和核实求职者的背景和技能,提高招聘的质量和效率。

5.3.7　区块链技术在招聘过程中的应用案例分析

1. 案例背景

某互联网公司在寻找开发工程师时,需要进行复杂的应聘筛选程序,这个过程涉及简历收集、筛选、面试、背景调查、身份验证等多个环节,人岗配对任务繁重,难以胜任。

2. 案例分析

该公司采用区块链技术来解决这个问题,具体应用场景如下:

(1)简历收集及核实

在区块链上建立简历库,招聘公司可以邀请申请者把其简历上传至区块链上。区块链上的智能合约可以立即核实上传的个人信息和简历的正确性,避免了传统方法中的人工确认环节,大大提高了简历核实的效率和准确性。

(2)人才匹配和筛选

利用存储在区块链上的招聘者简历,智能合约识别和匹配最佳人选,自动筛选相应的候选人。这种方式大大减少了几乎让人瘫痪的人才筛选时间。

(3)面试评估

Smart 合同将被披露给适当的管理层,确保公平的评估标准是集体的,从而促进招聘流程中的供应链产生价值和清晰度。

3. 优势和影响

通过应用区块链技术,该公司实现了以下好处。

(1)减少招聘时间和成本

区块链快速准确地进行了背景调查和研究,简化了招聘流程,大大缩短了处理时间,降低了成本。应用区块链进行人事招聘可以节省时间和成本的方式有以下几个方面的比较。

①去中心化招聘平台:传统的招聘流程中,雇主通常需要与多个中介机构合作,包括人力资源公司、招聘网站等,以寻找合适的候选人。而在区块链招聘平台上,雇主可以直接与求职者进行沟通和交互,消除了中介机构的需求,节省了中介费用和时间。

②可信的简历验证:求职者的简历往往需要花费大量的时间来核实和验证。使用区块链技术可以建立可信的简历验证系统,将求职者的教育背景、工作经验等信息记录在区块链上,确保其真实性和可靠性。雇主可以更快速地评估求职者的背景,减少了验证简历的时间和成本。

③智能合约的自动化处理:传统招聘合同的处理需要人工参与,包括合同起

草、审查和签署等环节。而使用智能合约可以自动处理合同的各个阶段,确保合同条款的准确执行。这样可以大大节省时间和成本,同时减少了人工操作造成的错误和纰漏。

④筛选和匹配的效率提升:在传统的招聘流程中,雇主需要阅读和筛选大量的简历,并进行逐一评估和排列。而区块链招聘平台可以利用智能算法和机器学习技术,进行自动化的简历筛选和匹配,将最符合要求的候选人推荐给雇主,提高了招聘的效率和准确度。

通过比较可以看出,应用区块链进行人事招聘可以去除中介环节,简化招聘流程,提高资料的可信度,实现合同处理的自动化,并且提升了筛选和匹配的效率,从而节省了人力、时间和资金成本。这使得招聘过程更加高效、透明和可靠。

(2)提高招聘效果

区块链技术可以帮助招聘公司更加精准地识别和匹配合适的候选人,从而提高招聘的成功率和质量。应用区块链进行人事招聘可以提高招聘效果的方式有以下几个方面的比较。

①透明度和可信度:区块链技术可以确保招聘过程的透明度和可靠性。所有的招聘信息和交易记录都会被记录在区块链上,并且不可篡改。这样,求职者和雇主可以相互验证信息的真实性,减少了虚假信息和欺诈行为的发生。同时,招聘过程中的所有参与者都可以查阅和审核这些信息,从而提高了整个招聘过程的公正性和可信度。

②精准的匹配和筛选:区块链招聘平台可以利用智能算法和机器学习技术进行候选人的自动筛选和匹配。通过分析候选人的技能、经验、教育背景等信息,与雇主的需求进行精准的匹配。这样,可以大大节省雇主的筛选时间,并且保证选出的候选人更符合岗位要求,提高了招聘的效果和准确度。

③社交网络的整合:许多区块链招聘平台将社交网络整合到招聘过程中。候选人可以通过社交网络来展示自己的技能和经验,雇主可以通过社交网络来获取候选人的更多信息,并与候选人进行更直接的交流。这样,可以更全面地评估候选人的适应性和团队合作能力,提高了招聘的效果和成功率。

④反欺诈和安全性:区块链技术可以提供反欺诈和安全性的保障。招聘过程中的所有信息和交易都会通过加密和分布式存储来保护,防止信息泄露和篡改。同时,区块链技术还可以追溯和审核交易记录,发现和预防欺诈行为,保障招聘过程的公正和安全。

通过比较可以看出,应用区块链进行人事招聘可以提高招聘的透明度和可信度,实现精准的匹配和筛选,整合社交网络来获取更多信息,同时保障招聘过程的反欺诈和安全性。这样,可以提高招聘的效果和成功率,选出更符合要求的候选人,为雇主提供更优质的人才。

（3）改善招聘环境

区块链技术提供了更加公平、透明的招聘环境,通过验证招聘者的信息和背景,避免了可能存在的诈骗和虚假信息。应用区块链进行人事招聘可以改善招聘环境的方式有以下几个方面的比较。

①公平公正。区块链技术确保了招聘过程的透明度和可信度。所有招聘信息和交易记录都被记录在区块链上,并且不可篡改。这种可追溯性和不可篡改性使招聘过程更加公平公正,减少了人为偏见和歧视的存在。无论是求职者还是雇主,都可以验证信息的真实性,确保候选人的能力和背景能够得到公正评估,从而改善了招聘环境。

②信息的真实性和可验证性。区块链记录了所有招聘信息和交易记录,这些信息是不可篡改的。这意味着在求职者提交求职资料和雇主发布职位信息时,其真实性可以被验证。这种信息的真实性和可验证性有助于减少虚假信息和欺诈行为的发生,提高了招聘环境的诚信度。

③降低信息不对称。区块链技术可以使招聘信息更加透明和容易获取。雇主可以明确地发布职位要求和待遇信息,并且可以听取候选人的反馈和建议。同时,候选人可以查看雇主的信用评级和历史记录,更好地评估工作环境和雇主的信用度。这样,可以降低雇主和候选人之间的信息不对称,提高招聘环境的公平性和透明度。

④提高效率和节省成本。区块链招聘平台利用智能算法和机器学习技术进行候选人的自动筛选和匹配,从而提高了招聘的效率。这样,可以节省雇主大量的筛选时间和人力成本,并且保证选出的候选人更符合岗位要求。此外,区块链技术可以减少中介机构和烦琐的人事流程,降低了招聘的成本。

通过比较可以看出,应用区块链进行人事招聘可以改善招聘环境,实现公平公正、信息真实可验证、降低信息不对称,提高招聘效率和节省成本。这将为求职者提供更公正的机会,为雇主提供更优质的人才,改善整体招聘环境。

4. 区块链技术在招聘过程中的应用可以带来更高效、透明和可信的招聘体验。以下是一个模拟场景,展示区块链技术如何改进招聘过程。

（1）候选人创建简历。一个求职者使用区块链平台创建自己的数字身份,并上传相关的个人信息、工作经历和技能等详细内容。这些信息会被加密并存储在区块链上,确保数据的安全性和隐私保护。

（2）招聘发布。招聘方在区块链上发布招聘需求,包括职位描述、要求和待遇等信息。该信息在区块链上被公开,并可以被所有感兴趣的求职者访问。

(3)基于智能合约的筛选。候选人的简历会被智能合约自动筛选和匹配。智能合约可以根据工作经历、技能匹配度以及其他特定条件,自动筛选出最符合需求的候选人。

(4)验证背景和技能。区块链技术可以使候选人的背景调查更加透明和可靠。候选人可以授权访问自己的教育背景、工作经历等信息,招聘方可以直接在区块链上验证这些信息的真实性,从而节省了时间和人力成本。

(5)基于区块链的面试评估。招聘方可以通过区块链平台进行在线面试和评估,所有的面试记录和评估结果会被记录在区块链上,确保数据的完整性和可信度。

(6)面试反馈和参考。在面试后,招聘方可以使用区块链平台向候选人提供面试反馈,并可以请求候选人提供可信的个人或专业参考。这些参考信息可以通过区块链上的智能合约验证其真实性,从而提高参考的可信度。

(7)雇佣和合同签署。一旦招聘方确定了最适合的候选人,就可以使用区块链平台进行雇佣和合同签署。这些合同将被加密和存储在区块链上,确保合同的安全性和防篡改性。

通过以上的模拟场景,可以看出区块链技术在招聘过程中的应用可以提供更加高效、透明和可信的招聘体验。区块链技术的特点,如去中心化、不可篡改和智能合约,可以帮助解决招聘过程中的许多问题,如信息不对称、背景验证的困难和合同的可信度等。

最后,通过本案例,我们可以看出,区块链技术在招聘过程中,有着独特的优势和应用价值。未来,随着区块链技术的不断发展和逐步普及,我们可以预见,区块链技术将在招聘和人力资源管理领域扮演重要角色,帮助企业更加高效地管理人力资源,创造更大的价值。

5.4　案例二:区块链技术在培训过程中的应用

区块链技术在培训过程中的应用,是指企业或机构采用区块链技术来创新和改善培训流程,通过优化培训过程,提高培训效果和学员满意度,并为企业、机构和个人创造更多的价值。

区块链技术在培训过程中的应用可以通过以下模拟进行说明。

甲公司应用区块链技术对员工 A 在培训过程中的考核记录的模拟如下。

5.4.1　创建区块链身份

员工 A 作为甲公司的一名雇员,首先需要在公司的区块链系统中创建一个唯一的身份。这个身份将用于记录员工 A 在培训过程中的考核记录。详细过程如下。

1. 员工身份验证

员工 A 首先需要提供自己的个人信息,如姓名、工号、部门等,并经过公司的验证程序进行身份验证。这确保了只有真实的员工才能创建区块链身份。

2. 区块链身份创建

甲公司的区块链系统会生成一个唯一的身份标识符(ID)给员工 A。这个 ID 将与员工 A 的个人信息等相关数据一起存储在区块链上,形成员工 A 的区块链身份。

3. 身份验证和访问控制

当员工 A 进行培训考核时,他需要通过区块链身份进行身份验证。公司的区块链系统会核对员工 A 的身份和访问权限,确保只有自己或有权限的人才能够访问和修改他的考核记录。

4. 考核记录上链

在员工 A 参与培训课程的考核过程中,相关的考核结果将被记录在区块链上。这个记录包含员工 A 的身份信息、培训课程的名称、考核的日期和结果等。该记录会被加密并存储在区块链上,以确保数据的安全性和不可篡改性。

5. 共识机制

为了确保考核记录的可信度,甲公司的区块链系统可能采用共识机制,如工作量证明(Proof of Work)或权益证明(Proof of Stake)等。这些机制要求一定数量的节点对新的考核记录进行验证和确认,以确保记录的真实性和一致性。

通过上述过程,员工 A 可以创建一个在甲公司区块链系统中的唯一身份,并使用这个身份进行培训考核记录的应用。这样,员工 A 的培训记录将变得更加透明、可靠和安全,并且可以更好地管理和追踪自己的培训成果。

5.4.2　培训课程考核记录

每当员工 A 参加培训课程并完成相应的考核时,甲公司的培训系统会将该考核记录上链。这个记录包含员工 A 的身份信息、培训课程的名称、考核的日期和结果等。详细描述模拟。

1. 培训课程选择

员工 A 根据自己的需要或公司的要求选择参加相应的培训课程。

2. 培训考核

在培训课程完成后,员工 A 需要参加相应的考核。考核可以包括问答、实际操作、项目完成等形式,以评估员工 A 对培训内容的理解和应用能力。

3. 考核记录生成

一旦员工 A 完成考核,甲公司的培训系统会生成一条包含员工 A 的身份信息、培训课程名称、考核日期和结果的记录。这些信息将成为新的区块链上的一个数据块,与员工 A 的身份信息和之前的记录关联起来。

4. 区块链上链

生成的考核记录将被加密,并通过共识机制确保数据的完整性和准确性。然后,该记录将被存储在甲公司的区块链系统中,形成一个新的区块,并与之前的区块链接在一起,形成连续的链条。

5. 数据可访问性和保护

员工 A 可以通过区块链系统访问自己的考核记录,以查看自己的培训成绩和进步情况。同时,甲公司可以设定相应的权限和访问控制,确保只有具有权限的人才能够查看和修改员工 A 的考核记录。

通过上述过程,员工 A 的培训考核记录将被安全地存储在甲公司的区块链系统中。这样一来,培训记录的可靠性和透明度得到了提升,员工 A 和甲公司都可以更好地管理和跟踪员工 A 的培训成果,以及评估和提升自身的培训质量和效果。

5.4.3 考核结果验证

公司的区块链系统会确保考核记录的真实性和不可篡改性。其他的公司雇员、管理人员或第三方机构可以通过区块链系统来验证员工 A 的考核结果,以确保考核记录的可信度。以下是详细描述模拟过程。

1. 区块链验证过程

其他公司雇员、管理人员或第三方机构可以通过访问甲公司的区块链系统,并使用相应的权限来验证员工 A 的考核结果。他们可以通过员工 A 的身份信息或培训课程的名称来搜索和获取相应的考核记录。

2. 验证考核记录真实性

通过区块链系统的共识机制和加密算法,验证员工 A 的考核记录是否被篡改过。由于区块链的特性,一旦数据被上链,就不能被随意修改。如果记录没有被修改过,就表示考核记录是真实的。

3. 验证考核记录可信度

除了验证考核记录的真实性,其他雇员、管理人员或第三方机构还可以查看员工 A 的考核日期和结果,以评估考核的可信度。如果考核记录与事实相符,考核日期合理,并且考核结果与员工 A 的实际表现一致,就可以确定考核记录的可信度。

4. 验证结果公正性

通过区块链系统,所有人都可以查看到员工 A 的考核记录,确保考核结果的公正性。任何人都无法擅自修改或篡改考核记录,从而避免了人为因素对结果的干扰和偏见。

5. 提高考核记录的可信度

通过甲公司使用区块链技术来存储考核记录,其他公司雇员、管理人员或第三方机构可以更加信任员工 A 的考核结果,而无须依赖于单一的中心化机构来验证和确认考核记录的真实性。

通过上述区块链验证过程,甲公司的培训系统可以提高考核记录的可信度,确保考核结果的真实性和公正性。同时,其他公司雇员、管理人员或第三方机构也能够更放心地使用区块链验证员工 A 的培训考核结果。

5.4.4　实时反馈和调整

通过区块链技术,员工 A 可以实时获取他在培训过程中的考核结果。如果员工 A 在某个考核中表现不理想,他可以及时获得反馈并采取相应的改进措施。这样,他可以更快地提升自己的培训成果。详细描述模拟。

1. 实时获取考核结果

甲公司的区块链系统会记录员工 A 的培训考核结果,并实时更新到区块链中。员工 A 可以通过访问区块链系统,查看他在不同培训考核中的得分、评级或其他相关信息。

2. 及时反馈和调整

员工 A 可以根据自己在区块链上看到的考核结果,及时获得反馈并认识到自身存在的问题或不足之处。通过分析自己的考核结果,员工 A 可以确定培训中需要加强的领域,并采取相应的改进措施。

3. 个性化学习计划

基于员工 A 的考核结果,甲公司的区块链系统可以为员工 A 生成个性化的学习计划。系统可以分析员工 A 在不同领域的表现,并推荐适合他的培训课程、学习材料或指导教师。这样,员工 A 可以有针对性地进行学习,提升自己在弱项领域的表现。

4.实时调整培训计划

甲公司可以根据员工 A 的实时考核结果和反馈,调整培训计划以更好地满足员工个性化的学习需求。如果员工 A 在某个培训领域表现较差,甲公司可以及时加强相应的培训内容或提供额外的辅导支持,以帮助员工 A 快速改进。

通过区块链的实时反馈和调整功能,员工 A 可以更加灵活地学习和提升自己的培训成果。他不仅可以了解自己的考核结果,还能够及时获得反馈并采取相应的改进措施,从而实现更高效的学习和发展。

5.培训成果总结

当员工 A 完成一段时间的培训后,公司可以通过区块链系统生成员工 A 的培训成果总结。这个总结可以包括员工 A 参加的培训课程、考核结果、所获得的证书等,形成一个完整的培训记录。

(1)生成培训成果总结。在员工 A 完成一段时间的培训后,甲公司会通过区块链系统生成员工 A 的培训成果总结。通过区块链技术,这个总结将被记入不可篡改的区块链中,确保其真实性和可信度。

(2)培训课程记录。培训成果总结将记录员工 A 参加过的培训课程信息,包括培训课程名称、学习时间、学习进度等。通过这个记录,员工 A 和公司都可以清晰了解员工在培训期间参加了哪些课程以及学习情况。

(3)考核结果记录。培训成果总结还会记录员工 A 在培训过程中的考核结果。这包括考核评分、评级或其他相应的信息。员工 A 可以通过查看培训成果总结,了解自己在不同培训环节中的得分以及对应的评价。

(4)获得证书记录。如果员工 A 在培训过程中获得了相应的证书或资质,这些证书将被记录在培训成果总结中。这有效地保存了员工 A 的证书信息,并能够供其他人核实。

(5)便捷查看和分享。通过区块链技术,培训成果总结可以被轻松地查看和分享。员工 A 可以通过访问区块链系统,随时查看自己的培训成果总结,并将其与他人共享,如职业网络平台或学术机构。

通过区块链的培训成果总结功能,员工 A 可以方便地查看和记录自己的培训成果,并展示给潜在雇主或其他相关方。这也为公司提供了一个全面、准确记录员工培训成果的方式,有助于评估员工的能力和发展潜力。

5.4.5 区块链技术在培训过程中的应用案例

通过以上模拟,甲公司应用区块链技术对员工 A 在培训过程中的考核记录可以实现记录的不可篡改性、结果的实时反馈性和总结的可信度。这将提高员工 A

的培训成果的准确性和可信度,并为公司提供了更直观和高效的培训管理方式。

1.案例背景

某个在线教育平台为了提高培训效果和学员满意度,采用了区块链技术来改善和修复培训过程。

2.案例分析

该在线教育平台采用区块链技术来解决教育领域的一些难题,具体应用场景如下。

(1)学生的身份验证

区块链技术可以为每个学生分配唯一的身份标识符,通过智能合约,学生可以在去中心化应用程序上验证自己的身份,验证完后,将为账户分配学习资料和积分等相关信息。

(2)透明的学习历程

区块链技术可以为在线教育平台的学生提供透明、可追溯的学习历程,记录每个学生的学习活动、考试成绩和课程进度等信息。通过区块链技术,学生可以轻松跟踪自己的学习过程和成果,也可以让学生更加了解学习的效果和自己在学习过程中的不足之处。

(3)智能合约的应用

区块链技术可以为在线教育平台提供智能合约,使学员和教师可以方便地进行信任和交换学习内容。通过智能合约,学员和教师可以轻松地交换有用的信息,提供反馈和建议,帮助学生更好地掌握学习内容,同时也可以及时了解学生的学习进展和反馈情况。

(4)学员的证书和成就

区块链技术可以为学生提供一种可靠,安全,去中心化的证书和成就管理方案。通过使用区块链技术,学员可以在不同的系统中证明自己的成绩,获得了特定的证书和成就等,并且可以通过区块链技术来证明这些信息和成就的正确性和真实性。

3.优势和影响

通过应用区块链技术,该在线教育平台实现了以下效益。

(1)提高培训效果和学员满意度

区块链技术为在线教育平台提供了更加公平、透明和可追溯的学习环境,使学员能够更好地掌握学院内容,同时能够及时了解自己的学习进展和反馈情况,提高学习成效和满意度。

与传统方式相比,区块链技术在提高员工培训效果和学员满意度方面具有以下优势。

①数据的不可篡改性:传统方式中,培训记录和证书等容易被篡改或伪造。而区块链技术通过去中心化、不可篡改的特性,确保了培训成果的真实性和可信度。学员可以放心地展示和证明自己的培训成果。

②透明度和追溯性:区块链技术使得培训成果总结和相关数据的查看和跟踪变得更加透明和可追溯。学员可以随时访问自己的培训记录,了解自己的学习成果和发展历程。同时,公司也可以查看员工的培训情况,更好地了解员工的能力和潜力。

③便捷的共享和验证:学员可以通过区块链系统轻松地与他人共享自己的培训成果总结,如在职业网络平台或学术机构展示自己的能力。同时,其他人可以通过区块链系统验证学员的培训记录和证书的真实性,提高了学员的可信度和竞争力。

④安全和保护个人隐私:区块链技术采用加密算法和分布式存储,保证了培训数据的安全性和隐私性。学员的个人信息和培训成果受到了更好的保护,防止了数据泄露和滥用的风险。

⑤提升培训效果和学习动力:通过区块链技术,学员可以清晰地了解自己在培训中的学习进度和成果。这种透明度和追溯性有助于激发学员的学习动力和自我管理能力,提升培训效果。

总的来说,区块链技术在员工培训中提供了更加安全、透明、可信的方式来记录和验证培训成果。这有助于提高学员的满意度,增加学习动力,同时提升公司对员工培训效果的评估和管理能力。

(2)提高培训安全和保密性

区块链是一个安全,去中心化和不可篡改的技术,保障了学习机构和学员的培训安全和保密性,避免了学习资源泄露和不当使用的风险。

区块链技术确实提供了安全、去中心化和不可篡改的特性,这些特点有助于保障学习机构和学员的培训安全和保密性。以下是与传统方式相比,区块链技术在培训安全和保密性方面的详细优势说明。

①安全性:区块链使用了先进的加密算法,确保了培训数据和个人信息的安全性。所有数据都经过加密处理,并存储在一个分布式网络中,阻止了未经授权的访问和篡改。传统方式中,培训数据可能存储在一台中心化的服务器中,容易受到黑客攻击或内部人员的恶意访问。

②去中心化:区块链是一个去中心化的技术,所有的数据和交易都以块的形式分布在网络的各个节点中。这意味着没有单一的中心服务器或机构控制整个数

据,而是由网络中的多个节点共同验证和存储数据。传统方式中,培训数据通常由一家或少数几家机构持有和管理,容易导致数据的集中化和单点故障。

③不可篡改性:区块链上的每个交易都会被记录在一个块中,并与前一个块链接在一起,形成一个不可篡改的链条。一旦数据被记录在区块链上,就很难被修改或删除。这确保了培训数据的真实性和可信度,并防止了数据被篡改的风险。传统方式中,培训数据可能容易被篡改或伪造,从而可能导致培训成果和认证的不可靠性。

④防止资源泄露和不当使用:区块链技术可以使学习资源以加密的形式存储和传输,只有授权的用户才能访问和使用资源。这有效地防止了学习资源的泄露和未经授权的不当使用。传统方式中,学习资源可能存储在普通的服务器或物理介质中,容易被非法获取和滥用。

综上所述,区块链技术的安全、去中心化和不可篡改的特性确保了培训数据和个人信息的安全性和保密性,避免了学习资源泄露和不当使用的风险。这为学习机构和学员提供了更可靠和可信的培训环境。

(3)为学员提供更全面的学习成果证明

区块链技术相较于传统方式,提供了更全面、更正确和更安全的学习成果和证书证明方式,从而增强了学员的竞争力和职业前景。以下是具体的优势说明。

①全面性:区块链技术可以记录和验证学员的所有学习成果,包括参与的课程、完成的任务、获得的认证等。这些数据可以以分散、去中心化的方式存储在区块链上,为学员提供了一个全面的、持久的学习记录。相比之下,传统方式中的学习成果可能分散在多个平台和机构中,难以综合和核实。

②正确性:区块链技术确保了学习成果的准确性和真实性。由于区块链上的数据不可篡改,并且被多个节点共同验证,因此学员的学习成果无法被伪造或篡改。传统方式中,学习成果的真实性可能受到质疑或争议。

③安全性:区块链技术使用了高级的加密算法,确保了学习成果和证书的安全性。通过区块链,学员的学习成果可以以加密的方式存储和传输,只有授权的人才能访问和查看。传统方式中,学习成果和证书可能以纸质形式存在,容易丢失、损坏或被盗用。

④可信度:区块链技术提供了分布式共识机制,通过网络中多个节点的验证和确认,确保学习成果的可信度。学员和雇主可以通过区块链上的数据验证学习成果的真实性,增强了学员的职业信誉和竞争力。传统方式中,学习成果的可信度可能受到机构声誉或官方认证的限制。

综上所述,区块链技术为学员提供了更全面、更正确和更安全的学习成果和证书证明方式,增强了学员的竞争力和职业前景。学员可以更好地记录和展示自己的学习成果,同时也为雇主提供了可信的学历和技能认证依据。这使得学员在就业市场上更具竞争力,并有助于提升职业发展。

4. 区块链技术在培训过程中的应用

区块链技术在培训过程中的应用可以提供更加透明、可追溯和可验证的培训体验。以下是一个模拟场景,展示区块链技术如何改进培训过程。

(1)学习记录和成果。学习者在区块链平台上创建数字身份,并将自己的学习记录、成果和证书等信息上传到区块链上。这些信息被加密和存储在区块链上,确保数据的安全性和完整性。

(2)课程发布和审查。培训机构可以在区块链上发布课程信息,包括课程内容、教学材料和讲师等信息。这些信息在区块链上被公开,并可以被所有感兴趣的学习者访问。学习者可以查看课程的评价和审查,以便做出更加明智的选择。

(3)基于智能合约的学习计划。学习者可以通过智能合约制定自己的学习计划,并设定目标和时间表。智能合约可以根据学习者的进展来自动调整和更新学习计划,提供个性化的学习指导。

(4)绩效评估和认证。在学习过程中,学习者的绩效可以通过区块链上的智能合约进行评估和认证。通过学习者的学习记录和成果,智能合约可以生成可信的评估结果,证明学习者的能力和技能。

(5)基于区块链的学习交互和合作。学习者可以通过区块链平台与其他学习者、教师和行业专家进行交互和合作。他们可以共同解决问题、分享资源和经验,并利用区块链技术来确保交互的可信度和安全性。

(6)证书和职业发展。一旦学习者完成了培训和取得了相应的成果,可以通过区块链平台获得相应的证书和认证。这些证书将被加密和存储在区块链上,学习者可以通过分享自己的证书来证明自己的能力和资质,从而推动自己的职业发展。

通过以上的模拟场景,可以看出区块链技术在培训过程中的应用可以提供更加透明、可追溯和可验证的培训体验。区块链技术的特点,如去中心化、不可篡改和智能合约,可以帮助解决培训过程中的一些挑战,如学习成果的证明、学习交互的可信度和学习记录的安全性等。

最后,可以看到,区块链技术在培训过程中的应用,将为培训提供新的可能性,为培训机构和学员带来更多的效益和价值,也将有利于教育领域的创新和发展。

5.5　案例三：区块链技术在绩效管理中的应用

区块链技术在绩效管理中的应用，是指企业或机构采用区块链技术来优化和改进绩效管理流程，通过透明、安全、可靠的方式，实现绩效考核、绩效评估和绩效奖励等方面的创新和改善，为企业和员工创造更多的价值。

甲公司应用区块链技术对员工 A 在绩效管理中可以如下所示。

5.5.1　目标设定

甲公司可以使用区块链技术创建一个智能合约，该合约包括员工 A 的绩效目标和评估指标。这些目标和指标可以由员工 A 和上级共同设定，并通过智能合约记录和存储在区块链上。这样可以确保目标设定的透明度和准确性。与传统方式相比，使用区块链技术对员工 A 的绩效目标设定有以下优势。

1. 透明度

区块链技术可以确保目标设定的透明度。智能合约会将员工 A 的绩效目标和评估指标记录在区块链上，所有参与方都可以查看和验证这些信息。这消除了信息的隐藏和操纵，提高了目标设定的公开性和透明度。

2. 可追溯性

区块链上的智能合约可以追溯和记录目标设定的历史。员工 A 和上级可以查看之前设定的目标和指标，了解目标设定的演变和变更。这有助于更好地了解目标的背景和发展过程，以及评估目标的合理性和可行性。

3. 不可篡改性

区块链上的数据是不可篡改的。一旦员工 A 和上级达成一致并记录在区块链上，目标设定的信息将无法被篡改或修改。这保证了目标设定的准确性和数据的完整性，防止了恶意修改或误操作。

4. 多方参与

在传统方式中，目标设定往往是由上级单方面设定并告知员工 A。而通过区块链技术，员工 A 和上级可以共同设定和记录目标，实现多方参与。这种合作方式可以提高目标的科学性和可行性，增强员工的主动性和参与度。

5. 自动执行

智能合约可以自动执行既定的目标设定。一旦员工 A 完成了绩效目标，智能合约会自动记录并存储绩效数据。这减少了人为因素的介入和错误，提高了目标设定和执行的效率和准确性。

通过应用区块链技术进行目标设定,甲公司可以实现目标设定的透明度、可追溯性、不可篡改性、多方参与和自动执行。这将提高目标设定的公正性和科学性,增强员工的参与度和认同感,有助于实现更好的绩效管理。

5.5.2　实时反馈

员工 A 可以使用区块链技术提供的应用程序或平台,实时查看自己的工作表现和绩效评估结果。该应用程序会根据智能合约中设定的绩效指标,自动收集和分析员工 A 的工作数据,并将结果记录到区块链上。这样员工 A 可以及时了解自己的表现,并作出相应的调整和改进。与传统方式相比,使用区块链技术对员工 A 的实时反馈有以下优势。

1. 及时性

通过区块链技术,员工 A 可以实时查看自己的工作表现和绩效评估结果。这消除了传统方式中等待周期较长的情况,能够帮助员工及时了解自己的工作情况和绩效表现。

2. 自助查询

区块链应用程序或平台可以提供一个员工个人的工作绩效仪表盘,员工 A 可以随时自主地查询和查看自己的绩效指标和评估结果。这样员工 A 不需要依赖他人或向上级主动要求反馈,可以更加方便地获取实时的信息。

3. 客观性

区块链技术记录的数据和评估结果是基于智能合约中设定的绩效指标和自动收集的工作数据。这消除了主观因素的介入,提高了反馈的客观性和可信度。员工 A 可以更加全面、客观地了解自己的工作表现和评估结果。

4. 绩效改进

通过实时反馈,员工 A 可以及时了解自己的优势和不足之处,并作出相应的调整和改进。区块链应用程序或平台可能还提供建议和指导,帮助员工 A 实现个人绩效目标。这样能够加强员工的自我管理和发展,提高绩效水平。

5. 数据安全

区块链技术可以确保数据的安全性和隐私保护。由于区块链上的信息是加密存储和传输的,员工 A 可以放心地使用该应用程序查询和查看自己的绩效数据,而不必担心数据泄露或被滥用。

通过应用区块链技术进行实时反馈,员工 A 可以随时了解自己的工作表现和绩效评估结果,提高自我管理和发展能力,同时保证了数据的安全和隐私保护。这对于员工的成长和组织的绩效管理都具有积极的影响。

5.5.3　客观评估

通过区块链技术记录的数据,评估员工 A 的绩效将更加客观和准确。由于数据不可篡改且由多个节点共同验证,员工 A 的绩效评估结果不容易被操纵或误导。这样可以提高绩效评估的公正性和可信度。与传统方式相比,使用区块链技术对员工 A 的客观评估有以下优势。

1. 数据不可篡改

区块链技术使用分布式账本记录和存储数据,并且对于已经存储在区块链上的数据是不可篡改的。这就意味着员工 A 的绩效数据和评估结果无法被恶意篡改或修改。这确保了评估结果的真实性和可信度。

2. 多个节点验证

区块链网络中的多个节点会对交易和数据进行验证,确保其合法性和准确性。这种多个节点的验证机制消除了传统方式中单一机构或个人可能存在的操纵风险。因此,员工 A 的绩效评估结果更加可靠和客观。

3. 透明度

区块链技术提供了交易和数据的透明度。员工 A 可以通过区块链应用程序或平台查看自己的绩效数据和评估结果,而且相关的数据和信息都是公开和可访问的。这种透明性能够加强员工与组织之间的信任和沟通,让员工更加了解自己的表现和评估过程。

4. 自动化数据收集和分析

区块链应用程序可以通过智能合约自动收集和分析员工 A 的工作数据。这个过程是自动化的,减少了人为干预的可能性,从而提高了数据的客观性和准确性。员工 A 的绩效评估结果基于这些客观的数据,更加可信。

5. 公正性

由于区块链技术的特点,员工 A 的绩效评估结果不受人为因素的影响,不容易被误导或操纵。这提高了评估的公正性,确保员工的工作贡献能够真实地得到体现和评估。

通过应用区块链技术进行客观评估,员工 A 的绩效数据和评估结果不可篡改,受到多个节点的验证,具有高度的透明度和公正性。这样能够增加员工的信任感,提高绩效管理的准确性和可信度,有助于组织的正常运营和发展。

5.5.4 奖励激励

甲公司可以使用区块链技术创建一个数字货币或代币,用于奖励优秀的员工A。当员工A实现或超过设定的绩效目标时,公司可以在区块链上记录相关信息,并发放相应数量的数字货币或代币作为奖励。这些奖励可以在区块链上进行交易,实现员工之间的激励和奖励转移。与传统方式相比,使用区块链技术进行奖励激励有以下优势。

1. 去中心化和可追溯性

通过区块链技术,公司可以创建一个去中心化的数字货币或代币,用于奖励员工A。这些奖励和交易记录都会被存储在分布式账本中,具有高度的可追溯性。员工A和其他参与者可以随时查看和验证自己的奖励和交易历史,这加强了透明度和公平性。

2. 自动化和可编程

区块链技术可以通过智能合约自动记录和执行奖励规则。一旦员工A实现或超过设定的绩效目标,相应的奖励就会自动触发和分发。这种自动化的过程减少了中间环节,提高了奖励的效率和准确性。

3. 可信性和安全性

区块链技术的特点使得奖励和交易记录具有高度的可信性和安全性。数据存储在分布式网络中,不容易被篡改或修改。奖励的发放过程也经过多个节点的验证,降低了潜在的欺诈风险。

4. 可交易性和灵活性

由于奖励是以数字货币或代币的形式存在于区块链上,员工A可以随时将这些奖励进行交易、转移或兑换。这种可交易性和灵活性增加了员工的动力和参与度,同时也促进了组织内部的资源流动和合作。

5. 激励效果和参与度

通过应用区块链技术进行奖励激励,甲公司可以实现更加公正、透明、高效和安全的奖励机制。这不仅能够吸引和激励员工,还能够促进组织内部的合作和发展,提高整体绩效和竞争力。

5.5.5 数据隐私保护

区块链技术采用了高级的加密算法,可以保护员工A的绩效数据和个人隐私。只有授权的人员才能访问和查看区块链上的数据,保证了员工A的数据安全和隐私保护。与传统方式相比,使用区块链技术进行数据隐私保护有以下优势。

1.去中心化和可追溯性

区块链技术的去中心化特性意味着没有单一的数据控制中心,员工 A 的绩效数据分布在多个节点上。这种分布式存储和数据交互的方式,使得数据更难以被攻击或窃取。同时,所有数据和交易记录都被记录在分布式账本中,具有高度的可追溯性,可以追踪到每一次的数据访问和修改。

2.高级加密技术

区块链技术使用了高级的加密算法,保护员工 A 的绩效数据和个人隐私。每一笔数据在加入区块链之前都会进行加密,只有拥有密钥的人才能解密和访问数据。这种加密技术在一定程度上保护了数据的安全性和隐私性。

3.基于权限的访问控制

区块链技术允许设置不同级别的权限,只有经过授权的人员才能访问和查看绩效数据。通过智能合约或其他安全机制,可以精确控制员工 A 的绩效数据的可见性和访问权限,确保只有合适的人员能够访问和使用这些数据。

4.数据共享和可信性

虽然区块链技术保护了员工 A 的数据隐私,但仍然可以实现数据的共享和验证。参与区块链网络的节点都会验证和记录数据的合法性,确保数据的可信性。员工 A 可以选择与其他方共享一部分经过授权的数据,以便实现更深入的合作和创新,而不必担心隐私泄露的风险。

5.自我控制的个人数据

区块链技术为员工 A 提供了自我控制的个人数据的机会。员工 A 可以选择将自己的绩效数据存储在个人数字身份中,并根据需要选择与他人共享的程度。这种自主权和控制权可以增加员工 A 对个人数据安全和隐私的信任和满意度。

通过应用区块链技术进行数据隐私保护,甲公司可以实现更加安全和可信的数据管理方式。这种方式不仅保护了员工 A 的绩效数据和个人隐私,还提高了数据的可追溯性和共享性,促进了更好的数据合作和创新。

5.5.6　区块链技术在绩效管理中的应用案例

通过应用区块链技术,甲公司可以实现对员工 A 在绩效管理中的全面记录、实时反馈、客观评估和奖励激励。这将提高绩效管理的效率和准确性,同时增加员工 A 的参与度和动力,有助于实现更高水平的绩效表现。

1.案例背景

某个跨国公司为了提高绩效考核的准确性和公平性,采用了区块链技术来优化和改进绩效管理流程。

2. 案例分析

该跨国公司采用区块链技术来解决绩效管理领域的一些难题,具体应用场景如下。

(1)绩效考核数据的记录和分析

区块链技术可以为绩效考核过程提供一个可靠、安全和自动化的记录和分析方式。通过区块链的特性,可以将绩效考核的数据存储在不同的区块中,无法被篡改和删除。同时,区块链技术还可以通过智能合约的方式,自动分析和计算员工的绩效成绩,并及时提醒管理者和员工自己的绩效情况。

(2)绩效评估结果的公正和透明

区块链技术可以为绩效评估结果提供一个公正、透明和不可篡改的方式。通过区块链的特性,可以确保绩效评估结果的公正性和透明性。同时,员工也可以通过区块链技术,实时了解自己的绩效评估结果,并对自己的评估结果提出异议。

(3)绩效奖励的智能化管理

区块链技术可以为绩效奖励提供一个智能化的管理方案。通过智能合约,可以自动计算和分配员工的绩效奖励,并将奖励的分配情况存储于区块链中,使得员工可以方便地查询和核实自己应得的奖励金额。

3. 优势和影响

通过应用区块链技术,该跨国公司实现了以下效益。

(1)提高绩效考核和评估的准确性和公正性

区块链技术为绩效考核提供了一个不可篡改和可信的记录方式,并为绩效评估提供了一个公正、透明和可追溯的管理方式,保障了绩效考核和评估的准确性和公正性。

与传统方式相比,使用区块链技术进行绩效考核有以下优势。

①不可篡改的记录:区块链技术使用密码学和去中心化的机制,确保数据记录不可篡改。一旦绩效数据被记录在区块链上,就无法被修改或删除,从而确保了数据的完整性和可信度。这种不可篡改的记录方式可以有效防止数据被篡改或伪造,保证绩效考核的准确性和公正性。

②公正、透明的管理方式:区块链技术提供了公开透明的数据管理方式。所有参与区块链网络的节点都可以查看和验证数据,确保绩效评估的公正性。没有中心化的权威机构可以单方面操控数据,所有数据记录都是公开可查的,从而提高了绩效考核过程的透明度和可信度。

③可追溯性的数据交互:区块链技术中的每一次数据交互都会被记录在区块链账本中,形成了可追溯的数据历史。这意味着评估人员可以追踪和查看每个绩

效数据的来源、修改记录和审核过程,确保评估过程的可追溯性。这种可追溯性可以有效防止不当的数据修改和评估结果的篡改,提高了绩效考核的可信度。

④去除人为干预和操控:传统绩效考核容易受到人为干预和操控的影响,造成不公平的评估结果。而区块链技术通过智能合约或其他安全机制,可以设定规则和条件,自动执行评估过程,减少人为因素的干扰。这样可以确保绩效评估过程的公正性和客观性。

⑤高效的数据处理和共享:区块链技术的分布式存储和共享方式,可以提高绩效数据的处理和共享效率。所有相关的数据都被记录在分布式账本中,可以实时访问和共享,减少了数据传输和管理的复杂性。员工和管理层可以更方便地获取和共享数据,有助于及时调整绩效考核策略和措施。

总之,区块链技术为绩效考核提供了一个不可篡改和可信的记录方式,使绩效评估的过程更加公正、透明和可追溯。通过消除人为操控和干预,提高数据处理和共享效率,区块链技术能够保障绩效考核和评估的准确性和公正性,为企业和员工提供了更可信的绩效管理方式。

(2)提高绩效奖励的分配效率和公正性

区块链技术可以自动分配和追溯绩效奖励,提高了绩效奖励的分配效率和公正性,避免了绩效奖励发放过程中的误差和不公。与传统方式相比,区块链技术在绩效奖励分配方面具有以下优势。

①自动分配:区块链技术可以通过智能合约或自动化的规则,实现绩效奖励的自动分配。评估人员可以事先设定好相应的规则和条件,一旦满足条件,智能合约可以自动执行奖励的分配。这消除了手动分配和计算绩效奖励的烦琐过程,提高了分配效率。

②追溯性:区块链技术记录了每一次绩效数据的交互和奖励分配,形成了可追溯的数据历史。这意味着员工和管理层可以追踪和查看每次奖励的来源、分配过程和验证记录,确保奖励的透明性和可信度。这种追溯性可以有效防止奖励发放过程中的误差和不公,保障了绩效奖励的公正性。

③去除中介和人为因素:传统方式中,绩效奖励的分配可能受到中介机构或个人的干预和操控。而区块链技术通过智能合约的自动执行,去除了中介和人为因素的参与。奖励的分配是基于设定的规则和条件进行自动判断和执行,减少了潜在的人为干扰,提高了分配公正性。

④实时可见:区块链技术将绩效数据和奖励记录实时记录在区块链账本中,参与方可以实时查看和审核奖励分配情况。这提供了员工和管理层对奖励分配过程的实时可见性,避免了信息的不对称和不透明性。员工可以更加信任奖励分配的

过程,管理层可以更好地掌握绩效奖励的发放情况。

⑤提高效率和准确性:传统方式中,手动计算和分配绩效奖励可能存在误差和延迟。而区块链技术的自动化执行和准确记录可以提高绩效奖励分配的效率和准确性。不再需要耗费大量时间和人力进行计算和分配,减少了潜在的错误和管理成本。

综上所述,区块链技术可以通过自动分配和追溯绩效奖励,提高了绩效奖励的分配效率和公正性。它消除了中介和人为因素的干扰,实现了奖励的自动分配和准确记录。这样可以避免绩效奖励发放过程中的误差和不公,提高了奖励的公正性和可信度。

(3)提高员工的积极性和参与度

区块链技术为员工提供了更多的参与和互动方式,使员工可以实时了解自己的绩效成绩和奖励情况,激发了员工的积极性和参与度,提高了员工的工作满意度和忠诚度。与传统方式相比,区块链技术在员工参与和互动方面具有以下优势。

①实时了解绩效成绩和奖励情况:区块链技术将绩效数据和奖励记录实时记录在区块链账本中,员工可以随时查看自己的绩效成绩和奖励情况。相比于传统方式中的定期或不确定的反馈,员工可以实时了解自己的工作表现和奖励情况,提高了员工对自身表现的认知和了解。

②激发员工的积极性和参与度:区块链技术为员工提供了更多的参与和互动方式,员工可以与绩效评估系统进行交互,提交自己的工作成果和反馈。这样的参与方式使员工更加参与到绩效评估的过程中,增强了员工的积极性和动力,助力其更好地表现和实现个人目标。

③提高员工的工作满意度:区块链技术的实时可见性和公正性,使员工更加信任绩效评估和奖励分配的过程。员工能够透明地了解自己工作的价值和回报,感受到公平的奖励机制,从而提高了工作满意度。同时,区块链技术的提供的实时反馈和认可也可以增强员工的工作满意度。

④增加员工的忠诚度:通过区块链技术,员工可以清晰地了解到自己的工作表现和奖励状况。这种公开透明的方式可以让员工感到自己的努力和付出被公正评价和奖励,增加了员工对组织的忠诚度和归属感。员工与组织形成更加紧密的联系,从而促进员工的长期发展和留任。

综上所述,区块链技术为员工提供了更多参与和互动方式,使他们可以实时了解自己的绩效成绩和奖励情况。这激发了员工的积极性和参与度,提高了员工的工作满意度和忠诚度。员工能够清晰地感知到自己的工作价值和回报,从而更加投入和积极地参与工作,形成良性的工作动力机制。

（4）区块链技术在绩效管理中的应用

区块链技术在绩效管理中的应用可以提供更加可信、透明和公正的绩效评估和认证系统。以下是一个模拟场景，展示区块链技术如何改进绩效管理过程。

①目标设定和智能合约：员工和管理层可以通过智能合约设定员工的目标和KPI等绩效指标。智能合约可以根据设定的目标来自动跟踪和记录员工的工作表现，并生成绩效评估所需的数据。

②实时绩效记录和加密存储：员工的工作表现数据被加密记录在区块链上，确保数据的安全性和完整性。这些数据包括工作完成情况、项目贡献、客户反馈等信息，可以实时更新和存储。

③多方认证和验证：绩效评估不仅仅由上级主管进行，还可以包括同事、下属和客户等多方的评价和反馈。这些评价和反馈在区块链上加密存储，并可以被相关人员查看和验证，增加评估的客观性和可信度。

④自动化绩效计算和排名：基于区块链上的数据，智能合约可以自动计算员工的绩效得分和排名，并提供相应的绩效报告。这个过程不仅减少了烦琐的手动计算，还避免了人为因素对绩效评估的影响。

⑤基于区块链的绩效奖励和激励：通过智能合约，可在区块链上设立绩效激励机制。当员工达到一定的目标或获得优秀的绩效评价时，可以自动触发相应的奖励，如加薪、晋升或其他福利待遇。

⑥绩效证明和跨组织认可：员工的绩效记录和评估结果可以被加密存储在区块链上。当员工离开当前组织并进入另一组织时，他们可以通过分享自己的绩效证明来证明自己的能力和工作表现，从而获得跨组织的认可和机会。

通过以上的模拟场景，可以看出区块链技术在绩效管理中的应用可以提供更加可信、透明和公正的绩效评估和认证系统。区块链技术的特点，如去中心化、不可篡改和智能合约，可以帮助解决绩效管理过程中的一些挑战，如主管主观评价、数据篡改和评估结果的不公平等。

5.6　案例四：区块链技术在薪酬福利管理中的应用

区块链技术在薪酬福利管理中的应用，是指企业或机构采用区块链技术来优化和改进薪酬和福利管理流程，通过透明、安全、可靠的方式，实现薪酬和福利的发放、记录和查询等方面的创新和改善，为企业和员工创造更多的价值。模拟甲公司应用区块链技术对员工 A 在薪酬福利管理中的应用流程如下。

5.6.1 创建员工身份和钱包

创建员工身份和钱包是区块链技术在人力资源管理中的一项重要应用,它为员工提供了一个安全、可靠的身份认证和薪酬管理系统。下面,我将详细讲解这一过程,特别是关于甲公司为员工 A 分配唯一身份标识并创建个人钱包的步骤和优势。

首先,甲公司利用区块链技术为员工 A 分配一个唯一的身份标识。这个身份标识是基于区块链的去中心化、分布式账本特性生成的,确保了每个员工的身份都是独一无二的,且不可篡改。这种身份标识通常包含员工的个人信息、职位、入职日期等关键数据,并且这些数据被加密存储在区块链上,只有经过授权的人员才能访问和修改。

接下来,甲公司在区块链上为员工 A 创建一个个人钱包。这个钱包不同于传统意义上的物理钱包或电子钱包,它实际上是一个数字账户,用于在区块链上存储和管理员工 A 的薪酬和福利信息。这个钱包具有高度的安全性和隐私性,因为只有员工 A 自己拥有访问和控制这个钱包的私钥。

一旦员工 A 的个人钱包创建成功,甲公司就可以将员工的薪酬和福利信息直接发送到这个钱包中。这些信息可以是数字货币、代币或其他形式的数字资产,它们代表了员工的工资、奖金、津贴等福利待遇。通过区块链的智能合约功能,这些资产的发放和转移都可以实现自动化和透明化,大大减少了人为错误和欺诈的可能性。

此外,员工 A 还可以利用自己的个人钱包进行一系列操作,如查询薪酬记录、接收工资提醒、参与公司的股权激励计划等。这种自助式的管理方式不仅提高了员工的满意度和参与度,还降低了公司的管理成本。

总的来说,通过区块链技术为员工创建身份和钱包,甲公司能够实现员工身份的唯一性认证、薪酬和福利信息的安全存储与自动化管理。这不仅提高了人力资源管理的效率和准确性,还增强了员工对公司的信任感和归属感。随着区块链技术的不断发展和完善,相信这种应用将在未来的人力资源管理中发挥更加重要的作用。

5.6.2 自动化工资发放

自动化工资发放是区块链技术在人力资源管理中的一个重要应用场景,它实现了工资发放的自动化、及时性和可跟踪性,大大提高了工作效率和准确性。下面,我将详细讲解甲公司如何通过区块链技术实现员工 A 的工资自动化发放。

首先,甲公司将员工 A 的工资信息与区块链钱包进行了连接。这一步骤的关键在于确保工资发放系统能够与区块链网络进行交互。甲公司可能采用了专门的区块链接口或 API,将工资发放系统与区块链钱包进行了集成。这样,每当需要发放工资时,系统就能够自动从工资发放账户中提取相应的金额,并将其发送到员工 A 的区块链钱包中。

接下来,每当工资发放日到来时,甲公司的系统会自动执行工资发放操作。这一过程中,区块链技术的智能合约起到了关键作用。智能合约是一种自动执行的程序,它根据预设的条件和规则来管理数字资产。甲公司可以在区块链上部署一个智能合约,该合约会在特定的时间(如工资发放日)自动触发工资发放操作。通过智能合约的自动化执行,甲公司无须人工干预即可完成工资的发放,大大提高了工作效率。

此外,区块链技术还确保了工资发放的及时性和可跟踪性。由于区块链上的交易记录是实时更新且不可篡改的,员工 A 可以实时查看自己的工资到账情况。同时,区块链技术还提供了交易的可追溯性,甲公司可以方便地追踪每一笔工资发放的记录,确保发放的准确性和合规性。

这种自动化工资发放的方式不仅提高了工作效率,还降低了人为错误和欺诈的风险。通过区块链技术的透明性和安全性,员工可以更加信任公司的工资发放系统,提高了员工的满意度和忠诚度。

综上所述,甲公司通过将员工 A 的工资信息与区块链钱包连接,实现了自动化工资发放。这种方式确保了工资的及时到账和可跟踪性,提高了人力资源管理的效率和准确性。随着区块链技术的不断发展和普及,相信这种自动化工资发放的方式将在更多企业和组织中得到应用。

5.6.3　福利奖励记录

甲公司通过区块链技术记录员工 A 的福利奖励情况,这一举措不仅提高了奖励记录的准确性和透明度,还增强了员工 A 对公司福利制度的信任感和参与感。下面我将详细讲解这一过程的运作机制及其带来的好处。

首先,区块链技术以其不可篡改和去中心化的特性,为福利奖励记录提供了强大的技术支持。每当员工 A 完成一项工作或达到一定目标时,甲公司的系统会将相关的福利奖励信息编码成区块,并添加到区块链网络中。这个过程是由多个节点共同参与和验证的,确保了记录的真实性和可信度。

在区块链上记录福利奖励信息,意味着这些信息是公开透明的。员工 A 可以通过特定的查询接口或应用程序,随时查看自己的奖励情况。这种透明性消除了员工对于奖励发放是否公正、准确的疑虑,增强了员工对公司福利制度的信任感。

同时,区块链记录的不可篡改性也确保了福利奖励信息的长期保存和可追溯性。无论是员工 A 还是公司管理层,都可以方便地追溯到某一时期的奖励记录,进行核对或审计。这对于维护员工权益、促进公司合规经营具有重要意义。

此外,通过区块链技术记录福利奖励情况,还可以提高奖励发放的效率和准确性。传统的奖励发放方式往往需要人工核对、审批等多个环节,容易出现错误和延误。而区块链技术可以实现自动化记录和验证,减少人为干预,提高奖励发放的及时性和准确性。

对于员工 A 而言,这种公开透明的福利奖励记录方式还增加了参与感。员工可以清楚地看到自己的努力和成果得到了公司的认可和奖励,从而激发更多的工作积极性和创造力。

综上所述,甲公司通过区块链技术记录员工 A 的福利奖励情况,实现了奖励记录的公开透明、长期保存和可追溯性,提高了奖励发放的效率和准确性,增强了员工对公司的信任感和参与感。这一举措有助于构建更加和谐、高效的员工关系,促进公司的稳定发展。

5.6.4 快速验证和支付

在甲公司使用区块链技术记录员工 A 的福利奖励情况的基础上,当员工 A 需要使用这些福利或奖励时,区块链技术提供的快速验证和支付过程起到了至关重要的作用。下面我将详细讲解这一过程的运作机制及其带来的好处。

首先,员工 A 需要拥有一个与甲公司区块链系统相连接的区块链钱包。这个钱包不仅是一个存储工具,更是一个身份验证和交易执行的媒介。员工 A 的福利奖励信息被安全地保存在区块链上,与员工的钱包地址相关联。

当员工 A 决定使用福利或奖励时,他只需要通过钱包发起支付请求。这个请求包含了必要的交易信息,如支付金额、接收方地址等。由于区块链上的信息是公开透明的,系统可以迅速验证员工 A 的账户余额和奖励状态。

验证过程几乎是瞬间完成的,因为区块链网络中的节点会共同验证这笔交易的有效性。这些节点会检查员工 A 的账户余额是否足够支付,以及交易是否满足预设的规则和条件。一旦验证通过,这笔交易就会被打包进一个新的区块,并添加到区块链的末尾。

与此同时,支付过程也在快速进行。系统会根据交易信息,自动从员工 A 的账户中扣除相应金额,并将资金转移到指定的接收方。由于区块链技术的自动化和去中心化特性,这个过程无须人工干预,大大提高了支付效率。

通过区块链技术的快速验证和支付,员工 A 可以更加便捷地使用自己的福利和奖励。与传统的支付方式相比,这种方式不仅简化了支付流程,减少了等待时间,还提高了交易的安全性和可靠性。因为区块链技术保证了交易的不可篡改性和去中心化特性,有效防止了欺诈和双重支付等问题。

此外,区块链钱包的使用也为员工提供了更大的便利性和灵活性。员工可以随时随地通过钱包进行支付操作,无须依赖特定的支付机构或平台。这种去中心化的支付方式不仅提高了支付效率,还降低了交易成本,为员工带来了更好的使用体验。

综上所述,甲公司通过区块链技术提供的快速验证和支付过程,为员工 A 使用福利和奖励提供了极大的便利。这种方式简化了支付流程、提高了效率、增强了安全性,为员工和公司都带来了实实在在的好处。

5.6.5　福利转让和交易

区块链技术为员工 A 在福利转让和交易方面提供了全新的可能性,大大增强了员工对福利的自主性和选择权。下面,我们将详细讲解这一过程的运作机制及其带来的好处。

首先,区块链技术通过其去中心化、透明和不可篡改的特性,为福利转让和交易提供了一个安全、可靠的平台。在区块链上,员工 A 的福利信息被以数字形式记录和存储,确保了数据的真实性和完整性。

当员工 A 对某种福利没有需求时,他可以选择将其转让给其他员工。这种转让过程是通过区块链网络中的智能合约来实现的。智能合约是一种自动执行合同条款的计算机程序,它能够根据预设的条件自动判断并执行相应的操作。在福利转让中,智能合约将确保福利的转让符合公司的规定和条件,并在满足条件时自动完成转让过程。

除了员工之间的直接转让,员工 A 还可以选择通过区块链市场进行福利交易。区块链市场是一个去中心化的交易平台,它允许员工在平台上发布自己的福利信息,并与其他员工进行交易。这种交易方式不仅提高了交易的效率,还降低了交易成本,因为去中心化的平台不需要中间机构参与,从而减少了中介费用。

区块链技术带来的福利转让和交易的灵活性,为员工 A 提供了更多的选择和自主权。员工可以根据自己的需求和偏好,选择保留、转让或交易自己的福利,从而最大化福利的价值。这种灵活性不仅提高了员工的满意度和忠诚度,还有助于促进公司内部福利资源的合理分配和利用。

此外,区块链技术还提供了透明和可追溯的福利交易记录。每一笔福利转让和交易都会被记录在区块链上,形成一个不可篡改的交易历史。这使得公司可以方便地追踪和审计福利的使用情况,确保福利的合规性和公平性。

综上所述,区块链技术为员工 A 在福利转让和交易方面提供了全新的解决方案。通过智能合约和去中心化市场的支持,员工可以更加自主和灵活地管理自己的福利,从而实现福利价值的最大化。

5.6.6　数据安全和保密性

区块链技术在确保员工 A 的薪酬和福利信息的数据安全和保密性方面发挥了重要作用。下面,我们将具体讲解其运作机制和效果。

首先,区块链技术的去中心化特性是其数据安全性的基石。与传统的中心化数据库不同,区块链不依赖于单一的、易于受到攻击的数据存储点。相反,数据被分散存储在网络中的多个节点上,这些节点共同维护着整个区块链的完整性和安全性。这种分布式结构使得黑客难以对整个网络发动攻击,因为即使他们能够攻击某个节点,也无法篡改整个网络上的数据。

其次,区块链技术使用了先进的加密算法来保护数据的机密性。在区块链中,数据通常会被加密处理,这意味着只有拥有相应密钥的授权人员才能访问和修改数据。这种加密机制确保了员工 A 的薪酬和福利信息不会被未经授权的人员获取或篡改。即使数据在传输过程中被截获,由于其加密状态,黑客也无法解密并获取其中的敏感信息。

此外,区块链的不可篡改性也增强了数据的安全性。一旦数据被记录在区块链上,就几乎无法被更改或删除。这种特性确保了员工 A 的薪酬和福利信息的真实性和完整性,避免了数据被恶意篡改或伪造的风险。

同时,区块链的共识机制也有助于维护数据的安全和保密性。共识机制是区块链网络中节点达成一致性的过程,它确保了新添加的数据块在得到足够多的节点确认后才能被添加到区块链中。这种机制防止了恶意节点对数据的篡改或破坏,确保了数据的完整性和可信度。

综上所述,区块链技术的去中心化特性、加密算法以及不可篡改性和共识机制共同保障了员工 A 的薪酬和福利信息的安全性和保密性。这些特性使得区块链技术成为一种可靠的数据存储和传输方式,尤其适用于需要高度保密性的敏感信息。通过区块链技术,企业可以更加安全地管理员工的薪酬和福利信息,提高员工对数据保护的信心。

5.6.7　块链技术在薪酬福利管理中的应用案例

通过这些应用,甲公司可以充分利用区块链技术来管理员工 A 的薪酬和福利,提高效率、透明度和安全性。员工 A 也能够实时了解自己的薪酬和福利情况,并具备更大的选择和控制权,增强对公司的忠诚度和参与感。

1. 案例背景

某个跨国公司为了提高薪酬和福利管理的准确性和效率,采用了区块链技术来优化和改进薪酬和福利管理流程。

2. 案例分析

该跨国公司采用区块链技术来解决薪酬和福利管理领域的一些难题,具体应用场景如下:

(1)薪酬和福利数据的记录和分析

区块链技术可以为薪酬和福利管理提供一个可靠、安全和自动化的记录和分析方式。传统的薪酬和福利管理需要依赖烦琐的人工操作和纸质文档,容易出现错误和延迟。而区块链技术可以解决这些问题,并提供更高效的管理方式。

首先,区块链技术通过分布式的存储方式,将薪酬和福利的数据存储在不同的区块中。每个区块都包含了之前所有区块的哈希值,确保数据的连续性和完整性。所有的数据都是公开可查的,但只有授权人员才能访问和修改数据,保障了数据的安全性和隐私性。

其次,区块链技术还可以通过智能合约的方式,自动分析和计算员工的薪酬和福利情况。智能合约是一种自动执行的合约代码,可以根据预设的规则和条件,自动执行相应的操作。在薪酬和福利管理中,智能合约可以根据公司设定的规则,自动计算员工的工资、奖金和福利,并将相应的数额存入员工的区块链钱包中。

此外,区块链技术还可以提供实时的提醒和通知功能。员工可以通过区块链钱包随时查看自己的薪酬和福利情况,而管理者也可以通过区块链系统实时监控员工的薪酬和福利发放情况。如果发现异常或错误,可以及时进行调整和修正,减少人工干预和纠纷。

总的来说,区块链技术为薪酬和福利管理带来了许多优势。它提供了一个可靠、安全和自动化的记录和分析方式,确保数据的准确性和可信度。同时,区块链技术还能提升管理效率,降低管理成本,增加员工的参与感和满意度。因此,越来越多的公司开始应用区块链技术来优化薪酬和福利管理。

(2)薪酬和福利发放的智能化管理

区块链技术在薪酬和福利发放方面提供了智能化的管理方案。传统的薪酬和福利发放通常需要很多人工操作和手动计算,容易出现错误和延迟。而使用区块链技术,可以通过智能合约自动计算和分配员工的薪酬和福利,并将发放情况记录在区块链上,使得员工可以方便地查询和核实自己应得的薪酬和福利金额。

首先,通过智能合约,可以根据公司设定的规则和条件自动计算员工的薪酬和福利。智能合约是一种以代码形式存在的自动执行合约,可以根据预设的规则和条件,在特定条件满足时自动执行相应的操作。在薪酬和福利管理中,智能合约可以根据员工的工龄、职位等信息,自动计算其应得的薪酬和福利金额。这种智能化的计算方式避免了人工计算的烦琐和错误率。

其次,智能合约将薪酬和福利发放情况存储在区块链上。区块链是一种分布式的数据库,所有的数据都被存储在不同的区块中,并通过哈希值链接在一起,形成一个不可篡改和删除的记录。这意味着薪酬和福利发放数据的可信度非常高,员工可以方便地查询和核实自己的薪酬和福利发放情况,避免了人为的错误和纠纷。

而且,区块链上的数据是实时更新的。一旦智能合约完成薪酬和福利发放,相关数据就会被记录在区块链上。员工可以通过区块链钱包随时查看自己的薪酬和福利发放情况,而管理者也可以实时监控和核对发放情况。这种实时更新的特性保证了薪酬和福利发放的准确性和及时性。

总的来说,区块链技术为薪酬和福利发放带来了智能化的管理方案。智能合约实现了自动计算和分配员工的薪酬和福利金额,而区块链技术确保了数据的可靠性和安全性。员工可以方便地查询和核实自己的薪酬和福利发放情况,管理者也能实时监控和核对发放情况。因此,越来越多的公司开始采用区块链技术来提高薪酬和福利发放的效率和可靠性。

(3)福利消费的追溯和管理

区块链技术在福利消费方面提供了追溯和管理的方式。传统的福利消费管理容易出现信息不透明、数据丢失等问题,导致无法对福利的使用情况进行准确记录和管理。而利用区块链技术,可以实现每个员工福利消费的追溯和管理,并让员工实时了解自己的福利使用情况,避免福利的浪费和不公。

首先,通过区块链的特性,可以记录每个员工使用福利的情况。区块链是一个分布式的数据库,所有的数据都被记录在不同的区块中,并通过哈希值链接在一起,形成一个不可篡改和删除的记录。在福利消费管理中,每个员工使用福利的情况可以被记录在区块链上。例如,当员工使用公司提供的福利时,这一消费记录将被加密并添加到区块中,形成一个福利使用的链条,可以追溯员工使用福利的时间、地点和金额等信息。

其次,区块链技术可以实现对福利消费的追溯和管理。由于区块链的数据记录是不可篡改的,所以福利消费的记录无法被修改或删除。通过区块链,公司可以准确追溯每一笔福利消费记录,确保福利的合法使用和消费者权益保护。这种追溯和管理方式可以帮助公司更好地控制福利的使用情况,确保福利资源的合理分配,并且在福利使用出现问题时,可以通过区块链记录进行追责和解决。

同时,区块链技术也让员工能够实时了解自己的福利使用情况。员工可以通过区块链钱包或公司提供的应用程序,查看自己的福利消费记录,了解福利的使用情况和余额。这种透明化的信息让员工更加清楚自己的福利权益,避免福利的浪费和不公。员工也可以更加方便地管理自己的福利消费,做出更明智的福利选择。

总的来说,区块链技术为福利消费提供了追溯和管理的方式。通过记录和追溯每个员工的福利消费情况,公司可以更好地控制福利资源的使用和分配。与此同时,员工也可以实时了解自己的福利使用情况,避免福利的浪费和不公。这种透明化和智能化的福利消费管理方式,为公司和员工提供了更高效和公正的福利消费体验。

（4）优势和影响

通过应用区块链技术,该跨国公司实现了以下效益。

①提高薪酬和福利管理的准确性和效率

区块链技术对于薪酬和福利管理提供了不可篡改和可信的记录方式,并实现了智能化的管理,保障了薪酬和福利管理的准确性和效率。下面对此展开说明:

首先,区块链技术的不可篡改性可以确保薪酬和福利的记录不被篡改或删除。区块链是一个分布式的数据库,所有交易数据都以区块的形式添加到链上,并由所有参与方共同维护和验证。一旦有一笔薪酬或福利交易记录被添加到区块链上,就无法篡改或删除。这使得薪酬和福利的记录具有高度的可信度和可靠性,防止了潜在的数据篡改和不当操作。

其次,区块链技术为薪酬和福利发放提供了智能化的管理方式。传统的薪酬和福利发放往往需要复杂的人工操作和中介机构,存在较高的成本和风险。而利用区块链技术,可以建立智能合约来自动化薪酬和福利的发放。智能合约是存储在区块链上的自动执行的合约,可以根据预先设定的条件自动完成薪酬和福利的发放。这种智能化管理方式不仅提高了效率,减少了中间环节的参与,还降低了薪酬和福利发放的风险。

同时,区块链技术还可以提供更安全和隐私的薪酬和福利管理方式。传统的薪酬和福利管理往往需要员工提供大量的个人隐私信息,存在着数据泄露和滥用的风险。而利用区块链技术,可以将个人隐私信息进行加密,并通过私有密钥管理访问权限。只有获得授权的参与方才可以查看和处理相关信息,保证了薪酬和福利数据的安全性和隐私性。

总的来说,区块链技术为薪酬和福利管理提供了不可篡改和可信的记录方式,并实现了智能化的管理方式。这种方式确保了薪酬和福利记录的准确性和可靠性,提高了管理的效率。同时,区块链技术还增强了薪酬和福利数据的安全性和隐私性,保护了员工的个人信息。综上所述,区块链技术在薪酬和福利管理方面具有重要的应用价值。

②提高员工的满意度和忠诚度

通过区块链技术,员工可以方便地查询和核实自己的薪酬和福利情况,并实时了解自己的福利使用情况,从而提高员工的满意度和忠诚度。下面对此进行详细展开说明:

首先,区块链技术的分布式特性可以使得薪酬和福利信息被透明地记录在区块链上。员工可以通过区块链的公开性,方便地查询和访问自己的薪酬和福利记录,无须额外的复杂操作或等待。这使得员工可以随时随地核实自己的薪酬和福利情况,确保信息的真实性和准确性,大大提高了员工对薪酬和福利管理的信任度。

其次,区块链技术的智能合约功能可以实现实时的福利使用记录。智能合约是可以根据预先设定的条件自动执行的合约,可以编程地记录和追踪员工的福利使用情况。当员工使用某项福利时,智能合约会立即记录该事件,并更新区块链上的相关信息。这使得员工可以实时了解自己福利的使用情况,避免了传统方式中需要等待人工记录和处理的延迟。这种实时记录和查询的便利性提高了员工对薪酬和福利管理的满意度和忠诚度。

此外,区块链技术还可以提供可信的数据和隐私保护。区块链的不可篡改和可信的特性确保了员工所查看到的薪酬和福利信息的真实性。同时,区块链技术通过加密和访问权限的管理,保护了员工的个人隐私信息,只有授权的参与方才能查看相关敏感信息,增强了员工对个人信息安全的信心。

综上所述,通过区块链技术,员工可以方便地查询和核实自己的薪酬和福利情况,并实时了解自己的福利使用情况,提高了员工的满意度和忠诚度。区块链的透明性、实时记录和隐私保护等特性,改善了员工对薪酬和福利管理的体验,增强了员工对管理机构的信任和忠诚度。同时,这也为管理机构提供了更高效、安全和可信的薪酬和福利管理方式。

③提升企业的形象和竞争力

区块链技术作为一项前沿技术,具有广泛的应用前景,其应用和落地可以提升企业的形象和竞争力,在招聘、人才留存、品牌建设等方面都有积极的影响。下面对此进行详细展开说明。

首先,企业在招聘方面可以利用区块链技术来验证和验证候选人的学历、技能和工作经验。区块链提供了不可篡改、不可伪造的记录,使得候选人的教育经历和工作经验可以被可靠地核实。这可以帮助企业筛选出真实和有资质的候选人,提高招聘的效率和准确性,同时也提升了企业的形象和声誉。

其次,区块链技术可以为企业建立更加透明和可信的人才留存机制。企业可以利用区块链技术记录员工的工作成绩、培训记录和晋升历程等信息,这些信息将被永久地保存在区块链上,员工和企业可以共同访问和验证。这种透明的记录和验证机制可以增加员工的参与感和归属感,激励员工更加努力地为企业做出贡献,提升员工的忠诚度和留存率。

最后,企业利用区块链技术可以构建可信的品牌建设机制。区块链技术使得企业的信息和产品溯源成为可能,消费者可以通过区块链上的记录查询产品的来源、生产过程和质量检验等信息,从而增加对企业品牌的信任和认可度。而且,区块链技术还可以防止假冒伪劣产品的流通,有效保护企业品牌的声誉和价值。这将进一步提升企业在市场上的竞争力和形象。

综上所述,区块链技术作为一项前沿技术,其应用和落地可以提升企业的形象和竞争力。通过应用区块链技术在招聘、人才留存和品牌建设等方面,企业可以实现更加透明、可信和高效的管理方式,增强员工和消费者对企业的信任和认可度。这将有助于企业吸引优秀人才、提升员工的忠诚度和留存率,同时也增加企业在市场上的竞争力和声誉。

3. 区块链技术在薪酬福利管理中的应用

区块链技术在薪酬福利管理中的应用可以提供更加透明、准确和安全的薪酬计算和福利分配系统,薪酬设定和智能合约是区块链在员工薪酬管理方面的应用。以下是一个模拟场景,展示区块链技术如何改进薪酬福利管理过程。

(1)智能合约的设定

雇主和员工可以通过智能合约设定薪酬标准和福利政策。在合约中,可以定义基本工资、加班工资、奖金、津贴、补贴等各种薪酬组成部分,并指定相应的计算规则和条件。这样的智能合约可以确保薪酬设定的透明性和一致性,避免了传统人工计算薪酬时可能存在的错误和争议。

(2)薪酬计算的自动化

智能合约可以自动根据设定的标准和政策来计算员工的薪资。一旦符合计算条件的薪酬元素发生变化(如工作时长、绩效评估结果等),智能合约将自动更新薪酬计算结果。这样,薪酬的计算变得高效、准确,并且消除了人为计算中的潜在错误。

(3)薪酬计算的透明和准确性

智能合约的执行过程是透明的,参与方可以通过区块链的共享账本查看和验证薪酬计算的过程和结果。这个透明性有助于员工了解薪酬的构成和计算方式,并确保雇主按照设定的标准进行薪酬支付,避免误解和争议。

(4)薪酬支付的安全性

区块链技术可以通过密码学和去中心化的特点保证薪酬支付的安全性。薪酬可以通过智能合约直接发送到员工的加密钱包,并且只有符合设定条件的情况下才会触发支付。这样的安全机制可以防止支付过程中的欺诈和不当行为,确保雇主和员工的权益得到保护。

总的来说,薪酬设定和智能合约的应用可以提高薪酬管理的效率和准确性。智能合约可以自动计算薪酬,避免了传统人工计算中可能存在的错误和争议。薪酬计算的透明性和安全性得以提升,员工可以更好地了解薪酬构成和计算方式,并确保自身权益得到保护。同时,雇主也可以依靠智能合约来简化薪酬管理流程,减少操作成本和风险。

4.加密记录和存储是区块链在员工薪资管理中的应用

(1)数据的加密记录

员工薪资和福利数据被加密记录在区块链上。加密可以确保数据的安全性,使未经授权的人无法访问和修改数据。每一笔薪资数据都被加密为一个特定的哈希值,并记录在区块链上的一个交易中。这样的加密技术使得薪资数据在传输和存储过程中受到保护,降低了数据泄露和篡改的风险。

(2)数据的安全性和隐私性

通过加密记录和存储在区块链上,员工薪资和福利数据得到了更高的安全性和隐私性保护。区块链的去中心化特性意味着数据存储在网络中的多个节点中,而不是单一的中心服务器。这样的分布式存储架构增加了数据的抗攻击性和容错性,难以被恶意攻击者篡改或破坏。同时,由于数据只能通过授权的私钥进行解密和访问,保证了私人信息的保密性。

(3)实时更新和存储

员工薪资和福利数据可以实时更新和存储在区块链上。每次支付周期结束后,相关数据(如工作时长、绩效评估结果等)可以被输入到智能合约中,并被记录到一个新的区块中。这样,员工和雇主可以随时查看和验证最新的薪资数据。区块链的共享账本机制确保了数据的一致性和透明性,任何参与方都可以核对数据的准确性。

(4)数据审计和合规要求

加密记录和存储的薪资数据有助于满足审计和合规方面的要求。由于所有的薪资交易和数据修改都被记录在区块链上,可以追溯所有的操作历史和变更记录。这为内部审计和外部监管提供了可靠的数据来源,减轻了合规风险和违规行为的可能性。

总的来说,加密记录和存储在区块链上的员工薪资和福利数据具有较高的安全性和隐私性。通过加密技术和分布式存储架构,保护了数据的机密性和完整性,降低了数据泄露和篡改的风险。实时更新和存储的特性让员工和雇主可以随时查看和验证最新的薪资数据,同时也满足了审计和合规方面的要求。

5. 自动化薪酬计算和支付的重要功能

自动化薪酬计算和支付是区块链应用在员工薪酬管理中的一项重要功能。

(1)基于区块链上的数据

员工的薪酬信息,如工作时长、绩效评估结果等,保存在区块链上的智能合约中。这些数据可以通过不同的方式进行记录,比如手动输入、传感器数据等。这些数据的来源可以是可信的第三方系统,如考勤系统、绩效评估系统等。

(2)智能合约自动计算

基于区块链上的数据,智能合约可以自动进行薪酬计算。智能合约是一种具有自动执行能力的计算机程序,能够根据预先设定的规则和条件,自动进行薪酬计算。例如,智能合约可以根据员工的工作时长和工资率,自动计算出实际应得的薪酬金额。这样的自动化计算过程可以减少人工计算中的错误和漏洞,提高了计算结果的准确性。

(3)触发支付过程

智能合约在完成薪酬计算后,可以触发相应的支付过程。通过与银行或支付服务提供商的接口,智能合约可以自动将应付款项转账到员工的银行账户或提供其他支付方式。这个过程可以实现实时的薪酬支付,并能够确保支付的及时性和准确性。此外,当出现额外的薪酬奖励、津贴或其他形式的额外支付时,智能合约也可以根据预先设定的条件和规则,自动执行相应的支付操作。

(4)效率和准确性提升

自动化薪酬计算和支付的过程大大提高了薪酬处理的效率和准确性。自动化的计算过程无须人工干预,减少了烦琐的计算工作和出错的可能性。同时,自动触发的支付过程也减少了人工处理的复杂性和耗时。这种高效的薪酬处理流程可以减轻人力资源部门的工作负担,并为员工提供及时、准确的薪酬支付服务。

总的来说,基于区块链上的数据,通过智能合约实现自动化薪酬计算和支付,减少了人工计算的错误和漏洞,并提高了薪酬处理的效率和准确性。这种自动化的薪酬处理流程为组织和员工带来了便利和效益。

6. 福利分配和认证是区块链技术在雇主福利管理中的一项重要应用

(1)设定福利标准

雇主可以使用智能合约设定福利标准,包括奖金、津贴、健康保险、退休计划等福利项目。这些标准可以基于员工的绩效、服务年限、职位等因素进行个性化设定。智能合约会根据这些标准来计算每位员工的福利分配额度,确保公平和准确的福利分配。

(2)根据因素进行分配

智能合约根据设定的福利标准和员工的相关因素进行福利分配。例如,根据员工的绩效评估结果,智能合约可以自动计算出相应的奖金额度。同时,服务年限也可以作为因素之一,根据员工在公司的工作年限,智能合约可以自动计算出相应的退休计划或其他福利项目的分配额度。

(3)加密存储在区块链上

分配给员工的福利记录被加密存储在区块链上的智能合约中。这样的加密存储保证了福利数据的安全性和隐私性。只有授权的人可以访问和修改该数据,保证了数据的可信度和防止篡改的能力。

(4)员工可查看和验证

区块链上的智能合约记录员工的福利分配情况,并保存了完整的历史记录。员工可以随时查看和验证自己的福利领取情况。这种透明和可信的福利记录可以帮助员工了解自己的福利权益,并确保福利的准确和公正。

这样的福利分配和认证过程利用了区块链的不可篡改性、透明性和自动化执行的特点,减少了人工操作的错误和潜在的不公平。雇主可以更加灵活地设定福利标准,而员工可以更加方便地查看和验证自己的福利领取情况。总的来说,基于区块链的福利分配和认证带来了更高效、公正和透明的福利管理方式。

7. 税务合规和报告是区块链技术在雇主税务管理中的应用

(1)准确报告和缴纳税款

区块链技术可以帮助雇主更加准确和及时地进行税务报告和缴纳。薪酬数据和税务记录被存储在区块链上的智能合约中。通过智能合约,雇主可以自动计算和生成员工的薪酬及相应的税款,并及时缴纳给税务机构。

(2)数据存储和安全

区块链采用分布式数据存储的方式,确保了数据的安全性和完整性。税务数据被加密存储在区块链上,只有授权的人可以访问和修改。这样的加密存储保证了税务数据的安全和隐私,防止了数据的篡改和泄露。

(3)监管机构的稽查和审核

区块链的透明性和不可篡改性使得监管机构能够更方便地进行税务的稽查和审核。监管机构可以访问区块链上的智能合约,查看雇主的薪酬和税务记录,并根据需要进行审核。这项能力可以帮助监管机构确保税务合规性,并加强对雇主的监督和监管。

(4)实时监测和报告

区块链技术可以实现实时监测和报告,确保雇主在合规的过程中及时发现和解决问题。智能合约可以根据设定的规则和标准,实时监测雇主的薪酬和税务情况。一旦发现异常情况,智能合约会自动发出警报,并提醒雇主采取相应的行动,以确保税务合规和报告准确性。

总的来说,基于区块链的税务合规和报告带来了更高效、准确和安全的税务管理方式。通过智能合约的自动化执行和数据的加密存储,雇主可以更轻松地进行税务报告和缴纳。监管机构也可以更方便地进行稽查和审核,以确保税务合规性和加强对雇主的监督和监管。这项技术应用能够减少错误和潜在的不合规风险,并提升税务管理的效率和透明度。

8. 基于区块链的福利管理

基于区块链的福利管理是指利用区块链技术构建一个福利管理平台,让员工能够自主选择和管理个人福利,如员工股票期权、弹性假期等。

(1)自主选择和管理福利

区块链福利管理平台可以提供一个便捷的界面,让员工可以自主选择和管理个人福利。通过平台,员工可以浏览和选择适合自己的福利项目,例如员工股票期权计划、弹性假期方案等。这个平台允许员工根据自己的需求和优先级来调整他们的福利和权益,从而提高福利的灵活性和个性化。

(2)数据的安全和隐私

区块链技术采用分布式数据存储和加密的方式,确保了数据的安全性和隐私性。员工的福利选择和管理记录被加密存储在区块链上,只有授权的人可以访问和修改。这样的加密存储保证了福利数据的安全,防止了数据的篡改和泄露。

(3)透明和可追溯的福利记录

区块链的透明性使福利管理过程更加可追溯和透明。每一次员工选择和管理福利,记录都会被保存在区块链上,无法被篡改。这个特性可以帮助公司和员工了解福利选择的历史和变化,对未来的决策提供参考。

(4)提升福利管理的效率

区块链福利管理平台可以提升福利管理的效率。通过智能合约和自动化执行,福利选择和管理的过程可以更加高效和准确。员工可以即时更新和调整福利选择,系统会自动执行相关的操作并更新记录。这样可以减少烦琐的人工操作和减少错误,为公司和员工节省时间和资源。

总的来说,基于区块链的福利管理平台提供了更加灵活和个性化的福利选择和管理方式。员工可以自主选择符合自己需求的福利项目,并随时调整和管理。区块链技术的安全性和透明性保证了福利数据的安全和可追溯性,提升了福利管理的效率和准确性。这样的福利管理平台能够提高员工满意度和忠诚度,同时也为公司节省成本和提升福利管理的效果。

通过以上的模拟场景,可以看出区块链技术在薪酬福利管理中的应用可以提供更加透明、准确和安全的薪酬计算和福利分配系统。区块链的去中心化、不可篡改和智能合约的特点,可以解决薪酬管理中一些挑战,如数据篡改、薪酬不透明和福利分配的不公平等。

最后,可以看到,区块链技术在薪酬和福利管理中的应用,将为企业和员工带来更多的价值和效益,也将有利于薪酬和福利管理的创新和发展。

5.7 案例五:区块链技术在人事事务管理中的应用

区块链技术在人事事务管理中的应用,是指企业或机构采用区块链技术来优化和改进人事事务管理流程,通过透明、安全、可靠的方式,实现员工信息的管理、记录和查询等方面的创新和改善,为企业和员工创造更多的价值。

假设甲公司是一家中小型企业,现有 100 名员工,为了提升人事管理的效率和可信度,人事管理人员决定应用区块链技术进行管理人事事务。下面是详细的模拟流程。

5.7.1 员工招聘和录用

(1)人事管理人员将候选人的简历和资料上传至区块链上,并通过加密手段保证信息的安全性。

(2)区块链记录了候选人进入面试阶段的每一个步骤和评估结果。所有面试官的评价和决策都会被记录,确保公正性。

(3)最终录用的员工将与其个人身份关联的信息存储在区块链上,包括合约、劳动合同和工作岗位。

5.7.2　员工档案管理

(1)人事管理人员将员工信息(如个人资料、学历、工作经验等)存储在区块链上,记录员工的就职日期及变动等信息。

(2)区块链技术保证了员工档案的安全性和可信度,防止篡改和伪造。

5.7.3　员工培训记录

(1)人事管理人员使用区块链技术记录员工的培训信息,包括培训课程、参加时间、成绩等。

(2)员工可以通过区块链自主访问和验证自己的培训记录,提升透明度和公正性。

5.7.4　薪酬和绩效管理

(1)人事管理人员使用区块链记录员工的薪酬信息和绩效评估结果。

(2)区块链技术确保薪酬数据的可靠性和安全性,员工可以自主查看和验证自己的薪酬数据。

5.7.5　员工离职管理

(1)人事管理人员使用区块链记录员工的离职流程和相关文件,包括离职申请、手续办理等。

(2)员工的离职信息将永久存储在区块链上,确保数据的完整性和可追溯性。

通过应用区块链技术进行人事管理,甲公司的人事管理人员能够实现更高效、可靠和透明的人事流程。区块链技术保证了人员管理过程中数据的不可篡改性和可信度,提升了招聘、员工留存和品牌建设等方面的形象和竞争力。员工也能够更加方便地验证和访问自己的个人信息,增加员工对公司的信任感和满意度。

5.7.6　区块链技术在人事事务管理中的应用案例

1.案例背景

某个中型企业为了提高人事事务管理的准确性和效率,采用了区块链技术来优化和改进人事事务管理流程。

2.案例分析

该中型企业采用区块链技术来解决人事事务管理领域的一些难题,具体应用场景如下。

(1)员工个人资料和档案的记录和保护

区块链技术可以为员工个人资料和档案提供一个可靠、安全和自动化的记录和保护方式。通过区块链的特性,可以将员工的个人资料和档案存储在不同的区块中,无法被篡改和删除。同时,区块链技术还可以通过智能合约的方式,自动更新和保护员工的个人信息,保护员工的隐私和权益。区块链技术的特性可以为员工个人资料和档案提供一个可靠、安全和自动化的记录和保护方式。

①可靠性:区块链技术使用去中心化的方式存储数据,意味着员工的个人资料和档案不依赖于单一的中心化服务器或数据库。数据分布在网络上的多个节点中,任何节点发生故障或被攻击,仍有其他节点保留数据。这确保了员工的个人资料和档案永远不会丢失。

②安全性:区块链技术使用加密算法保护数据的机密性和完整性。每个区块都包含前一个区块的哈希值,任何篡改单个区块的数据将导致所有后续区块的哈希值发生改变,从而被其他节点拒绝接受。这种不可篡改性确保了员工的个人资料和档案的安全性,防止数据被篡改和伪造。

③自动化更新和保护:区块链技术可以通过智能合约的方式自动更新和保护员工的个人信息。智能合约是一段自动执行的代码,可以根据设定的条件和规则对员工个人资料进行管理和更新。例如,当员工获得新的学历或工作经验时,智能合约可以自动更新员工档案中的相关信息,减少人为错误和烦琐的手动操作,同时保护员工的隐私和权益。

④隐私保护:区块链技术提供了匿名性和去中心化的特性,员工的个人资料和档案不会集中存储在一个地方,降低了数据被滥用和泄露的风险。只有授权的人员才能访问区块链上的个人数据,且访问记录将被记录在区块链上,提高了数据的可追溯性和责任追究能力。

通过应用区块链技术来记录和保护员工个人资料和档案,公司可以提升数据的可靠性和安全性,减少人为错误和篡改行为。员工也能够享受到更好的个人隐私保护和数据权益保障。

(2)招聘和面试的透明化和追溯

区块链技术可以为招聘和面试提供一个透明化和追溯的方案。通过区块链的特性,可以记录每个候选人的面试情况和背景信息,实现对招聘和面试过程的追溯和管理。同时,候选人也可以通过区块链技术,了解自己的招聘和面试情况,提高公平公正程度。区块链技术可以为招聘和面试提供一个透明化和追溯的方案。下面是详细的展开说明：

①透明化：区块链技术可以记录每个候选人的面试情况和背景信息，包括面试结果、技能评估、学历证书等。这些信息被存储在区块链的不可篡改的区块中，任何人都可以访问和查看。这样一来，无论是招聘人员、HR 部门还是候选人自己，都可以透明地了解每个候选人的招聘和面试情况，提高了整个招聘过程的公平公正程度。

②追溯性：区块链技术提供了完整的历史记录，可以追溯和管理招聘和面试过程中的所有信息。所有的操作和更改都被记录在区块链上，包括面试官的评估、候选人的回答和反馈等。这样一来，任何人都可以通过区块链技术追溯整个招聘和面试的过程，确保数据的准确性和真实性。

③候选人权益保护：候选人可以通过区块链技术更加了解自己的招聘和面试情况，确保自己的权益得到保护。候选人可以随时查看自己的面试评估结果和反馈，并与招聘人员进行沟通和对接。这样一来，候选人可以更好地了解自己的优势和不足，并进行有针对性的提升和改进。

④防止数据篡改和滥用：区块链技术的不可篡改特性保证了招聘和面试过程中数据的完整性和真实性。任何对数据的篡改都会在整个区块链网络中被拒绝。同时，区块链技术的去中心化特性也减少了数据被滥用和泄露的风险，保护候选人的个人隐私和数据权益。

应用区块链技术来记录和管理招聘和面试过程，可以提高招聘的公平公正程度，增加候选人的参与度和了解度。同时，还可以减少数据篡改和滥用的风险，保护候选人的个人权益。整个招聘和面试过程的透明化和追溯性也有助于提高招聘效率和提升候选人的招聘体验。

（3）版权和知识产权的保护

区块链技术可以为版权和知识产权提供一个可靠和透明的保护方式。通过区块链的特性，可以记录和保护企业的知识产权和版权信息，防止盗版和侵权行为的发生，保护企业知识产权和利益。区块链技术可以为版权和知识产权提供一个可靠和透明的保护方式。下面是详细的展开说明。

①版权和知识产权保护：区块链技术可以用来记录和保护企业的知识产权和版权信息。通过将版权信息和知识产权注册信息存储在区块链的不可篡改的区块中，可以确保这些信息的真实性和准确性。任何人都可以查看区块链上的版权信息，这有助于防止盗版和侵权行为的发生，保护企业的知识产权和利益。

②知识产权交易和许可证明：区块链技术可以为知识产权交易提供一个透明

和可追溯的平台。通过将交易记录和许可证明存储在区块链上,可以确保交易的可靠性和合法性。这使得知识产权的交易更加透明和安全,防止未经授权的使用和侵犯知识产权。

③防止数据篡改和滥用:区块链技术的不可篡改特性保证了版权和知识产权信息的完整性和真实性。任何对数据的篡改都会在整个区块链网络中被拒绝。同时,区块链技术的去中心化特性也减少了数据被滥用和窃取的风险,保护企业的知识产权和利益。

④证据性和追溯性:区块链技术可以提供证据性和追溯性,使得侵权行为更容易被追溯和追究。每一次交易和使用都会留下可靠的时间戳和审计记录,这有助于企业对侵权行为进行证明和维权。

应用区块链技术来保护版权和知识产权可以提供一个可靠和透明的保护方式。它不仅可以防止盗版和侵权行为的发生,保护企业的知识产权和利益,还可以提供一个可追溯和证明侵权行为的平台。区块链技术的不可篡改和去中心化特性确保了数据的完整性和安全性,有效防止了数据的篡改和滥用。同时,区块链技术的应用也有助于加强知识产权的交易安全性和透明性,促进创新和合作。

3. 优势和影响

通过应用区块链技术,该中型企业实现了以下效益。

(1)提高人事事务管理的准确性和效率

区块链技术为人事事务管理提供了一个不可篡改和可信的记录方式,并为员工信息管理提供了一个智能化的管理方式,保障了人事事务管理的准确性和效率。区块链技术为人事事务管理提供了一个不可篡改和可信的记录方式,并为员工信息管理提供了一个智能化的管理方式,保障了人事事务管理的准确性和效率。下面是详细的展开说明。

①不可篡改的记录方式:区块链技术的核心特性是不可篡改性,任何一次的数据添加都需要经过多个节点的验证和共识才能被接受并加入到区块链中。这意味着一旦员工信息被记录在区块链上,就不可更改或删除,保证了人事信息的可信性和不可篡改性。通过将员工合同、工资记录、晋升升职信息等记录在区块链上,可以防止数据被篡改或丢失,增强了人事信息的可靠性。

②智能化的管理方式:区块链技术可以实现智能合约的功能,这是一种在区块链上运行的自动执行的合约。智能合约可以用于自动执行一些人事管理操作,如员工的薪资支付、考勤记录、绩效评估等。通过智能合约,人事事务可以在事先定义好的规则下自动进行,减少了人为干预和管理的成本和风险,提高了人事事务管理的效率和准确性。

③安全和隐私保护:区块链技术采用密码学算法和分布式存储,保证了员工信息的安全性和隐私保护。每个区块链节点只保存了整个链的一个副本,而不是员工的具体信息,这使得数据的泄露和滥用变得更难。同时,区块链技术也可以采用匿名化技术,将员工的身份信息与具体操作信息进行分离,实现隐私保护。

④简化的验证和审计:由于区块链中的每一次交易和操作都是公开透明的,人事管理部门可以更加便捷地验证和审计员工的操作和行为。区块链上的记录可以提供时间戳和审计追溯功能,使得人事部门可以快速定位和解决问题,提高了人事事务管理的效率。

通过应用区块链技术,人事事务的管理可以变得更加准确和高效。区块链提供了一个不可篡改和可信的记录方式,确保了人事信息的安全性和可靠性。智能合约可以自动执行一些操作,减少了人为的干预和管理成本。此外,区块链技术还可以提供安全和隐私保护,简化验证和审计过程,使人事事务管理更加便捷和高效。

(2)提高员工的信任和满意度

通过区块链技术,员工可以方便地查询和核实自己的个人信息和档案情况,并保护员工的隐私和权益,提高了员工的信任和满意度。通过区块链技术,员工可以方便地查询和核实自己的个人信息和档案情况,并保护员工的隐私和权益,提高了员工的信任和满意度。

①自主查询和核实:传统的人事管理往往需要员工向人事部门提出申请才能查询和核实个人信息和档案情况,这过程烦琐且时间消耗很多。而区块链技术可以提供一个分布式的账本,员工只需要通过自己的身份验证,便可以自主查询和核实自己的个人信息和档案情况。不需要经过繁杂的流程,员工可以随时了解自己的就业记录、薪资发放情况和任职晋升历史等重要信息。

②隐私保护:通过区块链技术记录员工信息时,可以采用匿名化技术,将员工的身份信息与具体操作信息进行分离。这意味着员工的个人身份信息不会直接暴露在区块链中,只有经过合法的身份验证后,员工才能访问和查询自己的个人信息。这样,员工的隐私得到了很好的保护,不担心个人信息被滥用或泄露。

③权益保障:区块链技术的不可篡改性和可信性保证了员工档案的准确性和完整性。员工可以通过区块链查询到自己的档案情况,并核实是否与自己的实际情况一致。如果发现错误或遗漏,员工可以向人事部门提出更正或补充。区块链上的记录可以作为证据,保障了员工的权益,避免了纠纷的发生。

④提高信任和满意度:员工通过区块链查询和核实自己的个人信息和档案情

况的方便性和透明性提高了员工对人事管理的信任感。员工可以更加了解自己的工作历程和薪酬情况,从而感受到公平和公正。此外,区块链技术的隐私保护和数据安全性也增强了员工对个人信息的信任感,提升了员工的满意度。

通过应用区块链技术,员工可以方便地查询和核实自己的个人信息和档案情况,不再需要依赖烦琐的流程和人事部门的介入。区块链技术的隐私保护和数据安全性可以有效保护员工的隐私和权益。员工的信任感和满意度会因为透明性和便利性的提高而增加。总的来说,区块链技术在人事管理中的应用不仅可以提高管理效率和准确性,也可以促进员工的权益保障和满意度提升。

(3)提升企业的形象和竞争力

区块链技术作为一项前沿技术,其应用和落地可以提升企业的形象和竞争力,在员工招聘、团队管理、工作效率等方面都有积极的影响。区块链技术作为一项前沿技术,其应用和落地可以提升企业的形象和竞争力,对员工招聘、团队管理和工作效率等方面都有积极的影响。下面是详细的展开说明。

①员工招聘:区块链技术可以在员工招聘过程中提供更加透明和可信的信息验证。通过区块链的身份验证机制,企业可以确保招聘过程中的候选人信息的真实性和可靠性。这有助于排除虚假简历,加强信息的可信度。候选人的个人信息可以通过区块链进行保护,减少数据泄露的风险。这不仅提高了企业招聘的效率,还树立了企业的良好形象,吸引了更多优质的人才。

②团队管理:区块链技术可以提供更加透明和可追溯的团队管理方式。通过将关键决策和项目进展等信息记录在区块链上,可以确保信息不被篡改或删除。这为员工提供了一个公正和透明的工作环境,减少了内部纷争和不信任。团队成员可以通过区块链共享信息,提高沟通和协作效率,加强团队的凝聚力和合作能力。

③工作效率:区块链技术可以优化工作流程,提高工作效率。通过智能合约的应用,企业可以将一些常规的任务和流程自动化,从而减少了烦琐的手工操作和人为错误。区块链的分布式特性可以促进数据的实时共享和更新,避免了信息孤岛和数据冗余。这样,员工可以更加高效地访问和利用资源,提高工作效率和生产力。

④安全防护:区块链技术可以提供更强的安全防护措施,保护企业和员工的数据免受黑客和恶意攻击。区块链的去中心化结构使得数据存储在多个节点上,不易被单点失效或攻击。而且,区块链的加密算法和分布式验证机制可以确保数据的完整性和安全性。这让员工对于个人信息的保护感到更加安心,也为企业建立

起了良好的信誉和形象。

通过应用区块链技术,企业可以树立起先进技术应用的形象,增强企业的竞争力。在员工招聘方面,区块链技术提供了更加可信和高效的招聘方式,吸引了更多优质人才。团队管理方面,区块链的透明和可追溯性提高了团队的协作效率和信任度。在工作效率方面,区块链的自动化和实时共享特性提高了工作效率和生产力。安全防护方面,区块链技术提供了更强的数据安全保障,提升了员工对个人信息安全的信任感。总之,区块链技术在企业中的应用和落地对企业的形象和竞争力产生了积极的影响。

4. 区块链技术在人事事务管理中的应用

区块链技术在人事事务管理中的应用可以提供更加高效、安全和透明的人力资源管理系统。以下是一个模拟场景,展示区块链技术如何改进人事事务管理过程。

(1)雇佣合同和智能合约。雇主和员工可以通过智能合约创建和管理雇佣合同。智能合约可以自动执行合同条款,确保雇佣合同的准确和透明。

(2)加密记录和存储。员工的个人信息和雇佣记录被加密记录在区块链上,确保数据的安全性和隐私性。这些数据包括员工的个人身份证明、学历证书、工作经历等,可以实时更新和存储。

(3)自主管理个人信息。员工可以通过区块链平台自主管理个人信息,并授权雇主或其他相关方访问特定的信息。这样可以减少冗余记录和信息传递的复杂性,提高个人信息的安全性和可管理性。

(4)证书和资质认证。员工的学历证书、培训证书等可以通过区块链进行认证和存储。这样一来,雇主可以方便地验证员工的资质和技能,减少了人工验证的成本和时间。

(5)雇佣流程管理。借助区块链技术,可以跟踪和管理雇佣流程的每个环节。从招聘、面试、背调到雇佣,每个步骤都有可追溯和可验证的记录,确保流程的公正和透明。

(6)薪资历史和福利管理。区块链可以记录员工的薪资历史和福利信息,包括薪资调整、奖金发放等。这样不仅可以提供员工的薪资透明和可追溯,也方便雇主进行薪资管理和福利分配。

(7)管理员权限和审批流程。区块链平台可以设定不同级别的管理员权限,根据需要进行审批和授权。这样可以加强人事事务的管理和控制,减少人为错误和滥用权限的风险。

通过以上的模拟场景,可以看出区块链技术在人事事务管理中的应用可以提供更加高效、安全和透明的人力资源管理系统。区块链的去中心化、不可篡改和智能合约的特点,可以解决人事管理中一些挑战,如信息不对称、数据安全和审批流程的烦琐等。

最后,可以看到,区块链技术在人事事务管理中的应用,将为企业和员工带来更多的价值和效益,也将有利于人事事务管理的创新和发展。

第6章　区块链+人力资源管理体系构建的问题和解决方案

随着时代的发展和科技的进步，人力资源管理也面临着许多新的挑战。在传统的人力资源管理体系中，信息的记录、查询、审核以及流转等环节都存在一些问题，比如信息不透明、无法防止篡改、安全性差等等。而采用区块链技术来构建人力资源管理体系，能够较好地解决这些问题，构建更为智能、高效、安全的人力资源管理体系。

人力资源管理是企业管理中的重要一环，采用区块链技术，可以解决传统管理方式存在的许多问题，构建更为智能、高效、安全的人力资源管理体系，从而促进企业的管理创新和发展。

6.1　区块链驱动下的人力资源管理变革

区块链驱动下的人力资源管理变革是利用基于区块链技术的人力资源管理系统，在管理与流转环节进行变革。此过程可以分为以下几个步骤。

6.1.1　人力资源管理系统规划

首先，企业需要找到一家专业的区块链公司，他们具备丰富的区块链技术实施经验和人力资源管理专业知识。该公司应具备能力理解企业的需求，并能根据这些需求为企业规划出一套基于区块链技术的人力资源管理系统。

1.在详细了解企业的人力资源管理需求后，区块链公司需要制定出一份系统设计方案。这个方案应该包括以下内容。

（1）安全可靠性。系统需要具备高度的安全性和可靠性，确保企业的人力资源数据不受任何恶意攻击或篡改而改变。方案中需要考虑到区块链的去中心化和加密特性，确保数据存储在多个节点上并采用强大的加密算法进行保护。

（2）数据透明性。区块链技术可以提供数据的透明性，使得企业内部的人力资源数据对相关人员可见。方案中需要明确谁可以访问和查看特定的数据,并实现数据访问权限的管理。

(3)交互性。人力资源管理涉及多个不同的功能模块,如员工招聘、培训发展、薪酬福利等。区块链人力资源管理系统需要具备良好的交互性,确保不同功能模块之间的数据传递和信息共享。

2.一旦系统设计方案完成,区块链公司可以按照方案逐步搭建系统。这个过程可以分为以下几个步骤。

(1)系统架构设计。根据系统设计方案,确定系统的整体架构,包括区块链网络的搭建、智能合约的编写等。

(2)数据模型设计。根据企业的人力资源管理需求,设计合适的数据模型和数据结构,以便能够有效地存储和管理人力资源数据。

(3)系统开发和测试。开发人员根据设计方案进行系统的开发,并进行测试和修复漏洞,确保系统的稳定性和安全性。

(4)功能模块开发。根据企业的实际需求,逐步开发和完善各个功能模块,如员工信息管理、招聘流程管理、绩效评估等。

(5)集成和部署。将开发完成的功能模块进行集成,并进行系统的部署和优化,确保系统能够正常运行和提供良好的用户体验。

总之,首先需要找到一家专业的区块链公司,然后进行详细了解企业的人力资源管理需求,制定系统设计方案并逐步搭建系统。这样的基于区块链技术的人力资源管理系统可以为企业提供安全可靠、数据透明和交互性强的人力资源管理解决方案。为了更直观了解区块链人力资源绩效信息确认流程,图 6-1 是绘制的流程图。

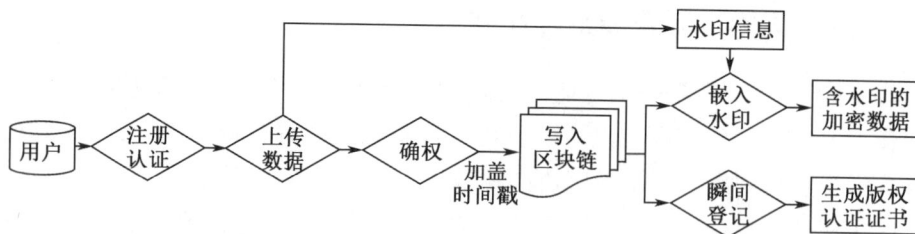

图 6-1 区块链人力资源绩效考核信息确认流程

6.1.2　人力资源管理系统用户注册

　　系统中需要建立用户注册流程,使用身份证,手机号等实名认证方式,对用户进行身份认证。在认证后,分配一份数码身份证,将用户该身份证信息记录在区块链网络上,方便下一步操作。

　　在系统设计中,需要有一个用户注册流程,以便对用户进行认证和身份验证。其中,身份证和手机号等实名认证方式可以用于验证用户的真实身份。如图 6-2 和图 6-3 所示。

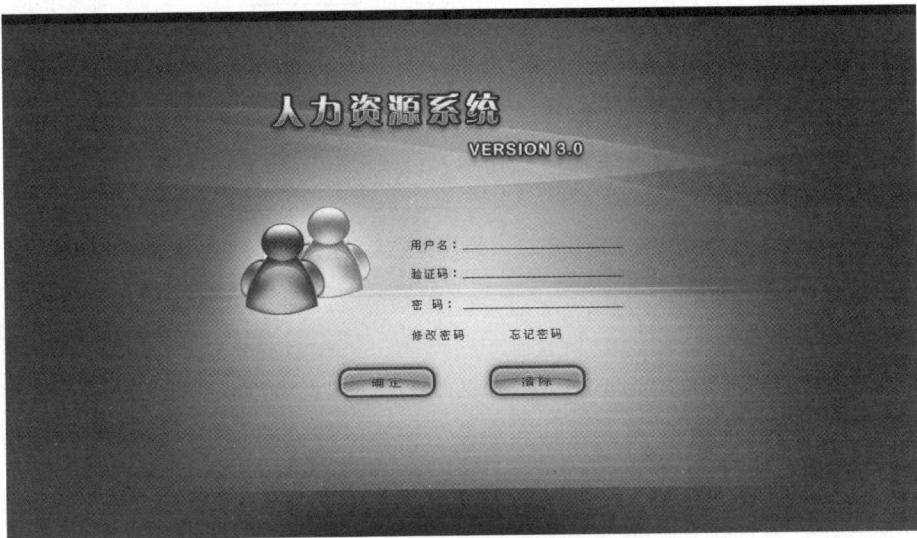

图 6-2　人力资源注册系统

　　具体流程如下。

　　1. 用户注册

　　用户需要填写必要的信息,如姓名、身份证号码、手机号码等。这些信息是为了保证用户身份的真实性和准确性。

　　2. 身份认证和验证

　　系统会要求用户上传身份证照片进行人脸识别验证。这一步是为了确认用户是否持有所填写的身份证,并核实用户与身份证上的照片是否一致。一旦用户身份认证成功,系统会为用户分配一个数字身份证。这个数字身份证将成为用户在系统中的唯一身份标识。

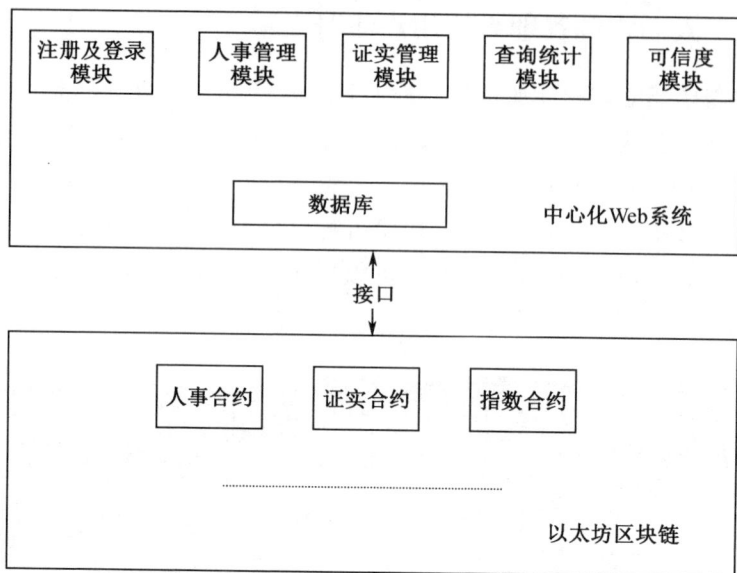

图6-3 一种基于区块链技术的社会化人力资源管理系统及方法

3. 区块链记录

用户的数字身份证信息将被记录在区块链网络上。区块链的去中心化特性可以确保该身份信息的不可篡改性和安全性。这样做的目的是为了确保用户身份信息可以被其他相关功能模块使用,比如员工信息管理、薪酬福利等。

通过使用实名认证方式和数字身份证,系统可以确保用户的身份认证是可信的。同时,区块链记录用户身份信息的方式可以确保数据的安全和透明。这种系统设计可以提供更高的安全性和可信度,有效地管理企业的人力资源。

6.1.3 人力资源管理系统信息录入

信息录入是系统中最重要的环节。第一次录入应该是个人信息的认证,如姓名、性别、身份证号、手机号码、教育经历、工作经验等信息。并对这些信息进行身份验证,在人员发生变动时,门店可通过这些信息对接公司或第三方系统,减少信息烦琐重复的工作。在系统设计中,信息录入是系统中最重要的环节之一。首次录入个人信息的认证是确保所录入信息的真实性和准确性的关键步骤。以下是对个人信息的认证和录入的详细说明。

1. 认证方式

系统可以采用多种方式对个人信息进行认证。其中包括身份证验证、手机短信验证码、人脸识别等。通过这些认证方式,可以确保所录入的信息与身份的一致性。

2. 个人信息录入

在认证通过后,用户需要填写必要的个人信息,如姓名、性别、身份证号、手机号码等。此外,还可以包括其他如教育经历、工作经验等与人员相关的信息。

3. 信息验证。

在录入个人信息时,系统可以进行一系列验证工作。例如,系统可以通过与第三方机构对比用户提供的身份证号码和手机号码是否一致,以验证用户所提供信息的真实性。

4. 变动时的信息对接

系统中的门店或其他相关部门在人员发生变动时,可以通过系统对接公司或第三方系统,以减少信息烦琐重复的工作。例如,当员工调动或离职时,门店可以直接与公司的人力资源系统进行信息同步,使信息更新更加快捷和准确。

通过认证和录入个人信息,系统可以确保所记录的个人信息真实可靠。同时,通过系统对接其他部门或第三方系统,可以减少信息重复录入的工作量,提高工作效率。这样的系统设计可以有效地管理与员工相关的信息,确保信息的可靠性和准确性。

6.1.4　人力资源管理系统信息管理

系统中应该有一套完整的个人信息管理系统,包括人员管理、业务管理、合同管理、招聘管理、培训管理、薪酬管理、福利管理。考虑到信息的特别重要性,通常需要进行多层权限设置,保证信息的安全性。同时,各个部分之间也需要实现数据的共享,避免信息孤岛的情况发生。在一个完整的个人信息管理系统中,应包括以下模块:人员管理、业务管理、合同管理、招聘管理、培训管理、薪酬管理、福利管理。同时,为了保障信息的安全性,应设置多层权限,并实现不同模块间的数据共享,以避免信息孤岛的情况。

1. 人员管理

该模块主要用于管理人员的基本信息,包括个人资料、职务、部门、联系方式等。人员管理模块可支持添加、修改、查询和删除人员信息,以及进行组织架构管理,方便了解人员的层级和职责关系。

2. 业务管理

该模块用于记录和管理人员参与的各项业务活动。可以包括项目管理、任务分配、业绩考核等子模块,以确保个人和团队的业务目标的达成。业务管理模块可以帮助管理人员跟踪和监督不同业务活动的进展情况。

3. 合同管理

该模块用于管理人员的合同信息,包括合同期限、薪资待遇、工作职责等。合同管理模块可以提醒管理人员关于合同到期或即将到期的信息,方便及时续签或调整合同。

4. 招聘管理

该模块用于管理招聘过程中的人员信息,包括招聘需求、招聘流程、招聘渠道等。招聘管理模块可以帮助管理人员对招聘流程进行监控和评估,确保人才的高效引进。

5. 培训管理

该模块用于管理人员的培训信息,包括培训计划、培训内容、培训评估等。培训管理模块可以帮助管理人员安排和跟踪人员的培训计划,确保人员的专业能力和职业发展。

6. 薪酬管理

该模块用于管理人员的薪资待遇,包括工资、奖金、福利等。薪酬管理模块可以帮助管理人员根据薪酬政策和绩效评估结果,进行薪酬的计算和发放,确保薪酬的公平和合理。

7. 福利管理

该模块用于管理人员的福利待遇,包括社保、住房公积金、医疗保险等。福利管理模块可以帮助管理人员管理和跟踪人员的福利情况,确保福利待遇的规范和落实。

为了保障信息的安全性,系统应设置多层权限,以控制人员对系统中不同模块和数据的访问权限。例如,高层管理人员可以访问和管理所有模块,而普通员工只能访问与自己相关的模块和数据。此外,不同模块之间应实现数据共享,确保信息的一致性和完整性,避免信息孤岛的发生。例如,人员管理模块和业务管理模块可以共享人员的基本信息,便于业务过程中的人员分配和协作。

通过建立一套完整的个人信息管理系统,可以实现对人员信息的全面管理和控制。各个模块之间的数据共享和权限设置,能够提高工作效率,保证信息的安全和一致性。同时,系统可以为管理人员提供全面的信息支持,帮助其更好地进行人员管理和决策。

6.1.5　人力资源管理系统信息运营

在信息录入和管理的基础上,考虑到信息的利用价值,这个系统应该有一些智能的算法和数据分析工具,对数据进行储存、分析处理,提供洞察和建议,帮助企业更好地运营和管理人力资源。比如发现员工的持续时间较短,可及时调整招聘和培训等策略。在个人信息管理系统中,为了进一步提高信息的利用价值,可以引入智能算法和数据分析工具。这些工具可以对系统中的数据进行储存、分析和处理,提供洞察和建议,帮助企业更好地运营和管理人力资源。

1. 数据储存

个人信息管理系统应具备稳定的数据储存能力,将各个模块的数据进行集中存储和管理。这些数据可以包括人员的基本信息、业务数据、合同数据等。通过建立统一的数据库,在数据录入时进行验证和规范化,确保数据的完整性和可靠性。

2. 数据分析

系统应具备数据分析功能,通过对系统中的数据进行统计、分析和挖掘,提取有价值的信息。例如,可以对员工的入职离职情况进行分析,发现员工的持续时间较短的情况,以及可能的原因和影响因素。

3. 智能算法

系统中可以嵌入智能算法,通过机器学习和数据挖掘技术,对大量数据进行分析和处理,提取出隐藏在数据中的模式和规律。例如,可以建立员工流失预测模型,基于历史数据和特征变量,预测员工的离职概率,并提供相应的建议和措施。

4. 数据可视化

系统应提供数据可视化的功能,将分析结果以图表、报表等形式呈现,方便管理人员查看和理解数据。通过直观的图表和报表,管理人员可以快速了解人员流动情况、培训效果等信息,以便做出相应的决策和调整策略。

5. 洞察和建议

基于数据分析和智能算法,系统可以提供洞察和建议,帮助企业更好地运营和管理人力资源。例如,在发现员工的持续时间较短时,系统可以建议调整招聘和培训策略,优化员工的职业发展路径,提高员工的归属感和满意度,从而减少员工的流失率。

通过引入智能的算法和数据分析工具,个人信息管理系统可以帮助企业更好地理解和利用人力资源数据,提供有针对性的洞察和建议。这样可以帮助企业优化人力资源管理策略,提高员工的满意度和绩效,从而提升企业的竞争力和持续发展能力。

6.1.6 系统搭建和部署

完成需求分析、系统设计方案之后,借助区块链技术,对系统进行搭建和部署。

由于区块链技术使用分布式系统,为了运行系统,需要搭建一定的硬件基础设施。根据企业的规模和用户数量,选择不同的硬件设施,保证整个系统的运行稳定。在完成需求分析和系统设计方案后,如果决定借助区块链技术来搭建和部署系统,需要考虑一定的硬件基础设施来支持分布式系统的运行。

1. 区块链节点

区块链是一个由多个节点组成的去中心化网络,每个节点都需要运行特定的软件来参与区块链的共识和交易验证过程。因此,需要搭建足够数量的节点来支持系统的运行。根据企业的规模和用户数量,需要决定部署多少节点,并在不同的地理位置分布,以确保系统的可靠性和容错性。

2. 硬件设备

每个区块链节点需要一定的硬件设备来进行运算和存储。通常,每个节点需要一台或多台服务器来提供足够的计算能力和存储空间。服务器的配置应根据用户数量以及计算和存储需求来确定。例如,可以选择高性能的服务器,具备足够的内存和处理器核心,以应对高并发的请求和复杂的计算任务。

3. 网络设备

由于区块链是一个分布式系统,节点之间需要通过网络连接进行通信和信息交换。因此,需要考虑部署适当的网络设备来提供稳定和高速的网络连接。这包括交换机、路由器和防火墙等设备,以确保节点之间的通信畅通,并保护系统免受网络攻击和安全威胁。

4. 数据存储和备份

在区块链系统中,数据的存储和备份是非常重要的。由于每个区块链节点都需要存储全部或部分的交易数据和区块链状态,所以需要足够的硬盘空间来存储数据。此外,为了保证数据的安全性和可用性,建议进行数据的定期备份,并存储在可靠和安全的地方,以防止数据丢失和灾难恢复。

5. 安全设备和措施

区块链系统储存着大量的敏感信息和价值数据,因此安全设备和措施是必不可少的。这包括物理安全措施,例如访问控制和监控设备,以及适当的网络安全措施,例如防火墙、入侵检测系统等。此外,应该定期进行系统的安全审计和漏洞扫描,及时修复和更新系统的漏洞,保障系统的安全性。

根据企业的规模和使用需求,可选择合适的硬件设备和配置,以确保整个系统在运行时稳定可靠,并满足用户的需求。同时,随着企业的扩大和用户数量的增加,还可以根据需要进行硬件设备的升级和扩展,以适应系统的发展和增长需求。

通过这些步骤,就可以实现区块链驱动下的人力资源管理变革。基于这种模式的人力资源管理系统,不仅能够帮助企业加强人力资源管理,还能够提高数据共享和使用价值,并支持等信息的智能分析和非常规操作。

6.2　区块链+人力资源管理体系构建中存在的问题

随着区块链技术在各个行业中得到广泛应用,人力资源管理也被看作区块链的重要应用之一。然而,在构建区块链+人力资源管理体系过程中,仍然面临一些问题。

6.2.1　数据隐私和安全性问题

在人力资源管理中,个人信息是敏感信息,需要得到妥善的保护。虽然区块链技术可以提供不可篡改的公开记录,但确实在隐私保护方面存在一些挑战。

区块链的特性确保了数据无法被篡改和删除,但同时也意味着数据对所有人都是可见的。这对于一些敏感的个人信息而言可能会引发隐私问题。以下是几种解决方案,以确保在区块链上存储的个人信息得到充分的保护。

1. 零知识证明(Zero-Knowledge Proofs)

零知识证明是一种非常强大的密码学工具,它允许一个证明者向验证者证明某个声明是真实的,而无须透露任何其他信息。这种证明方式在区块链技术中得到了广泛的应用,因为它可以在保护隐私的同时,验证所需的身份或属性。

在区块链上使用零知识证明,可以有许多应用场景。例如,一个人可能想要证明自己拥有某个特定的资产或权利,但又不想透露具体的数量或价值。通过使用零知识证明,这个人可以在不透露具体信息的情况下,向其他人证明自己确实拥有这些资产或权利。

另一个应用场景是匿名交易。在区块链上,交易的隐私性是一个重要的问题。通过使用零知识证明,可以在不透露交易的具体内容的情况下,证明交易的有效性。这样可以在保护交易隐私的同时,确保交易的合法性和正确性。

零知识证明的实现通常依赖于复杂的数学工具和加密算法。其中最著名的算法是 ZK-SNARK(Zero-Knowledge Succinct Non-interactive ARgument of Knowledge),这是一种高效的零知识证明算法,可以在很短的时间内完成证明过程。

虽然零知识证明在区块链上具有广泛的应用前景,但它也存在一些挑战和限制。例如,目前零知识证明算法的效率还有待进一步提高,尤其是在处理大规模数据和复杂计算时。此外,零知识证明的安全性和可靠性也是需要关注的问题。

总的来说,零知识证明是一种非常有前途的密码学技术,它可以在保护隐私的同时验证所需的信息。在区块链上使用零知识证明可以解决许多重要的问题,包括匿名交易和证明个人资产或权利等。未来随着技术的不断发展,我们期待看到更多创新性的应用场景出现。

2. 数据加密和权限控制

在区块链中,可以使用数据加密技术来保护敏感信息的安全性。只有授权的用户才能解密并查看这些信息,其他人只能看到经过加密的数据。此外,可以通过权限控制的手段,限制对某些数据的访问权限,确保只有需要了解这些信息的人才能获得访问权。

在区块链中,数据加密和权限控制是两个重要的安全措施,用于保护敏感信息不被未授权的人员访问或篡改。

（1）数据加密。加密是一种将信息转换成无法被未经授权的人员理解的格式的过程。只有拥有特定密钥或解密算法的授权用户才能将加密的数据还原成原始格式。通过这种方式,可以保护敏感信息在存储、传输和处理过程中的安全。在区块链中,通常使用公钥和私钥体系来进行加密和解密操作。公钥用于加密数据,私钥用于解密数据。只有私钥持有者才能解密并查看加密的数据。

（2）权限控制。权限控制是一种根据用户的角色、身份或需求来限制对特定资源或数据访问权限的管理机制。在区块链中,可以通过设置不同的角色和权限,来控制对智能合约、交易数据、账户信息等资源的访问。例如,管理员可以设置某些用户只能查询数据而不能进行修改操作,或者设置只有特定用户才能访问某个账户的信息。通过合理的权限控制,可以降低未授权访问或恶意操作的风险,提高区块链系统的安全性。

结合使用数据加密和权限控制,可以提供多层次的保护机制,确保只有经过授权的用户能够访问敏感信息,并防止未授权的人员进行恶意操作或篡改数据。这对于保护区块链上资产的安全、维护交易的公正性和数据的完整性具有重要意义。

3. 匿名化身份

在某些情况下,个人信息并不需要被直接公开展示在区块链上。相反,可以使用代表性的匿名身份标识符,来保护个人隐私。这样可以在验证和交互过程中确保隐私的保护,而无须披露具体的个人信息。

在区块链中,匿名化身份是一种保护个人隐私的重要手段。在某些场景下,用户并不希望自己的真实身份信息被公开显示在区块链上,以免引起隐私泄露或遭受不必要的干扰。因此,可以使用代表性的匿名身份标识符来代替真实的身份信息,保护个人隐私。

通过使用匿名身份标识符,用户可以在区块链上以一种假名的方式进行验证和交互。这样,其他人无法直接关联到用户的真实身份,从而保护用户的隐私。在验证过程中,只需要验证匿名身份标识符的合法性和有效性,而无须获取或验证用户的真实身份信息。这种机制可以确保在区块链上的交互过程中,用户的隐私得到保护,而不会因为身份信息的暴露而遭受风险。

需要注意的是,在使用匿名身份标识符时,需要平衡隐私保护和安全性的关系。虽然匿名化可以保护个人隐私,但如果过度使用或不当使用,可能会导致安全漏洞或滥用情况的发生。因此,在使用匿名身份标识符时,应该遵循相关的法律法规和伦理规范,确保合法、合规地使用,并采取必要的安全措施来保护用户的隐私和数据安全。

4. 合规和监管

在人力资源管理中,合规和监管要求也需要考虑。区块链项目应该确保符合相关的隐私和数据保护法规,在设计和实施过程中融入必要的合规措施,以保护个人信息的隐私。

在人力资源管理中,合规和监管是重要的考虑因素。区块链项目也不例外,需要确保符合相关的隐私和数据保护法规。以下是对合规和监管在人力资源管理中重要性的详细讲解和分析。

(1)遵守法律法规。合规是任何商业项目都必须遵守的基本要求。在人力资源管理中,涉及的法律法规很多,例如劳动法、社会保险法、个人信息保护法等。区块链项目在实施过程中,必须深入了解并遵守这些法律法规,以确保项目的合法性。

(2)保护员工权益。员工是企业的宝贵资产,保护员工的权益是企业的基本责任。合规的人力资源管理可以确保员工的权益得到保障,例如确保员工得到公平的待遇、合法的权益得到维护等。

(3)提高企业声誉。合规的企业形象对于企业的发展至关重要。一个遵守法律法规、维护员工权益的企业,会赢得社会的认可和尊重,从而提高企业的声誉。

(4)避免法律风险。违反法律法规会给企业带来严重的法律风险。合规的人力资源管理可以避免企业在劳动争议、知识产权侵权等方面面临的法律风险。

(5)融入监管要求。除了法律法规外,人力资源管理还需要融入监管要求。例如,对于某些行业或特定情境下的监管要求,企业需要制定相应的合规措施,以确保符合监管要求。

合规和监管在人力资源管理中具有重要意义。区块链项目在设计和实施过程中，需要充分考虑合规和监管的要求，制定相应的合规措施，以确保个人信息的隐私得到保护，并且项目的合法性得到保障。这样可以为企业赢得良好的声誉、避免法律风险，从而为企业的长期发展奠定坚实的基础。

综上所述，虽然区块链技术在人力资源管理中带来了许多好处，但隐私问题仍然需要得到妥善的处理。通过使用零知识证明、数据加密和权限控制、匿名化身份以及确保合规和监管，可以在保护隐私的同时，实现区块链技术在人事事务管理中的安全应用。

6.2.2　数据隐私和安全性问题的产生因素

1. 数据采集

隐私和安全问题可能从数据采集阶段开始。当个人信息被收集到人力资源系统中时，存在数据泄露或滥用的风险。例如，不当的数据收集方式、未经授权的数据获取以及采集过多或无关的个人信息都可能导致隐私问题。

数据采集是任何企业或组织收集和处理数据的第一步，而在这一阶段，隐私和安全问题就已经开始出现了。以下是对数据采集阶段隐私和安全问题的详细讲解和分析。

（1）不当的数据收集方式。有些企业在收集个人信息时，可能没有明确告知用户收集的目的、范围和用途，或者没有事先获得用户的明确同意。这种不透明的数据收集方式，很容易引发用户的担忧和不安，感觉自己的隐私受到了侵犯。

（2）未经授权的数据获取。有时，由于安全措施不到位，某些敏感数据可能会被未授权的第三方获取。这些数据可能包括员工的个人信息、健康状况、家庭地址等，一旦被泄露或滥用，后果不堪设想。

（3）采集过多或无关的个人信息。企业有时会收集比实际需要更多的个人信息。例如，除了基本的员工信息，还收集了员工的社交媒体账号、浏览习惯等。这些信息可能并不直接用于人力资源管理，但却增加了数据泄露的风险。

（4）数据存储和处理的安全性。即使在数据采集阶段采取了适当的措施，如果存储和处理数据的系统或平台存在安全漏洞，那么仍然可能导致数据泄露。这包括但不限于数据库的安全性、云服务的隐私设置等。

（5）合规性问题。除了上述的技术性问题，企业在数据采集方面还需要考虑众多的法律和合规性问题。例如，不同国家或地区可能有不同的数据保护法规，企业需要确保在全球范围内的操作都符合这些法规的要求。

综上所述，企业在数据采集阶段必须谨慎处理隐私问题和安全风险，采取合适的措施确保数据的安全性和隐私性。这包括但不限于：明确告知用户收集的目的、范围和用途；获得用户的明确同意；采取适当的安全措施；以及确保在全球范围内的操作都符合法律和合规要求。

2. 数据存储

在人力资源管理体系中，个人信息通常需要存储在中心化的数据库或服务器中。这些存储设施可能会受到黑客攻击或内部非法访问的威胁。如果适当的安全措施没有得到实施，个人信息可能会被泄露、篡改或被未经授权的人查看。

在人力资源管理体系中，数据存储是一个关键环节，而这一环节也面临着诸多安全威胁。个人信息通常存储在中心化的数据库或服务器中，而这些存储设施可能成为黑客攻击或内部非法访问的目标。以下是关于数据存储阶段的安全威胁的详细讲解和分析。

（1）黑客攻击。随着技术的发展，黑客攻击的方式和手段也日益多样化。他们可能会利用系统漏洞、恶意软件或社交工程手段来入侵数据库或服务器，获取、篡改或删除存储的个人信息。这类攻击可能导致严重的隐私泄露，给个人和企业带来损失。

（2）内部非法访问。除了外部黑客，内部的非授权访问也是一个不可忽视的风险。有时，由于权限管理不当、员工疏忽或恶意行为等原因，某些员工可能会非法访问或泄露敏感数据。

（3）数据篡改。在某些情况下，黑客或其他恶意用户可能会篡改存储在数据库中的个人信息，如姓名、联系方式、地址等。这种篡改可能会导致混淆、错误或欺诈行为。

（4）数据泄露。如果数据库或服务器没有得到充分保护，敏感数据可能会被泄露给未经授权的第三方。这不仅会导致个人隐私的泄露，还可能引发身份盗窃、欺诈等严重问题。

（5）合规性问题。除了技术层面的安全威胁，数据存储还涉及众多的法律和合规性问题。企业需要确保存储的数据符合相关法律法规的要求，如欧盟的通用数据保护条例（GDPR）。

为了确保数据存储的安全性，企业需要采取一系列的措施。

①实施适当的安全策略和措施，如防火墙、入侵检测系统、加密技术等。

②严格控制对数据库或服务器的访问权限，确保只有授权人员才能访问敏感数据。

③定期进行安全审计和风险评估，及时发现和修复潜在的安全隐患。

④对员工进行安全培训，提高他们的安全意识和防范能力。

⑤与专业的安全团队合作,获取最新的安全技术和专业建议。

通过以上措施的实施,企业可以降低数据存储阶段的安全风险,保护个人隐私和企业的声誉。

3. 数据共享

人力资源部门可能需要与其他部门、合作伙伴或第三方共享员工的个人信息。在数据共享过程中,如果没有建立足够的安全协议或合同,个人信息可能会流入未经授权的人手中,或被滥用用于非法用途。

数据共享是人力资源部门与其他部门、合作伙伴或第三方之间传递员工个人信息的过程。在这个过程中,如果没有采取足够的安全措施,可能会导致个人信息被滥用或泄露。以下是关于数据共享阶段安全威胁的详细讲解和分析。

(1)缺乏安全协议。在数据共享过程中,如果没有建立足够的安全协议或合同,很难确保数据的保密性和完整性。这可能导致个人信息在传输过程中被截获或篡改,或者在接收方手中被滥用。

(2)合同漏洞。在与其他部门、合作伙伴或第三方共享数据时,如果没有明确的合同条款来规定数据的用途和保密责任,可能会导致数据滥用或泄露。

(3)未经授权的访问。如果共享数据的接收方没有得到适当的授权或存在权限管理问题,可能会导致个人信息被未经授权的人访问或滥用。

(4)内部管理不善。如果企业内部管理不善,可能导致数据泄露或滥用。例如,员工疏忽、恶意行为或不适当的数据管理措施都可能导致数据安全问题。

(5)缺乏审计和监控。如果没有对数据共享过程进行适当的审计和监控,很难及时发现和解决安全问题。这可能导致数据泄露或滥用的情况持续发生而不被发现。

为了确保数据共享的安全性,企业需要采取一系列的措施。

①建立完善的安全协议和合同,明确数据的用途、保密责任和访问权限。

②对合作伙伴和第三方进行严格的审核和监督,确保他们具备足够的安全能力和合规性。

③实施加密技术,确保数据在传输和存储过程中的保密性和完整性。

④对数据进行去标识化处理,降低数据泄露的风险。

⑤建立审计和监控机制,及时发现和解决安全问题。

⑥对员工进行安全培训,提高他们的安全意识和防范能力。

通过以上措施的实施,企业可以降低数据共享阶段的安全风险,确保个人信息的保密性和完整性。

4. 内部滥用

在人力资源管理体系中,内部滥用个人信息的风险也属于严重问题。这可能涉及员工、管理者或系统管理员滥用其权限来访问、修改或泄露个人信息。内部员工的不当行为或不可信的处理流程可能会导致数据隐私问题。

内部滥用是人力资源管理体系中一个非常严重的问题,涉及员工、管理者或系统管理员滥用其权限来访问、修改或泄露个人信息。下面我们将对内部滥用风险的详细讲解和分析。

(1)员工滥用权限

①无意泄露:员工可能无意中泄露敏感信息,例如在公共场合谈论、通过电子邮件发送敏感数据等。

②非法访问:某些员工可能出于好奇心或恶意,非法访问与其工作无关的个人信息。

(2)管理者滥用职权

①不正当调查:管理者可能利用职权对员工进行不正当的背景调查或审查,侵犯员工隐私。

②不公正决策:基于获取的敏感信息,管理者可能做出不公正的决策,影响员工权益。

(3)系统管理员疏忽

①安全漏洞:系统管理员如果未能及时修补安全漏洞,可能导致个人信息被窃取。

②配置错误:错误的系统配置可能导致敏感数据被错误地公开或泄露。

(4)内部威胁

①内鬼行为:某些员工可能出于经济利益或其他动机,故意泄露或出售敏感信息。

②组织内部的不正当竞争:在某些情况下,员工之间可能存在不正当竞争,导致个人信息被用于不正当目的。

(5)企业文化因素

①缺乏隐私意识:如果企业缺乏对数据隐私的重视和培训,员工可能对个人信息的价值认识不足。

②不良行为榜样:高层或管理者的不良行为可能导致其他员工效仿,形成不良的企业文化。

(6)对风险采取的措施

①建立严格的数据访问控制和权限管理机制,确保只有授权人员才能访问敏

感数据。

②加强员工培训,提高员工的数据隐私意识和道德责任感。

③建立完善的内部审计和监控机制,及时发现和制止滥用行为。

④鼓励员工举报滥用行为,建立有效的反馈机制。

⑤与法律机构和监管部门保持紧密合作,确保企业的合规性。

通过以上措施的实施,企业可以降低内部滥用风险,保护个人信息的保密性和完整性。

5. 第三方系统和服务提供商

人力资源部门可能与第三方系统或服务提供商合作,用于人力资源流程的支持。这些合作可能使个人信息提供给外部系统,因此需要确保这些系统具备足够的安全措施来保护数据隐私。

第三方系统和服务提供商在人力资源管理体系中起到了重要的支持作用,特别是在处理复杂的流程和数据管理方面。然而,这种合作也带来了一系列的安全和隐私问题。接下来,我们将对与第三方系统和服务提供商合作的潜在风险进行详细讲解和分析。

(1)数据传输风险

①不安全的接口:与第三方系统和服务提供商的接口可能存在安全漏洞,导致数据在传输过程中被窃取或篡改。

②不安全的通信协议:使用的通信协议可能不是加密的或已过时,使得数据在传输过程中容易被拦截。

(2)数据存储风险

①未受保护的数据:第三方系统和服务提供商可能未采取足够的安全措施来保护存储的个人信息。

②数据泄露风险:由于安全漏洞或人为错误,敏感数据可能被非授权人员访问或泄露。

(3)数据处理风险

①滥用和误用数据:第三方系统和服务提供商的员工可能滥用或误用敏感数据,进行不正当的操作或行为。

②数据的不当修改:未经授权的第三方可能修改或篡改个人信息,导致数据的不准确或损坏。

(4)合规性风险

①缺乏隐私政策:某些第三方系统和服务提供商可能未制定明确的隐私政策,导致企业面临合规性风险。

②缺乏透明度：对于企业而言，与第三方合作时很难完全了解其数据处理方式和安全措施，这可能导致合规性问题。

（5）为降低风险采取的措施

①选择可信赖的合作伙伴：在选择第三方系统和服务提供商时，应选择具有良好声誉和资质的供应商。

②签订明确的合同条款：在合同中明确规定数据保护和隐私方面的要求，确保供应商遵守相关法律法规和企业的政策。

③实施数据加密和安全传输措施：确保与第三方系统和服务提供商之间的数据传输是加密的，并使用安全的数据接口。

④进行定期审计和监控：定期对第三方系统和服务提供商进行审计和监控，确保其遵守企业的数据保护要求。

⑤建立有效的反馈机制：鼓励员工和利益相关者报告与第三方系统和服务提供商有关的数据滥用或隐私侵犯问题。

综上所述，与第三方系统和服务提供商的合作是一把双刃剑，既能提高企业人力资源管理的效率，也带来了潜在的安全和隐私风险。因此，企业在选择合作伙伴和处理数据时需要格外谨慎，确保个人信息得到充分保护。

为了解决这些问题，需要采取相应的措施来确保数据隐私和安全性，例如建立合理的数据采集和处理政策、加密和权限控制个人信息、定期进行安全审核和漏洞扫描、明确合作方的责任和义务、培训员工有关数据隐私和安全的意识等措施。

6.2.3　解决人力资源数据隐私和安全性问题方法

为了在未来更好地解决人力资源数据隐私和安全性问题，可以采取以下措施。

1. 加强数据保护法律和规范

随着信息技术的飞速发展，数据已经成为了各行各业的宝贵资源。但与此同时，数据隐私和安全问题也日益凸显。频繁的数据泄露事件不仅侵犯了个人隐私，也给企业和组织带来了巨大的声誉和经济损失。因此，加强数据保护法律和规范对于维护个人权益、促进数据合理使用和保护国家安全都具有重要意义。

（1）数据隐私和安全标准

①明确数据分类：根据数据的敏感程度，将数据进行分类，如敏感、一般等。

②设定数据处理原则：规定哪些数据可以收集、存储、使用和共享，以及在这些过程中的安全措施。

违规行为的处罚：

①罚款：对违反数据保护法律和规范的行为进行罚款。

②声誉损害:对违规企业或组织进行公开谴责,造成其声誉受损。

③刑事责任:对于严重侵犯个人隐私和危害国家安全的行为,追究刑事责任。

(2)实施与执行

主管部门和监管机构:

①设立专门的数据保护监管机构:负责监督和执行数据保护法律和规范。

②定期审查与更新:根据技术发展和实际需要,定期审查和更新数据保护法律和规范。

企业与组织的责任:

①培训员工:确保员工了解并遵循数据保护法律和规范。

②建立内部监管机制:设立专门的数据管理部门,负责数据的收集、存储、使用和共享。

③外部合作审查:在与第三方合作时,对其数据处理活动进行审查,确保其合规性。

(3)挑战与对策

技术挑战:

①持续更新技术标准:随着技术的不断发展,数据保护法律和规范也应随之更新。

②加强国际合作:与国际社会共同制定和执行数据保护标准,应对跨国数据挑战。

实施难度:

①加强宣传教育:提高公众对数据保护的认识,形成社会共识。

②简化法律条文:使法律条文更加通俗易懂,方便企业和组织遵守。

加强数据保护法律和规范是应对当前数据安全挑战的有效途径。通过明确标准、处罚违规行为以及加强监管,可以更好地保护个人隐私和企业声誉,同时促进数字经济的健康发展。在实施过程中,需要主管部门、监管机构、企业和组织共同努力,克服技术和实施难度,确保数据保护法律和规范得到有效执行。

2. 优化数据采集和处理流程

建立透明、合法和受控的数据采集和处理流程,确保只采集和处理必需的个人信息,遵循数据最小化原则。加强对员工个人信息的访问和使用权限管理,并定期审查和更新访问权限。

优化数据采集和处理流程是一个关键的环节,尤其是在数据驱动的时代。以下是对这一话题的详细讲解和分析。

随着大数据和人工智能的快速发展,数据已经成为企业和组织的核心资产。

但与此同时,数据泄露和滥用的风险也随之增加。优化数据采集和处理流程不仅有助于确保数据的合法性和安全性,还能提高效率和准确性。

(1)核心要素与措施

透明和合法性:

①明确告知与同意:在采集个人信息时,应明确告知数据主体数据的用途、共享范围等,并获得其同意。

②遵循法律法规:确保数据采集和处理流程符合相关法律法规的要求,如GDPR、中国的个人信息保护法等。

数据最小化原则:

①只采集必要信息:只采集为实现特定目的所必需的最少数据。

②定期审查与清理:定期审查数据,删除或匿名化不再需要的数据。

权限管理与审查:

①访问权限管理:根据员工的职责和工作需要,为其分配相应的数据访问权限。

②定期审查:定期对员工的访问权限进行审查,确保权限与职责相匹配,并删除或调整不再需要的权限。

③日志记录与监控:对数据的访问和使用进行日志记录,以便于监控和审计。

(2)实施与执行

培训与意识提升:

①员工培训:确保员工了解并遵循数据采集和处理的政策和流程。

②定期宣传和提醒:通过内部通讯、培训等方式,不断强化员工的数据安全意识。

技术和流程优化:

①采用先进技术:如使用加密技术、数据脱敏等来增强数据的安全性。

②流程优化:通过定期的流程审查和改进,确保流程始终与实际需求保持一致。

(3)挑战与对策

数据安全风险:

①加强安全措施:采用多层次的安全防护措施,如防火墙、入侵检测系统等。

②备份与恢复计划:确保在数据遭受损失或泄露时能够迅速恢复。

法规和合规挑战:

①及时更新合规策略:随着法律法规的变化,及时调整和更新数据采集与处理的策略。

②寻求专业法律意见:在涉及复杂或高风险的数据操作时,寻求外部法律专家的意见。

优化数据采集和处理流程是确保数据安全、合法和高效使用的重要环节。通过建立透明、合法和受控的流程,并加强对员工访问和使用权限的管理,可以大大提高数据的可靠性和安全性。在实施过程中,需要综合考虑技术、人员和流程等多个方面,以确保整个流程的高效、安全和合规。

3. 强化安全措施和技术保护

采用先进的安全技术和加密算法,确保数据在传输和存储过程中的安全性。建立系统和网络安全控制措施,包括强密码策略、安全补丁管理、防火墙和入侵检测系统等。

强化安全措施和技术保护是确保数据安全的关键手段。在当今高度数字化的世界中,无论是个人还是组织,都需要采取一系列的安全措施来保护数据。以下是对这一话题的详细讲解和分析。

随着互联网和数字化的快速发展,数据安全和隐私保护已经成为一个全球性的关注点。各种网络攻击和数据泄露事件频繁发生,这使得采取有效的安全措施变得至关重要。

(1)核心要素与措施

采用先进的安全技术和加密算法:

①数据加密:使用强大的加密算法对数据进行加密,确保即使数据被窃取,也无法被轻易解密。

②端到端加密:确保数据在传输和存储过程中的完整性,防止数据被中途拦截和篡改。

建立系统和网络安全控制措施:

①强密码策略:要求员工使用复杂且难以猜测的密码,并定期更换密码。

②安全补丁管理:及时更新系统和软件,确保所有已知的安全漏洞都得到修补。

③防火墙和入侵检测系统:通过设置防火墙来限制未经授权的访问,同时使用入侵检测系统来实时监测和应对可能的攻击。

(2)实施与执行

培训与意识提升:

①员工培训:定期为员工提供安全培训,使其了解最新的安全威胁和应对策略。

②安全意识宣传:通过内部通讯、海报等方式,提醒员工注意网络安全,提高整

体的安全意识。

定期审查与更新：

①定期安全审查：定期对安全措施进行审查和测试，确保其有效性。

②技术更新：随着技术的不断进步，及时更新和升级安全设备和软件。

（3）挑战与对策

应对高级持续性威胁（APT）攻击：

①持续监测与响应：对 APT 攻击进行持续监测，一旦发现立即采取措施进行处置。

②沙盒分析：将可疑文件放入沙盒中进行分析，以识别其真实目的和行为。

数据泄露的应对策略：

①建立应急响应计划：提前制定数据泄露的应急响应计划，明确响应流程和责任人。

②及时通知与透明度：一旦发生数据泄露，及时通知相关方，保持透明度，并采取必要的补救措施。

强化安全措施和技术保护是确保数据安全的重要手段。通过采用先进的安全技术和加密算法，以及建立系统和网络安全控制措施，可以大大提高数据的安全性。在实施这些措施时，还需要注意人员培训、意识提升和定期审查等方面。同时，对于高级威胁和数据泄露等风险，需要有相应的应对策略来确保数据的安全性和完整性。

4. 加强员工教育和宣传

通过培训和宣传活动，提高员工对于数据隐私和安全的意识和敏感度，加强他们对合规和安全措施的重视。

加强员工教育和宣传是确保数据隐私和安全的重要环节。员工是企业数据安全的第一道防线，因此提高他们的意识和敏感度至关重要。以下是对这一话题的详细讲解和分析。

随着数据隐私和安全问题的日益突出，企业越来越重视员工在维护数据安全方面的作用。员工不仅需要了解数据安全的重要性，还要知道如何在日常工作中采取相应的安全措施。

（1）核心要素与措施

培训和教育：

①内部培训课程：定期举办内部培训课程，讲解数据隐私和安全的基本知识、常见威胁以及应对方法。

②外部专家讲座：邀请数据安全领域的专家进行讲座，分享最新的安全动态和

最佳实践。

宣传活动：

①海报和手册：制作关于数据隐私和安全的海报和小册子，张贴在显眼位置或分发给员工。

②社交媒体推广：利用企业社交媒体平台进行数据安全的宣传推广，提高员工的关注度。

③实施与执行。

培训计划的制定与执行：

①制定培训计划：根据员工的级别和职责，制定个性化的培训计划。

②跟踪与反馈：对培训效果进行跟踪，收集员工的反馈，以便不断优化培训内容和方式。

宣传活动的策划与推广：

①活动策划：策划各种有趣、互动的数据隐私和安全宣传活动，如知识竞赛、模拟演练等。

②跨部门合作：鼓励不同部门之间的合作，共同参与宣传活动，提高整体的安全意识。

（2）挑战与对策

员工参与度低：

①激励机制：设立奖励制度，对积极参与数据安全培训和活动的员工给予一定的奖励或表彰。

②提高趣味性：使培训和活动更有趣味性，吸引员工的参与。

信息过载问题：

①内容精选：精简培训和宣传内容，突出重点，避免信息过载。

②定期更新：根据新的安全威胁和法规要求，定期更新培训和宣传内容。

加强员工教育和宣传对于提高数据隐私和安全意识至关重要。通过制定个性化的培训计划、策划有趣的宣传活动以及设立激励机制等措施，可以有效提高员工对数据安全的重视程度。同时，要注意避免信息过载，定期更新培训和宣传内容，以适应不断变化的安全环境。

5.加强第三方合作和供应商管理

确保与第三方合作时严格审查其数据安全措施，并包含相应的合规条款和责任约定。定期评估第三方合作伙伴的安全性能，并监督其对个人信息的处理。

加强第三方合作和供应商管理对于保障企业数据安全和隐私至关重要。下面将对这一话题进行详细讲解和分析。

随着企业业务的发展和扩展,第三方合作和供应商的角色变得越来越重要。然而,与此同时,也带来了数据泄露和安全风险。因此,确保与第三方合作时的数据安全成为企业不可忽视的职责。

(1)核心要素与措施

①严格审查第三方数据安全措施

a.安全政策审查:在选择第三方合作伙伴时,对其数据安全政策进行详细审查,确保其符合企业的安全标准。

b.技术安全评估:对第三方合作伙伴的技术安全措施进行评估,如加密、访问控制等。

②合规条款和责任约定

a.合同明确:在合作合同中明确数据安全和隐私保护的条款,包括数据的使用目的、范围和责任划分。

b.定期审查:定期审查合同执行情况,确保各方遵守合同规定。

③定期评估第三方合作伙伴的安全性能

a.安全性能评估:定期对第三方合作伙伴进行安全性能评估,确保其数据安全措施得到有效执行。

b.及时沟通与改进:对评估结果进行沟通,与第三方合作伙伴共同制定改进措施。

④监督第三方对个人信息的处理

a.明确个人信息处理规定:要求第三方合作伙伴遵循企业规定的个人信息处理原则,确保个人信息的安全和隐私。

b.审计与监控:对第三方合作伙伴的个人信息处理活动进行审计和监控,确保其合规性。

(2)实施与执行

①制定详细的安全审查流程和标准

a.明确审查内容:确定需要审查的数据安全措施和标准,制定详细的审查流程。

b.培训审查人员:对负责审查的人员进行培训,确保他们具备足够的专业知识和能力。

②合同管理与审查

a.合同模板制定:制定标准的数据安全和隐私保护合同模板。

b.合同审查机制:建立合同审查机制,确保合同内容符合法律法规和企业政策。

③安全性能评估方法与工具

a.选择合适的评估工具：根据企业需求选择适合的安全性能评估工具或服务。

b.定期更新评估方法：根据安全威胁的变化及时更新评估方法和工具。

（3）挑战与对策

①数据泄露风险增加

a.加强风险控制：建立完善的风险控制机制，确保一旦发生数据泄露能够及时响应和处理。

b.定期演练与培训：组织员工进行数据泄露应对演练和培训，提高员工对风险的应对能力。

②供应商管理难度大

a.建立长期合作关系：选择可信赖的供应商建立长期合作关系，降低管理难度。

b.定期沟通与反馈：与供应商保持良好沟通，及时反馈问题并共同解决。

加强第三方合作和供应商管理是保障企业数据安全的重要环节。通过严格审查、明确合规条款、定期评估和监督个人信息处理等措施，可以降低数据泄露风险并确保企业业务的安全运营。在实施过程中需注意应对挑战，采取相应的对策以确保管理的有效性。

6.注重个人数据主权和透明度

为员工提供明确的个人数据使用和保护政策，包括对于个人数据的访问、修改和删除的权利。建立透明的数据隐私声明，告知员工数据处理的目的和方式。

注重个人数据主权和透明度是现代企业数据管理中的重要原则。下面将详细讲解和分析这一话题，包括其背景、意义、核心要素、实施方法以及可能遇到的挑战。

随着大数据时代的到来，个人数据的重要性日益凸显。员工对于个人数据的使用和保护也更加关注。因此，企业需要重视员工的个人数据主权，确保数据的透明度，以满足法律法规的要求，并维护企业的声誉和员工的信任。

（1）核心要素与措施

①提供明确的个人数据使用和保护政策

a.制定政策：制定明确的个人数据使用和保护政策，明确数据的收集、存储、使用和保护等方面的规定。

b.培训与宣传：对员工进行相关政策的培训和宣传，确保员工了解并遵循相关规定。

②员工对个人数据的权利

a.访问权：确保员工有权访问自己的个人数据，并能够核实数据的准确性和完整性。

b.修改权：提供机制，允许员工修改自己的个人数据。

c.删除权：在满足法律法规的前提下，提供机制，允许员工删除自己的个人数据。

③透明的数据隐私声明

a.声明内容：建立透明的数据隐私声明，明确告知员工数据处理的目的、范围、方式和时间。

b.定期更新：根据法律法规和企业政策的变化，及时更新隐私声明。

（2）实施与执行

①政策制定与审查

a.制定过程参与：邀请员工参与政策制定过程，收集员工的意见和建议。

b.定期审查：定期对政策进行审查和修订，确保其符合法律法规和企业实际需求。

②培训与沟通

a.培训材料：制作易于理解的培训材料，帮助员工理解和遵循相关政策。

b.沟通渠道：建立沟通渠道，接受员工的咨询和反馈，及时解答员工疑问。

③隐私声明发布与更新

a.发布途径：通过企业内外部网站、邮件等方式发布隐私声明。

b.更新通知：在隐私声明更新后，及时通知员工查阅。

（3）挑战与对策

①员工隐私观念差异

a.个性化沟通：针对不同员工的需求和观念，进行个性化的隐私保护宣传和教育。

b.隐私观念调查：定期进行员工隐私观念调查，了解员工的关注点和需求。

②数据保护技术的局限性

a.投资数据保护技术：持续投资于数据保护技术，确保技术能够跟上数据安全威胁的变化。

b.多层次防护策略：建立多层次的数据防护策略，降低技术局限性带来的风险。

注重个人数据主权和透明度是现代企业数据管理的重要方向。通过提供明确的个人数据使用和保护政策、保障员工的权利以及建立透明的数据隐私声明等措施,企业可以提升员工对数据的信任度,降低合规风险,并维护企业的声誉。在实施过程中,应积极应对挑战,采取相应的对策以确保实施的有效性。

7.强化数据安全监控和响应机制

建立完善的数据安全监控和事件响应机制,进行实时监控、异常检测和恶意行为识别。对数据泄露和安全事件进行及时响应,采取补救措施并进行事后调查和分析。

数据安全是当今企业面临的重要挑战之一。为了确保数据的安全,企业需要采取一系列的措施,其中之一就是强化数据安全监控和响应机制。下面将详细讲解和分析这一机制的建立和实施。

随着数据价值的不断提升,数据安全问题越来越受到企业的关注。数据泄露和安全事件的发生,不仅会对企业的声誉和利益造成严重损害,还可能涉及法律责任。因此,建立完善的数据安全监控和响应机制,对于企业的健康发展至关重要。

(1)核心要素与措施

①数据安全监控

a.实时监控:建立实时监控系统,对企业的数据资产进行全面的监控。

b.异常检测:通过算法和规则,实时检测数据访问、使用和传输过程中的异常行为。

c.恶意行为识别:利用威胁情报和机器学习技术,识别恶意行为和潜在的安全威胁。

②事件响应机制

a.响应流程:制定详细的事件响应流程,明确责任人和响应时间。

b.补救措施:一旦发现安全事件,立即采取补救措施,防止事态扩大。

c.事后调查和分析:对事件进行深入调查和分析,找出原因,总结经验教训。

(2)实施与执行

①人员培训与组织建设

a.培训计划:制定数据安全培训计划,提高员工的数据安全意识和技能。

b.组织架构:建立专门的数据安全管理团队,负责监控和响应安全事件。

②监控系统部署与优化

a.选择合适的监控工具:根据企业的实际需求,选择适合的监控工具和设备。

b.定期优化:根据监控结果和反馈,定期对监控系统进行优化和升级。

③事件响应流程测试与演练

a.模拟演练:定期进行模拟演练,检验事件响应流程的有效性和可靠性。

b.反馈与改进:根据演练结果,及时调整和改进事件响应流程。

（3）挑战与对策

①数据量大、监控难度高

a. 采用高效监控技术：利用大数据分析、云计算等技术，提高监控的效率和准确性。

b. 优先级划分：根据数据的重要性和风险程度，对数据进行优先级划分，重点监控高风险数据。

②响应时间要求高、压力大

a. 建立快速响应小组：组建一支快速响应小组，负责紧急事件的快速处理。

b. 提高自动化程度：提高事件响应的自动化程度，减少人工干预的时间和成本。

强化数据安全监控和响应机制是保障企业数据安全的重要手段。通过建立完善的数据安全监控系统、制定详细的事件响应流程并不断优化改进，企业可以有效地降低数据泄露和安全事件的风险，确保数据的完整性和机密性。在实施过程中，应关注技术更新和人员培训，以应对不断变化的安全威胁。

综上所述，通过法律、流程优化、技术保护、教育宣传和合作管理等综合措施，可以有效解决人力资源数据隐私和安全性问题，并为未来的数据管理提供更加安全和可靠的环境。

6.2.4　系统运行效率问题

系统运行效率问题主要体现在以下几个方面。

1. 数据处理速度

在人力资源数据管理系统中，需要处理大量的员工、招聘、培训、绩效等信息。如果系统处理速度慢，会导致操作员工不便，影响工作效率。因此，系统的数据处理速度需要快速且稳定，能够在短时间内处理大规模的数据。

在人力资源数据管理系统中，数据处理速度是一个至关重要的因素。当系统需要处理大量的员工、招聘、培训、绩效等信息时，如果处理速度过慢，会导致操作员工不便，影响工作效率。因此，确保系统的数据处理速度快速且稳定是提高整个系统性能的关键。

随着企业规模的扩大和业务的复杂化，人力资源数据量呈爆炸式增长。快速、稳定的数据处理能力成为企业高效运营的关键。一个高效的人力资源数据管理系统不仅能提升员工的工作效率，还能为企业决策提供实时、准确的数据支持。

（1）关键技术与实现

①硬件升级

a. 服务器优化：采用高性能的服务器硬件，如多核处理器、高速内存和存储设备。

b. 网络带宽：确保网络连接的高速和稳定性，以满足大数据传输需求。

②软件优化

a. 数据库优化：使用高效的数据库管理系统，如 MySQL 或 Oracle，并进行适当的索引和查询优化。

b. 代码优化：采用缓存技术、多线程处理等手段，提高数据处理速度。

③分布式处理

a. 数据分片：将数据分散到多个服务器上进行处理，实现负载均衡。

b. 并行处理：利用多核处理器同时处理多个任务，提高数据处理效率。

（2）性能测试与评估

①基准测试

a. 测试环境：搭建模拟真实环境的测试平台，模拟大数据量和高并发请求。

b. 测试指标：关注响应时间、吞吐量、错误率等关键性能指标。

②压力测试

a. 逐步增加负载：通过逐步增加模拟用户数量和请求频率，测试系统的极限处理能力。

b. 监控系统资源使用情况：关注 CPU、内存、磁盘 I/O 等关键资源的使用情况。

③性能调优

a. 分析瓶颈：根据测试结果，找出系统性能的瓶颈并进行针对性优化。

b. 持续改进：定期进行性能测试和评估，不断优化系统性能。

（3）实际应用与效果评估

①应用案例分析

a. 案例选择：选择具有代表性的大型企业或组织作为案例研究对象。

b. 效果对比：对比优化前后的系统性能和应用效果，分析改进的收益和成本。

②用户反馈收集

a. 调查问卷：设计问卷调查，了解用户对系统性能的满意度和改进建议。

b. 反馈分析：对收集到的反馈进行分类和整理，提取有价值的信息和建议。

（4）总结与展望

通过硬件升级、软件优化和分布式处理等手段，企业可以显著提高人力资源数据管理系统的数据处理速度。同时，持续的性能测试与评估以及实际应用效果评估是确保系统性能稳定和高效的关键。在未来,随着技术的不断进步和应用需求的不断变化,企业应关注新技术的发展趋势,如云计算、大数据分析等,以进一步优化系统性能和提高数据处理能力。

2. 系统进行操作的响应时间

当用户在系统中进行操作时,如果系统响应时间过长,会给用户带来不好的体验,降低工作效率。系统应该能够及时响应用户的请求,快速展示相关信息。

响应时间在用户体验和系统性能中扮演着至关重要的角色。当用户在系统中进行操作时,他们期望系统能够迅速地响应用户的请求并快速展示相关信息。如果响应时间过长,会给用户带来不良的体验,并可能降低他们的工作效率。因此,优化系统的响应时间对于提升用户体验和确保系统的高效运行至关重要。

(1)响应时间的定义与重要性

响应时间是指系统对用户请求作出响应所需的时间。它包括系统处理请求、检索数据和将结果呈现给用户所需的总时间。对于用户来说,响应时间越短,系统的性能就越好,用户体验也就越佳。

(2)影响响应时间的因素

①网络延迟

a. 地理位置:用户与服务器之间的距离会影响网络传输速度。

b. 网络质量:不稳定或低速的网络连接会导致数据传输延迟。

②系统负载

a. 并发用户数:同时使用系统的用户数量过多会导致服务器负载增加。

b. 系统资源使用情况:CPU、内存和磁盘 I/O 等资源过度使用会影响系统性能。

③数据库查询效率

a. 索引优化:适当的索引可以加快数据库查询速度。

b. 查询优化:复杂的查询可能导致数据库处理时间增加。

④后端处理时间

a. 业务逻辑复杂性:处理用户请求所需的后端逻辑越复杂,响应时间越长。

b. 代码优化:高效的代码可以减少处理时间。

(3)优化响应时间的策略与技术

①缓存技术

a. 数据缓存:缓存常用的数据,减少对数据库的访问次数。

b. 页面缓存:缓存生成的页面内容,减少动态内容的生成时间。

②异步处理

a.后台任务队列:将耗时的任务放入后台队列处理,避免阻塞用户请求。

b.使用 Web Workers 进行异步操作:在浏览器中执行长时间运行的任务,不影响用户界面。

③代码优化与数据库优化

a.减少不必要的计算:删除或简化不必要的计算可以减少处理时间。

b.优化数据库查询:使用适当的索引、查询优化和数据库分区等技术提高查询效率。

(4)性能测试与评估

①基准测试与压力测试

a.设置合理的测试环境:模拟真实用户数量和请求负载进行测试。

b.关注关键性能指标:如响应时间、吞吐量、错误率等。

②性能分析工具

a.使用监控工具:如 New Relic、Dynatrace 等,实时监控系统性能。

b.日志分析:分析系统日志,查找可能的性能瓶颈。

(5)实际应用与效果评估

①实施与部署策略

a.逐步部署:采用蓝绿部署或金丝雀部署策略,逐步上线新功能并监控性能。

b.灰度发布:逐步将新功能开放给部分用户,观察其效果和反馈。

②用户反馈与评估指标追踪

a.收集用户反馈:通过调查问卷、用户访谈等方式了解用户对响应时间的满意度。

b.关键指标追踪:定期追踪关键性能指标,如响应时间、错误率等,确保系统性能稳定。

3.并发处理能力

在一个企业中,可能有多个员工同时访问和使用人力资源数据管理系统。如果系统的并发处理能力不足,会导致系统崩溃、响应缓慢或者数据丢失。因此,系统需要具备足够的并发处理能力,能够同时支持多个用户同时的访问和操作。

并发处理能力在企业的人力资源数据管理系统中扮演着至关重要的角色。在一个企业中,可能会有多个员工同时访问和使用该系统,因此,系统的并发处理能力必须足够强大,以确保系统的稳定运行和提供良好的用户体验。

(1)并发处理能力的定义

并发处理能力是指系统在同一时间内处理多个用户请求的能力。对于一个企业的人力资源数据管理系统来说,它需要能够同时支持多个用户进行访问、查询、修改等操作,而不会出现系统崩溃、响应缓慢或数据丢失等问题。

(2)并发处理能力的重要性

①系统稳定性

如果系统的并发处理能力不足,当大量用户同时访问系统时,可能会导致系统崩溃或响应缓慢,从而影响企业的正常运营。

②用户体验

良好的并发处理能力可以确保系统快速响应用户的操作,提供流畅的用户体验,从而提高员工的工作效率。

③数据安全与完整性

并发处理能力不足还可能导致数据丢失或损坏,从而影响企业的数据安全与完整性。

(3)提升并发处理能力的策略与技术

①硬件升级

通过增加服务器内存、使用更快的 CPU 或升级网络设备等方式,可以提升系统的硬件性能,从而提高并发处理能力。

②软件优化

a.数据库优化:通过合理设计数据库结构、建立合适的索引、优化查询语句等方式,提高数据库的并发处理能力。

b.代码优化:采用异步处理、多线程等技术,提高代码的执行效率,从而提升并发处理能力。

c.负载均衡:使用负载均衡技术,将用户请求分发到多个服务器上,实现分布式处理,提高系统的并发处理能力。

(4)实际应用与效果评估

①实施与部署策略

a.逐步部署:先在部分环境中进行测试,再逐步推广到整个企业。

b.灰度发布:逐步将新功能开放给部分用户,观察其效果和反馈。

②用户反馈与评估指标追踪

a.收集用户反馈:通过调查问卷、用户访谈等方式了解用户对系统的满意度。

b.关键指标追踪:定期追踪关键性能指标,如响应时间、错误率等,确保系统性能稳定。

4.数据存储和检索效率

人力资源数据管理系统中的数据量通常庞大,系统需要能够高效地存储和检索数据。如果数据存储过程慢,会导致系统响应时间延迟;如果数据检索速度慢,会影响用户查找和筛选数据的效率。因此,系统应该具备高效的数据存储和检索机制。

数据存储和检索效率在人力资源数据管理系统中起着至关重要的作用。由于系统中通常需要处理大量数据,因此,高效的数据存储和检索机制是确保系统性能和用户体验的关键。

（1）数据存储效率

①数据存储效率的定义

数据存储效率是指系统在将数据写入存储介质(如硬盘)时的速度。高效的存储机制能够快速地完成数据写入,从而减少系统响应时间。

②数据存储效率的重要性

a. 减少延迟:快速的存储效率能够减少数据写入磁盘的延迟,从而提高系统响应速度。

b. 提升用户体验:用户无须等待太久,可以更快地完成操作。

c. 保障数据完整性:快速的数据存储有助于确保数据完整性,减少因长时间存储而产生的数据损坏风险。

（2）数据检索效率

①数据检索效率的定义

数据检索效率是指系统从存储介质中读取并返回数据给用户的速度。高效的检索机制能够迅速响应用户的查询请求。

②数据检索效率的重要性

a. 快速查询响应:用户能够迅速获得查询结果,提高工作效率。

b. 提升用户体验:快速的数据检索有助于提供流畅的用户体验。

c. 辅助决策支持:高效的数据检索有助于企业快速获取关键信息,支持决策制定。

（3）提升数据存储和检索效率的策略与技术

①优化数据库设计

a. 合适的数据结构:选择合适的数据结构(如关系型数据库或非关系型数据库)以适应业务需求。

b. 索引优化:合理使用索引,提高查询速度。

②使用高效的数据存储技术

a. 分布式存储:将数据分散存储在多个节点上,提高存储和检索的并行性。

b. 缓存技术:使用缓存来存储常用数据,减少直接从磁盘读取的次数。

③硬件升级与优化

a. 高性能硬件：使用高速的硬盘、增加 RAM 等措施提升硬件性能。

b. 网络优化：确保网络连接稳定、带宽充足，减少数据传输延迟。

（4）实际应用与效果评估

①实施与部署策略

a. 逐步部署与测试：先在部分环境中进行测试，确保无误后再全面部署。

b. 灰度发布：逐步将新功能开放给部分用户，观察其效果和反馈。

②用户反馈与评估指标追踪

a. 收集用户反馈：通过调查问卷、用户访谈等方式了解用户对系统性能的满意度。

b. 关键性能指标追踪：定期追踪关键性能指标，如响应时间、查询速度等，确保系统性能稳定。

5. 系统资源利用率

系统在运行过程中需要消耗计算资源和存储资源。当系统对资源的利用率较低时，可能会导致资源浪费和系统性能下降。因此，系统需要能够合理利用资源，提高系统运行效率。

系统资源利用率是评估一个系统性能的重要指标，它涉及计算资源和存储资源的有效利用。下面我们将详细分析系统资源利用率的重要性、影响因素以及如何提高资源利用率。

（1）系统资源利用率的重要性

①提高系统性能

合理利用系统资源能够显著提高系统的整体性能。当资源得到有效利用时，系统的处理速度、响应时间和吞吐量都会有所提升。

②减少资源浪费

如果系统对资源的利用率低下，会导致计算和存储资源的浪费。这不仅增加了企业的运营成本，还可能影响到系统的扩展性和稳定性。

③提升用户体验

高效的资源利用可以为用户提供更快速、更稳定的服务，从而提高用户的满意度和忠诚度。

（2）影响系统资源利用率的因素

①硬件配置

硬件配置的优劣直接影响到系统资源的利用率。高性能的硬件配置能够更好地支持多任务处理和大数据分析。

②软件设计

软件设计的合理性对资源利用率有着至关重要的影响。良好的软件架构和算法设计能够更高效地利用计算和存储资源。

③系统负载

系统负载的高低也会影响资源利用率。高负载可能导致资源争用和瓶颈,而低负载则可能导致资源闲置和浪费。

(3)提高系统资源利用率的策略与技术

①虚拟化技术:通过虚拟化技术,可以实现计算资源的动态分配,从而提高资源利用率。虚拟化可以将多个应用程序或系统运行在同一个物理服务器上,根据需求进行资源的动态调整。

②云计算技术:云计算技术能够实现资源的集中管理和调度,使得计算和存储资源可以根据需求进行动态扩展或缩减,从而提高资源利用率。

③任务调度算法:优化任务调度算法也是提高资源利用率的有效手段。通过合理的任务调度,可以减少资源争用和瓶颈,提高系统的整体性能。

(4)实际应用与效果评估

①实施与部署策略:在实施和部署阶段,应充分考虑硬件和软件的配置,确保系统能够根据实际需求进行资源的动态调整。此外,对于虚拟化和云计算的部署,还需要考虑到数据安全、合规性和灾备等方面的问题。

②性能监控与调优:在系统运行过程中,应定期进行性能监控,以便及时发现资源利用的瓶颈和问题。根据监控结果,可以对系统进行相应的调优,提高资源利用率。

③用户反馈与评估指标追踪:除了技术层面的评估外,还应关注用户反馈。通过收集用户对系统性能的满意度、响应时间等指标的反馈,可以进一步优化系统的资源利用,提升用户体验。

6.2.5 解决系统运行效率问题的措施

1.优化系统架构和算法

通过优化系统架构和算法,减少不必要的数据处理步骤,提高系统的数据处理速度和响应时间。

优化系统架构和算法是提高系统性能的关键手段。在处理大数据和多任务时,优化架构和算法可以有效减少不必要的处理步骤,从而提高数据处理速度和响应时间。

（1）系统架构优化

①模块化设计：将系统划分为多个模块，每个模块负责特定的功能。模块化设计有助于提高系统的可维护性和扩展性，同时也有助于减少不必要的处理步骤。

②异步处理：通过异步处理技术，可以将非实时任务从主线程中分离出来，交由后台线程处理。这样可以避免主线程阻塞，提高系统的响应速度。

③缓存机制：合理利用缓存机制可以减少对数据库等存储设备的访问次数。通过缓存常用的数据和结果，可以显著提高数据访问速度。

（2）算法优化

①算法选择与实现：选择合适的算法对于提高数据处理速度至关重要。需要根据具体应用场景和数据特点，选择最合适的算法和数据结构。在实现算法时，应注重代码的简洁性和可读性，以提高维护性和性能。

②并行计算与分布式处理：对于大规模数据处理，可以采用并行计算和分布式处理技术。通过将任务分解为多个子任务，并在多个处理器或计算机上同时执行，可以显著提高数据处理速度。

③算法调优与参数调整：针对特定应用场景，可以对算法进行调优和参数调整。通过调整算法参数，可以找到最优的算法配置，进一步提高数据处理速度和响应时间。

（3）实际应用与效果评估

①实验与对比分析：在进行系统架构和算法优化时，应进行实验和对比分析。通过对比优化前后的性能指标，如响应时间、吞吐量等，可以评估优化的效果。

②监控与持续改进：在系统运行过程中，应定期进行性能监控。根据监控结果，可以对系统架构和算法进行持续改进，以保持系统的最佳性能。

③用户反馈与评估指标追踪：除了技术层面的评估外，还应关注用户反馈。通过收集用户对系统性能的满意度、响应时间等指标的反馈，可以进一步优化系统的架构和算法，提升用户体验。

2. 使用高性能硬件设备

选择适当的硬件设备，如高速处理器、大容量内存和高速硬盘，提供足够的计算和存储能力。

当我们要提高一个系统的性能时，使用高性能的硬件设备是非常重要的一个环节。接下来我们将深入讨论如何选择和利用这些设备。

（1）高速处理器（CPU）

处理器的速度直接决定了系统的计算能力。选择一款具有高时钟频率和多核心的处理器可以显著提高系统的数据处理速度。例如，Intel 的 i7 或 i9 系列，以及

AMD 的 Ryzen 系列,都是当前市场上非常受欢迎的高性能处理器。

（2）大容量内存（RAM）

内存是计算机中用于存储正在处理的数据的地方。足够的内存可以确保系统不会因为内存不足而频繁地读写硬盘,从而提高整体性能。现代计算机通常配置有 8GB 或以上的内存,但对于高性能的系统,可能需要更多,如 16 GB 或 32 GB。

（3）高速硬盘

硬盘用于长期存储数据。选择一款具有高数据传输速率和低延迟的固态硬盘（SSD）可以显著提高系统的 I/O 性能。与传统机械硬盘相比,固态硬盘的读写速度更快,而且没有机械运动部分的限制,所以它们更适合作为高性能系统的存储设备。

（4）GPU 加速

对于某些需要大量并行计算的任务,如深度学习或图形渲染,使用图形处理器（GPU）可以大大加速计算过程。NVIDIA 和 AMD 都提供了高性能的 GPU 供用户选择。

（5）其他硬件设备

除了上述硬件外,根据系统的具体需求,可能还需要其他硬件设备,如高带宽的网络适配器、高性能的显卡、RAID 阵列等。

（6）硬件优化策略

在选择硬件时,应考虑以下几点。

①需求分析:首先明确系统的需求,确定哪些硬件是必需的,哪些是可选的。

②平衡配置:不要盲目追求最高性能的硬件。应选择适合系统需求的硬件,并确保各部件之间性能的平衡。

③升级与扩展性:选择能够方便升级和扩展的硬件,以便在未来根据需要进行性能提升。

④性价比:在满足性能需求的前提下,尽量选择性价比高的硬件。

⑤兼容性:确保所选的硬件与操作系统和其他已安装的软件兼容。

综上所述,使用高性能硬件设备是提高系统性能的关键步骤之一。通过合理选择和配置硬件,可以显著提高系统的数据处理速度和响应时间,从而为用户提供更好的体验。

3. 使用缓存和索引技术

通过使用缓存和索引技术,可以提高数据的存储和检索效率,减少对底层数据存储的访问频率。

缓存和索引技术是数据库和应用程序中常用的技术,用于提高数据存储和检索的效率。下面我们将详细讲解这两种技术。

(1)缓存技术

缓存是一种将经常访问的数据存储在高速存储介质(如 RAM)中的技术,以便更快地访问这些数据。通过使用缓存,可以减少对底层数据存储的访问频率,从而提高应用程序的性能。

①缓存的优点

a. 提高性能:缓存中的数据访问速度比底层数据存储快得多。

b. 减少 I/O 操作:减少了对底层数据存储的访问,从而减少了 I/O 操作的次数。

c. 支持并发访问:多个用户或应用程序可以同时访问缓存中的数据,而不需要直接访问底层数据存储。

②缓存的种类

a. 内存缓存:将数据存储在 RAM 中,如 Redis 和 Memcached。

b. 磁盘缓存:将数据存储在磁盘上,如 Pagefile. sys(Windows 系统)或 tmpfs(Linux 系统)。

c. 分布式缓存:将数据分散到多个节点上,如 Redis 集群和 Couchbase。

(2)索引技术

索引是一种数据结构,用于加速对数据的检索速度。通过创建适当的索引,可以大大减少检索数据所需的时间。

①索引的优点

a. 提高检索速度:通过索引,可以快速定位到所需的数据。

b. 支持排序和聚合操作:索引不仅可以加速数据检索,还可以用于排序和聚合操作。

c. 减少 I/O 操作:索引通常存储在内存中,从而减少了磁盘 I/O 操作。

②索引的种类

a. B-tree 索引:常见的数据结构,用于数据库和文件系统。

b. Hash 索引:基于哈希表的索引,适用于等值查询。

c. Bitmap 索引:适用于少量数据的索引,如布尔值和枚举类型。

d. 空间索引:用于地理空间数据的索引,如 R-tree 和 Quadtree。

(3)使用缓存和索引技术的注意事项

①选择合适的缓存策略:根据应用程序的需求和数据的特点选择合适的缓存策略,如 LRU(最近最少使用)或 LFU(最不经常使用)。

②维护缓存的一致性:确保缓存中的数据与底层数据存储中的数据保持一致,

避免出现数据不一致的情况。

③合理使用索引:不要过度使用索引,因为索引会增加存储空间的占用和维护成本。根据查询需求创建适当的索引,并定期优化和维护索引。

④考虑查询优化:在创建索引的同时,考虑查询的写法,以便充分利用索引的优势。避免全表扫描和不必要的复杂查询。

4.进行系统性能测试和优化

定期进行系统性能测试,找出瓶颈和性能问题,对系统进行优化和调整,提高系统的并发处理能力和数据处理速度。

系统性能测试和优化是确保系统稳定、高效运行的关键环节。下面我们将详细讲解如何进行系统性能测试和优化。

(1)系统性能测试

性能测试的目的是评估系统的性能表现,找出潜在的性能瓶颈和问题。

①性能测试的方法

a.基准测试(Benchmarking):在特定条件下,使用标准负载或模拟负载测试系统的性能。

b.负载测试:模拟不同用户数量和操作负载,观察系统响应时间和资源利用率。

c.压力测试:模拟极端负载条件,如高并发请求,以检测系统的最大处理能力和稳定性。

d.疲劳强度测试:长时间运行测试,观察系统在长时间运行下的性能表现。

②性能测试的工具

a.负载生成器:用于模拟用户请求,如 JMeter、Gatling。

b.监控工具:用于收集系统资源使用情况,如 CPU、内存、磁盘 I/O 等,如Prometheus、Zabbix。

c.分析工具:用于分析性能数据,如 VisualVM、YourKit。

(2)找出瓶颈和性能问题

通过性能测试,可以发现系统在处理大量请求或复杂操作时的瓶颈和问题。常见的性能问题包括。

①资源瓶颈:CPU、内存、磁盘 I/O 等资源使用过高。

②数据库瓶颈:数据库查询效率低下、锁竞争等。

③网络瓶颈:网络延迟、带宽限制等。

④代码瓶颈:代码效率低下、资源未正确关闭等。

（3）系统优化和调整

针对找到的性能瓶颈和问题，进行相应的优化和调整。

①优化策略

a. 资源优化：优化资源配置，如调整 JVM 参数、增加内存等。

b. 代码优化：优化代码逻辑、减少复杂度、使用缓存等。

c. 数据库优化：优化数据库查询、索引、分区等。

d. 网络优化：优化网络架构、使用负载均衡等。

②调整策略

a. 水平扩展：增加服务器数量，提高并发处理能力。

b. 垂直扩展：增加硬件资源，如增加 CPU 核数、内存等。

c. 架构调整：优化系统架构，如使用微服务、分布式系统等。

（4）提高系统的并发处理能力和数据处理速度

经过优化和调整后，系统的并发处理能力和数据处理速度会有所提升。但还需要注意以下几点。

①持续监控：定期监控系统性能，确保性能表现稳定。

②定期复查：随着业务变化和技术发展，需要定期复查并调整优化策略。

③灰度发布和回滚计划：在引入新的优化措施时，建议先在小范围内测试，确保无误后再逐步推广，并制定回滚计划以防万一。

总之，系统性能测试和优化是一个持续的过程，需要不断地监测、分析和调整，以确保系统始终处于最佳状态，为用户提供稳定、高效的服务。

5. 使用分布式系统架构

采用分布式系统架构，将系统的计算和存储任务分散到多个节点上进行处理，提高系统的并发处理能力和资源利用率。

分布式系统架构是一种将计算和存储任务分散到多个节点上进行处理的方法，以提高系统的并发处理能力和资源利用率。以下是关于使用分布式系统架构的详细讲解和分析。

（1）分布式系统架构的优势

①高并发处理能力：分布式系统能够将计算和存储任务分散到多个节点上进行处理，从而提高系统的并发处理能力。在面对大量用户请求时，分布式系统可以有效地分摊负载，确保系统的稳定性和响应速度。

②资源利用率提升：通过将计算和存储任务分散到多个节点上，可以充分利用每个节点的资源。这样不仅能够提高资源的利用率，还可以降低单个节点的负载压力，确保每个节点的性能表现。

③扩展性强:分布式系统架构的设计使其易于扩展。当系统需要处理更多任务或应对更大负载时,只需增加更多的节点即可。这种可扩展性使得分布式系统能够适应业务的发展和增长。

(2)分布式系统架构的组件

①节点管理:节点管理组件负责协调和管理各个节点的工作。它负责任务的分配、节点的加入和退出管理、以及故障转移等。节点管理组件是分布式系统的核心部分,确保整个系统的协调运行。

②通信协议:通信协议组件负责节点之间的通信和数据传输。它定义了节点之间如何交换信息和协作,以确保数据的一致性和系统的可靠性。通信协议是分布式系统的关键组成部分,确保各个节点之间的有效协作。

③数据存储:数据存储组件负责数据的存储和管理。在分布式系统中,数据被分散存储在多个节点上,以确保数据的可靠性和可用性。数据存储组件需要设计合理的数据分片和副本策略,以确保数据的完整性和系统的可靠性。

(3)分布式系统架构的挑战

虽然分布式系统架构具有许多优势,但同时也面临着一些挑战。

①数据一致性挑战:在分布式系统中,由于数据分散存储在多个节点上,如何保证数据的一致性是一个挑战。需要设计高效的数据同步和副本策略,以降低数据不一致的风险。

②节点间的通信开销:由于分布式系统中的节点数量较多,节点间的通信开销可能会成为性能瓶颈。需要优化通信协议和数据传输机制,以降低通信开销并提高系统的整体性能。

③故障转移和容错机制:在分布式系统中,某个节点发生故障是常见现象。如何实现故障自动检测和转移,以及设计合理的容错机制,以确保系统的稳定性和可用性,是分布式系统架构的重要挑战。

(4)实践建议

①选择合适的分布式系统框架或平台:针对特定的应用场景和需求,选择合适的分布式系统框架或平台可以简化开发过程和提高系统的可靠性。例如,使用成熟的分布式数据库、消息队列等中间件来降低开发难度和提升系统的扩展性。

②优化节点间的通信机制:为了提高分布式系统的性能,需要关注节点间的通信机制并进行优化。例如,采用高效的数据传输协议、压缩技术等来降低通信开销。此外,合理地设计数据分片和副本策略也是关键。

③持续监控和性能调优:对于已部署的分布式系统,应持续监控其性能表现并定期进行性能调优。这包括分析系统瓶颈、调整资源配置、优化任务调度等措施,

以确保系统的持续高性能表现。

总之,通过优化系统架构、算法、硬件设备的选择,以及使用缓存、索引和分布式系统架构等技术手段,可以提高人力资源数据管理系统的运行效率,提升用户体验和工作效率。

6.2.6　数据节省问题

人力资源管理体系中通常处理较多的数据。为保证全球中每个机构都能加入到人力资源管理体系中,需要数据处理的节省,这是一个需要解决的问题。

解决方法:可以采用"离线验证模式"来存储和验证数据,减少交易验证所需时间;也可以采用"证明机制"方式来节省资源。同时开发应用程序可以提高系统健壮性,提高处理数据的效率。为了解决区块链系统搭建和部署中的一些问题,可以采取以下方法来提高系统的效率和稳定性。

1. 离线验证模式

传统的区块链系统中,节点需要通过网络来互相验证交易的有效性,这可能会造成延迟和性能瓶颈。为了解决这个问题,可以引入离线验证模式。在这种模式下,每个节点不需要实时验证交易,而是将待验证的交易存储在一个中心化的离线环境中,通过批处理方式进行验证。这样可以大大减少交易验证所需的时间,并提高整个系统的处理能力。

离线验证模式是一种在区块链系统中提高交易验证效率和系统处理能力的方法。传统的区块链系统依赖于节点之间的实时验证来确保交易的有效性,但这种方式可能会带来延迟和性能瓶颈。离线验证模式通过将待验证的交易存储在一个中心化的离线环境中,并采用批处理方式进行验证,从而解决了这些问题。

(1)离线验证模式的优势

①减少验证时间:离线验证模式的核心优势在于减少交易的验证时间。通过将交易批量处理,可以显著降低每次交易的验证时间,提高系统的整体处理能力。

②减轻网络负担:传统的区块链系统需要在网络上实时验证每笔交易,这会给网络带来较大的负担。离线验证模式将交易的验证移至中心化的离线环境,减轻了网络的实时验证负担。

③提高系统扩展性:由于离线验证模式降低了每笔交易的验证时间,使得系统能够处理更多的交易。这为系统提供了更大的扩展空间,使其能够应对更大的业务量和更复杂的交易场景。

(2)离线验证模式的实现方式

①中心化离线存储:在离线验证模式下,待验证的交易首先被存储在一个中心

化的离线存储系统中。这个存储系统负责收集来自各个节点的待验证交易,并进行有序存储。

②批处理验证:当存储系统中的交易数量达到一定规模时,系统会启动批处理验证过程。在这个过程中,存储系统中的所有交易被一次性提交给区块链网络进行验证。这大大提高了交易的验证效率。

③数据同步与更新:为了确保数据的实时性和一致性,离线验证模式还需要解决数据同步和更新的问题。一旦批处理的交易被成功验证并写入区块链,相关的数据需要被同步到离线存储系统中,以保持数据的一致性。

（3）离线验证模式的挑战与注意事项

①数据安全与隐私保护:在离线验证模式下,所有的待验证交易首先被存储在中心化的离线存储系统中。这增加了数据的安全风险和隐私泄露的可能性。因此,需要采取额外的安全措施来保护数据的安全和隐私。

②系统的健壮性:离线验证模式依赖于中心化的离线存储系统。如果该系统出现故障或遭受攻击,可能会影响整个系统的正常运行。因此,需要确保离线存储系统的健壮性和安全性,以防止对整个系统造成影响。

③性能瓶颈与扩展性:虽然离线验证模式提高了交易的验证效率和处理能力,但它也可能引入新的性能瓶颈和扩展性问题。例如,批处理验证可能会在短时间内产生大量的网络负载和计算负载,这需要系统具备良好的扩展性和可伸缩性。

2. 证明机制

区块链系统中的共识算法通常要求节点进行大量的计算和验证工作,这会消耗大量的能源和计算资源。为了节省资源,可以引入一种高效的证明机制,例如零知识证明（Zero-Knowledge Proof）或者拜占庭容错机制（Byzantine Fault Tolerance）。通过使用这些机制,可以在不泄露数据的情况下验证交易的有效性,并减少节点所需的计算和验证工作量。

证明机制在区块链领域是一个非常重要的概念,其主要目标是在保护隐私的同时验证某些信息的有效性。以下是关于证明机制的详细讲解和分析。

（1）证明机制的必要性

在区块链系统中,共识算法通常要求节点进行大量的计算和验证工作,以确保交易的有效性和系统的安全性。然而,这种做法会导致大量的能源和计算资源被消耗。为了解决这个问题,引入高效的证明机制变得至关重要。

（2）常见的证明机制

①零知识证明（Zero-Knowledge Proof）:零知识证明是一种非常强大的证明机制,它允许一个证明者（prover）在不向验证者（verifier）透露任何额外信息的情况下

证明某个陈述是真实的。这在区块链中非常有用,因为它允许节点在不泄露任何敏感数据的情况下验证交易的有效性。

②拜占庭容错机制(Byzantine Fault Tolerance,BFT):BFT 是区块链中用于确保系统安全的一种机制。它允许系统在存在恶意节点的环境下保持一致性。BFT 通过一系列的投票和验证过程,确保大多数节点都在执行相同的操作,从而防止任何单一节点或少数节点的欺诈行为。

(3)如何使用证明机制

在区块链中,证明机制主要用于以下几个方面。

①隐私保护:通过使用零知识证明,节点可以在不泄露任何敏感信息的情况下验证交易的有效性。这对于保护用户的隐私和安全至关重要。

②减少计算和验证工作量:通过使用高效的 BFT 机制,可以减少节点所需的计算和验证工作量,从而提高整个系统的效率。

③防止欺诈和恶意行为:BFT 机制通过确保大多数节点的操作一致性,可以防止任何形式的欺诈和恶意行为,从而保护整个系统的安全。

(4)结论

证明机制在区块链中发挥着非常重要的作用。通过使用高效的证明机制,如零知识证明和 BFT,可以大大提高区块链系统的效率和安全性,同时保护用户的隐私和数据安全。随着技术的不断发展,我们期待看到更多创新的证明机制被应用到区块链中,以解决现实世界中的各种问题。

3. 应用程序优化

开发应用程序时,可以使用一些优化技术来提高系统的健壮性和处理数据的效率。例如,可以使用缓存技术来减少对磁盘读写的频率,使用索引和分区技术来提高数据的查找和访问性能,使用并发和异步处理来提高系统的响应速度等。通过优化应用程序,可以提高系统的性能和稳定性。

应用程序优化是软件开发中的一项重要任务,它旨在提高应用程序的性能、稳定性和响应速度。以下是对您提到的几种优化技术的详细分析和讲解。

(1)缓存技术

①目的:减少对磁盘或网络的频繁访问,从而提高数据读取速度。

②工作原理:缓存存储常用的数据或结果,当再次需要这些数据时,可以直接从缓存中获取,而不是重新从磁盘或网络读取。

③应用场景:例如,Web 浏览器会缓存网页内容,以便在用户再次访问同一页面时快速加载。

（2）索引和分区技术

①目的：提高数据的查找和访问速度。

②工作原理：索引类似于书籍的目录，可以快速定位到数据的位置；分区则是将数据分成多个部分，分别存储在不同的位置或设备上，便于管理和访问。

③应用场景：数据库管理系统（如 MySQL）广泛使用索引和分区来提高查询性能。

（3）并发和异步处理

①目的：提高系统的响应速度和吞吐量。

②工作原理：并发处理允许多个任务同时执行；异步处理则允许任务在完成后通知系统，而不是等待任务完成。

③应用场景：Web 应用程序可以使用异步处理来响应用户的请求，同时处理其他任务，从而提高响应速度。

（4）优化效果

①通过对应用程序进行优化，可以提高系统的性能和稳定性，使应用程序能够更好地应对高负载和大量数据的情况。

②优化后，应用程序可以更快地响应用户请求，减少崩溃和错误的可能性，从而提高用户体验和系统可靠性。

（5）注意事项

①优化需要针对具体的应用场景和需求进行，不能盲目追求性能而忽视了其他因素，如代码的可读性和可维护性。

②优化过程中需要进行性能测试和分析，找出瓶颈并进行针对性的优化。

③持续的监控和维护也是必要的，因为随着系统负载和数据量的变化，可能需要进一步调整和优化应用程序。

应用程序优化是一个持续的过程，需要不断地进行性能测试、分析和调整，以确保应用程序在各种情况下都能表现出良好的性能和稳定性。

总的来说，通过采用离线验证模式、证明机制和应用程序优化等方式，可以在区块链系统的搭建和部署过程中提高系统的效率和稳定性。这些方法可以减少交易验证所需的时间，节省资源的消耗，并提高系统对数据的处理能力和运行效率。

6.2.7 数据互操作性问题

人力资源管理体系中，数据通常来源于许多地方，例如此前使用 ERP 系统、文档等。因此，数据互操作性问题需要被注意。在人力资源管理体系中，数据的来源通常是多样化的，可能包括之前使用的 ERP 系统、文档和其他数据源。为了确保数据的互操作性,需要注意以下几个方面。

1. 数据集成

首先要确保不同数据源的数据能够进行无缝的集成,这就要求在数据导入和导出过程中,采用合适的数据格式和标准化的数据字段。可以使用数据集成工具或者开发自定义的数据转换脚本来实现数据的集成。

数据集成是数据处理和利用的重要环节,其主要目标是将不同来源、格式和结构的数据进行有效的整合,以便进行统一的管理、分析和利用。以下是对您提到的内容进行详细讲解和分析。

(1)无缝的数据集成

①目标:确保不同数据源的数据能够无缝地结合在一起,为用户或应用程序提供一致、完整的数据视图。

②挑战:不同数据源可能采用不同的数据格式、字段命名、数据质量等,导致直接集成存在困难。

(2)数据格式和标准化

①标准化的数据格式:选择或制定一个统一的数据格式,使得不同数据源的数据能够进行有效的交换和集成。例如,CSV、JSON、XML 或特定的数据仓库格式。

②标准化的数据字段:确保各个数据源使用相同或类似的字段名称、结构和定义,以便正确地解析和集成数据。

(3)数据集成工具

①功能:提供图形化界面,使得用户无须编写代码即可完成数据的抽取、转换和加载(ETL)过程。

②优点:快速、方便,适合非技术人员使用。

③局限:可能不支持所有数据源和复杂的转换需求。

(4)自定义数据转换脚本

①应用场景:对于复杂的数据转换或特定的数据源,可能需要编写自定义的脚本或代码来实现数据的集成。

②工具和技术:Python、Java、SQL 等编程语言可以用于编写数据转换脚本。

(5)数据集成的过程

①抽取:从各个数据源中获取数据。

②转换:根据需要,对数据进行清洗、验证、重新格式化等操作。

③加载:将转换后的数据加载到目标系统中,如数据仓库、数据湖或其他存储系统。

（6）注意事项

①数据安全和隐私保护：在集成过程中，确保敏感数据的保护，避免泄露风险。

②数据质量和完整性：进行必要的校验和验证，确保集成的数据是准确和完整的。

③数据版本控制：处理不同版本的数据时，确保数据的溯源和一致性。

（7）总结

①数据集成是数据处理的关键环节，它涉及从多个来源获取数据，对其进行必要的转换和整合，然后将其存储在统一的数据存储系统中供后续分析和利用。

②选择合适的数据格式、制定标准化的字段命名规则，以及使用工具或编写脚本都是实现高效数据集成的关键步骤。

2. 数据清洗和校验

由于数据来源的多样性，数据中可能存在潜在的错误和冗余。在将数据导入人力资源管理系统之前，需要对数据进行清洗和校验，确保数据的准确性和完整性。可以使用数据清洗工具或自定义数据验证规则来实现这一步骤。

数据清洗和校验是数据处理过程中的重要环节，特别是在将数据导入到人力资源管理系统之前。由于数据可能来自不同的源头，因此数据中可能存在各种问题，如错误、不一致、冗余等。下面是对数据清洗和校验的详细讲解和分析。

（1）数据中存在的问题

①错误：数据中的明显错误，如拼写错误、日期格式错误等。

②不一致：同一信息在不同数据源中的描述不一致。

③冗余：重复或不必要的记录或字段。

④缺失：某些必要的字段可能为空或未提供。

（2）清洗和校验的必要性

①确保数据的准确性和一致性。

②避免后续分析或决策的错误。

（3）数据清洗工具

①功能：提供自动化工具，帮助用户识别和修正数据中的错误。这些工具通常有内置的规则和算法来识别潜在问题。

②优点：快速、简便，适合处理大量数据。

③局限：可能无法处理所有特殊或复杂的情况，需要自定义规则或脚本。

（4）自定义数据验证规则

①对于某些特定的或复杂的数据问题，可能需要定义自己的验证规则。这些规则可以根据业务需求、数据特性或特定标准来制定。

②使用编程语言(如 Python、SQL 等)或脚本语言来定义这些规则,并执行相应的验证操作。

(5)数据清洗和校验的步骤

①识别问题:通过数据探查或初步分析来识别潜在的问题。

②制定规则:基于识别的问题,制定相应的清洗和校验规则。

③实施清洗和校验:应用制定的规则来处理数据,修正或删除错误、冗余或不一致的数据。

④验证结果:对清洗和校验后的数据进行再次检查,确保问题已得到解决。

(6)注意事项

①不要过度清洗,保留合理范围内的冗余数据。

②定期更新清洗规则,以适应数据的变化。

③在清洗过程中,要特别注意保护个人隐私和敏感信息。

(7)总结

数据清洗和校验是确保数据质量的关键步骤,特别是在将数据导入到人力资源管理系统之前。通过使用工具或自定义规则,可以有效地识别和解决数据中的潜在问题,从而提供准确、一致的数据供分析和决策使用。

3. 数据标准化

数据标准化是数据处理中非常重要的一环,尤其在人力资源管理系统中。数据标准化可以帮助不同数据源之间进行正确匹配和比较,确保数据的准确性和一致性。下面是对数据标准化的详细讲解和分析。

(1)数据标准化的重要性

在人力资源管理系统中,数据来自不同的源头,如员工信息、绩效数据、考勤记录等。由于数据源的多样性,如果没有统一的数据标准和命名约定,不同数据源之间可能存在字段名不一致、数据格式不统一等问题,导致数据难以匹配和比较。因此,数据标准化是确保不同数据源之间能够进行正确匹配和比较的关键。

(2)统一的数据标准和命名约定

为了实现数据的标准化,需要定义统一的数据标准和命名约定。这包括以下几个方面。

①字段命名规则:制定统一的命名规范,确保每个字段的名称都是唯一的、明确的。例如,可以使用小写字母、下划线或驼峰命名法,避免使用空格或特殊字符。

②数据格式标准:规定数据的格式,如日期、数字等。这样可以确保数据的正确解析和比较。

③数据质量标准:制定数据质量要求,确保数据的准确性和完整性。例如,要

求某些字段必须填写或符合特定的格式要求。

（3）字段映射和匹配

在统一了数据标准和命名约定之后,需要将不同数据源的字段进行映射和匹配。这可以通过编写脚本或使用ETL工具来实现。映射和匹配过程中需要注意以下几点。

①避免歧义:确保映射关系明确,不会导致歧义或误解。

②保留原始数据:在映射和匹配过程中,要保留原始数据的完整性和可追溯性。

③测试和验证:在正式应用之前,对映射和匹配结果进行充分测试和验证,确保数据的准确性和一致性。

（4）数据一致性和可比性

通过数据标准化,可以确保不同数据源之间的数据具有一致性和可比性。这有助于进行更准确的业务分析、报告生成和决策制定。同时,标准化后的数据也更易于集成、查询和共享,提高了整个系统的效率和可靠性。

（5）总结

数据标准化是人力资源管理系统中非常关键的一环。通过定义统一的数据标准和命名约定,并实现不同数据源的字段映射和匹配,可以确保数据的准确性和一致性,提高系统的可靠性和效率。同时,也有助于提高企业的决策水平和业务竞争力。因此,在构建或升级人力资源管理系统的过程中,应当充分重视数据标准化的重要性,并采取有效的措施来实现数据的标准化。

4. 数据共享和访问权限控制

在人力资源管理体系中,不同的角色和部门可能需要访问和共享不同的数据。因此,需要在系统中实现细粒度的数据访问权限控制,确保只有授权的人员能够访问和修改特定的数据。可以通过角色管理和权限设置来实现数据的安全共享。

在人力资源管理体系中,数据共享和访问权限控制是一个重要的环节。由于涉及敏感的员工个人信息和业务数据,数据的安全性和隐私保护至关重要。因此,系统需要提供细粒度的数据访问权限控制,以确保只有经过授权的人员能够访问和修改特定的数据。

（1）角色管理

角色管理是实现数据共享和访问权限控制的基础。通过定义不同的角色,如员工、部门经理、HR专员等,并为每个角色分配相应的权限,可以有效地控制对数据的访问。角色管理的好处在于简化了权限设置的过程,提高了管理的效率和灵活性。

（2）权限设置

基于角色管理的权限设置能够实现细粒度的数据访问控制。例如，不同的角色可以有不同的数据查看或修改权限。具体来说，可以考虑以下几点：

①查看权限：允许某个角色查看某些数据，如部门经理可以查看下属员工的绩效信息，但无权查看其他部门的数据。

②修改权限：只允许特定角色修改其负责的数据，如 HR 专员可以修改员工的入职信息，但不能修改薪酬数据。

③跨角色权限：某些高级角色可能拥有更广泛的权限，如总经理可以查看和修改所有部门的数据。

（3）数据的安全共享

通过细粒度的权限设置，系统可以实现数据的安全共享。这意味着只有经过授权的人员才能访问和操作数据，从而确保数据的安全性和隐私保护。这有助于降低数据泄露的风险，提高企业的信息安全水平。

（4）灵活性和可扩展性

良好的角色管理和权限设置应该具备灵活性和可扩展性。随着企业业务的发展和组织结构的调整，角色的定义和权限的分配也应该能够随之调整。这样，系统能够更好地适应企业发展的需要，提高其适用性和长期价值。

（5）总结

在人力资源管理体系中，实现数据共享和访问权限控制的细粒度控制至关重要。通过角色管理和权限设置，可以确保数据的准确性和安全性，同时提高系统的效率和可靠性。这有助于提升企业的竞争力和员工满意度，促进企业的长期发展。因此，在构建或升级人力资源管理系统时，应当充分考虑并实施有效的数据共享和访问权限控制机制。

综上所述，为了确保人力资源管理体系中数据的互操作性，需要注意数据的集成、清洗和校验、标准化以及共享和访问权限控制等方面的问题。通过采取综合的措施，可以保证数据的准确性和完整性，并为数据的分析和决策提供可靠的基础。

5. 解决方法

高效的应用程序可以很好地处理此问题。同时，采用开放式的数据标准，让数据在不同系统下进行互操作，同样可以提高数据的利用价值。解决人力资源管理体系中数据互操作性问题的方法包括高效的应用程序和开放式的数据标准。

（1）高效的应用程序

选择和使用高效的数据集成和管理应用程序可以极大地简化数据互操作性的处理。这些应用程序通常具有直观的用户界面，方便用户进行数据导入、清洗和校验等操作。此外,它们也会提供自定义数据转换和映射的功能,支持不同数据源的集成。通过使用这些应用程序,可以大大减少人工处理数据互操作性的工作量,提高工作效率和数据质量。

在当今数据驱动的时代,高效的数据集成和管理应用程序对于简化数据互操作性处理、提高工作效率和数据质量至关重要。以下是对选择和使用这些应用程序的详细讲解和分析。

①直观的用户界面:高效的应用程序通常具有直观、易用的用户界面。这样的界面设计使得用户能够轻松地完成数据导入、清洗和校验等操作,而无须具备深厚的专业技术背景。通过直观的用户界面,用户可以快速上手,减少学习曲线,提高工作效率。

②数据转换和映射功能:高效的数据集成和管理应用程序不仅支持基本的数据导入和导出功能,还提供强大的数据转换和映射功能。这些功能允许用户根据需求自定义数据转换规则,实现不同数据源之间的整合和统一。通过数据转换和映射,用户可以确保数据的准确性和一致性,为后续的数据分析和应用奠定基础。

③支持多种数据源:一个优秀的数据集成和管理应用程序应该具备广泛的适应性,能够支持多种不同的数据源。无论是关系型数据库、非关系型数据库、云存储还是其他数据源,应用程序都应该能够与之无缝集成,实现数据的快速获取和整合。这样可以为用户提供更大的灵活性,满足不同场景下的数据需求。

④数据质量和校验:在处理数据互操作性的过程中,数据质量和校验是至关重要的环节。高效的应用程序应该提供一系列的工具和功能,帮助用户对数据进行清洗、去重、校验等操作,确保数据的准确性和完整性。通过自动化的数据清洗和校验,用户可以减少人工干预,提高数据处理的速度和准确性。

⑤自动化和可扩展性:为了满足不断增长的数据处理需求,高效的应用程序应该具备自动化和可扩展性。自动化意味着应用程序能够根据预设的规则和流程自动完成数据处理任务,减少人工干预。可扩展性则意味着应用程序能够随着数据量的增长而扩展其处理能力,确保性能和效率不受影响。

⑥总结:选择和使用高效的数据集成和管理应用程序是简化数据互操作性处理、提高工作效率和数据质量的关键。通过直观的用户界面、强大的数据转换和映射功能、支持多种数据源、数据质量和校验工具以及自动化和可扩展性等特点,这些应用程序可以帮助用户更好地应对数据处理和分析的挑战,为企业的发展提供有力支持。在选择应用程序时,用户应根据自身需求进行评估和比较,选择最适合自己的解决方案。

2. 开放式的数据标准

采用开放式的数据标准是实现数据互操作性的重要手段。开放式数据标准是一组公认的数据规范和协议,可以让不同系统之间的数据进行交互和共享。通过使用开放式的数据标准,不同系统可以更容易地理解和解释彼此的数据,实现数据的互相对接和传输。一些常见的开放式数据标准包括 XML、JSON 和 RESTful API 等。使用这些标准,可以实现人力资源管理系统与其他系统(如 ERP 系统)之间的数据互操作性,提高数据的利用价值。

开放式的数据标准是实现数据互操作性的重要手段,它是一组公认的数据规范和协议,使得不同系统之间的数据能够进行交互和共享。通过使用这些标准,不同系统可以更容易地理解和解释彼此的数据,从而实现数据的互相对接和传输。

(1)开放式数据标准的定义和作用

开放式数据标准是一套通用的、公开的、标准化的规则和约定,用于规定数据的格式、结构和交互方式。这些标准使得不同的系统和应用程序能够以统一的方式处理和交换数据,从而实现数据的互操作性。

(2)常见的开放式数据标准

一些常见的开放式数据标准包括 XML(可扩展标记语言)、JSON(JavaScript 对象表示法)和 RESTful API(基于 Representational State Transfer 的应用程序接口)等。这些标准在不同的场景和领域中都有广泛的应用。

①XML:XML 是一种标记语言,用于描述数据的结构和内容。它使用统一的语法规则来标记数据,使得数据可以在不同的系统和平台之间进行交换和共享。

②JSON:JSON 是一种轻量级的数据交换格式,基于 JavaScript 的子集。它采用键值对的结构来存储和表示数据,使得数据的表示更加简洁明了。

③RESTful API:RESTful API 是一种基于 HTTP 协议的 Web 服务设计风格。它通过统一的接口规范来定义资源的标识、操作和交互方式,使得不同的应用程序能够通过 API 进行数据交换和集成。

(3)实现数据互操作性

通过使用这些开放式的数据标准,可以实现不同系统之间的数据互操作性。例如,人力资源管理系统可以与其他系统(如 ERP 系统)进行数据交互,实现数据的共享和整合。这不仅可以提高数据的利用价值,还可以减少重复输入和数据不一致的问题。

(4)优势和挑战

使用开放式的数据标准具有以下优势。

①互操作性:不同系统之间可以更容易地进行数据交换和集成。

②标准化:采用统一的数据格式和规范,降低了数据处理的复杂性。

③可扩展性:随着技术的发展和需求的变化,新的标准和规范可以逐步引入。

然而,使用开放式的数据标准也面临一些挑战:

①兼容性问题:不同的系统和应用程序可能对标准的支持程度不同,导致兼容性问题。

②性能问题:数据转换和传输可能带来一定的性能开销。

③安全问题:在数据交互过程中,需要确保数据的安全性和隐私保护。

(5)总结

开放式的数据标准是实现数据互操作性的关键手段之一。通过采用通用的、公开的、标准化的规则和约定,不同系统之间的数据能够进行更加顺畅的交互和共享。这有助于提高数据的利用价值,减少重复工作和数据不一致的问题。然而,在实际应用中,还需要考虑兼容性、性能和安全等方面的问题,以确保数据的可靠性和完整性。在选择和使用开放式的数据标准时,应根据实际需求进行评估和权衡,并采取相应的措施来解决潜在的问题和挑战。

综上所述,高效的应用程序和开放式的数据标准是解决人力资源管理体系中数据互操作性问题的重要方法。通过选择合适的应用程序和采用开放式的数据标准,可以简化数据处理流程,提高数据质量和利用价值。这将有助于人力资源管理体系更好地利用数据进行分析和决策,并提升组织的整体效能。

在区块链+人力资源管理体系的构建过程中,除了以上提到的问题外,如何更好地整合之前的人力资源管理体系并兼容传统体系也是一个需要考虑的问题。总之,解决这些问题将有助于区块链技术在人力资源管理体系中的应用,实现更加科学、可靠的人力资源管理。

6.3　探讨问题解决方案

在区块链+人力资源管理体系构建中存在的问题,需要针对性的解决方案来应对。以下是针对上述问题的解决方案。

6.3.1　数据隐私和安全性问题的解决方案

在保护数据隐私和安全方面,可以采用以下解决方案。

1.加密技术在现代信息安全中扮演着重要的角色。它使用数学算法将数据转换成密文,以确保数据在传输和存储过程中不会被恶意攻击者获取。以下将详细介绍几种常见的加密技术。

（1）公钥加密（Asymmetric encryption）。公钥加密是一种使用公钥和私钥配对的加密方法。公钥用于加密数据，而私钥用于解密数据。公钥可以自由发布给任何人，而私钥必须保密。这种加密技术的一个主要优势是它可以确保只有私钥的持有者能够解密数据，因此可以实现安全的数据传输和存储。

公钥加密（也称为非对称加密）是一种加密方法，它使用一对密钥：公钥和私钥。这两把密钥是配对的，意味着用一把密钥加密的数据只能用另一把密钥解密。

①工作原理

a.公钥加密：当你要加密一个消息或文件时，你使用公钥进行加密。公钥是公开的，任何人都可以获取和使用它来加密数据。

b.私钥解密：只有持有相应私钥的人才能解密该消息或文件。私钥是保密的，只有私钥的持有者才知道。

②优势

a.安全性：由于只有私钥的持有者可以解密数据，因此可以确保只有特定的人可以访问和解密数据。这为数据的传输和存储提供了高度的安全性。

b.灵活性：公钥可以自由分发给任何人，使得在不同个体之间进行安全通信变得容易。

③应用场景

公钥加密在多种场景中都有应用，例如：

a.安全通信：当两个人需要进行安全通信时，他们可以交换公钥，然后使用公钥加密消息，只有对方使用私钥可以解密。

b.数字签名：公钥还可以用于验证消息的来源。发送方使用私钥对消息进行签名，接收方使用公钥验证签名，确保消息未被篡改且来自预期的发送方。

c.证书和密钥管理：在许多加密应用中，公钥和私钥对用于生成和管理数字证书，确保通信的安全性。

④注意事项

虽然公钥加密提供了很高的安全性，但也存在一些挑战和需要注意的事项。

a.密钥管理：私钥的保管和保护变得尤为重要，一旦私钥丢失或被盗，所有使用该私钥加密的数据都将面临被解密的风险。

b.性能：相对于对称加密，公钥加密在速度上可能较慢，因此更适合于加密大量数据或用于加密对称密钥（即先使用公钥加密对称密钥，然后使用对称算法加密实际数据）。

c.混合加密策略：在实际应用中，通常会采用对称加密和非对称加密的混合策略,以提高效率和安全性。例如,使用对称加密算法(如 AES)加密实际数据,然后使用公钥加密对称密钥。这样既保证了速度又保证了安全性。

总结:公钥加密是一种高度安全的加密方法,它使用公钥和私钥配对来实现数据的加密和解密。由于只有私钥的持有者可以解密数据,因此可以确保数据的安全传输和存储。然而,也需要注意密钥管理和性能方面的考虑。在实际应用中,通常会结合其他加密策略来达到更好的效果。

(2)密钥加密(Symmetric encryption)。密钥加密也被称为对称加密,它使用相同的密钥来加密和解密数据。发送方和接收方必须共享相同的密钥。对称加密的一个主要优点是加密和解密速度很快,但密钥的传输和管理要求更高的安全性。

密钥加密(也称为对称加密)是一种加密方法,其中使用相同的密钥进行加密和解密操作。发送方和接收方必须共享相同的密钥。

①工作原理

a. 密钥加密:当你要加密一个消息或文件时,你使用相同的密钥进行加密。接收方使用相同的密钥解密数据。

b. 密钥一致性:发送方和接收方必须预先共享相同的密钥。为了安全地传输密钥,通常会使用公钥加密或其他安全传输方法。

②优势

a. 速度:由于加密和解密都使用相同的密钥,因此对称加密通常比公钥加密更快。

b. 简化性:由于只需要一个密钥,对称加密在某些场景中更简单和方便。

③应用场景:对称加密在多种场景中都有应用,例如:

a. 数据存储:在需要保护敏感数据的情况下,可以使用对称加密来加密存储在数据库或文件系统中的数据。

b. 网络通信:在需要安全传输数据的情况下,可以使用对称加密来加密数据,确保只有预期的接收方可以解密。

c. 密码学工具:对称加密是许多密码学工具和协议的基础,例如 TLS/SSL 和 WPA2 等。

④注意事项:虽然对称加密提供了快速和简便的加密,但也存在一些挑战和需要注意的事项。

a. 密钥管理:由于发送方和接收方必须共享相同的密钥,因此密钥的管理变得尤为重要。一旦密钥丢失或被盗,所有使用该密钥加密的数据都将面临被解密的风险。

b. 安全性要求:为了安全地传输密钥,可能需要使用其他加密方法或安全传输机制。这也增加了系统的复杂性。

c. 适用场景：对称加密适用于加密大量数据或需要在短时间内完成加密和解密的情况。对于安全要求较高的情况，通常会结合其他加密策略来提高安全性。

总结：密钥加密是一种快速且简便的加密方法，使用相同的密钥进行加密和解密。发送方和接收方必须共享相同的密钥，因此密钥的管理变得尤为重要。对称加密适用于需要快速加密和解密的场景，但在安全传输和管理密钥方面要求较高。在实际应用中，通常会结合其他加密策略来达到更好的效果。

（3）哈希函数（Hash function）。哈希函数是一种将任意长度的数据转换为固定长度哈希值的算法。它的主要作用是验证数据的完整性。哈希值是唯一的，即使数据发生微小的变化，哈希值也会有显著的差异。这种特性使得哈希函数能够防止数据被篡改或损坏。

哈希函数是一种特定的数学函数，它的主要作用是将任意长度的数据（通常是消息或文件）转换为固定长度的哈希值。这个哈希值通常是一个短的、唯一的字符串，它代表了原始数据的"摘要"或"指纹"。

①工作原理

a. 数据输入：输入可以是任何大小和类型的数据。

b. 哈希运算：通过特定的数学运算（例如 SHA-256），输入数据被转换为一个固定长度的哈希值。

c. 唯一性：重要的是，对于相同的输入数据，哈希函数总是产生相同的哈希值。但是，对于不同的输入数据，几乎不可能产生相同的哈希值。这就是哈希函数的"雪崩效应"。

②优势

a. 完整性验证：由于哈希函数的特性，我们可以使用它来验证数据的完整性。如果数据的任何部分发生变化，其哈希值也会发生变化。因此，通过比较原始数据的哈希值和接收到的数据的哈希值，我们可以确定数据是否被篡改或损坏。

b. 快速性：哈希函数通常非常快，这意味着它们可以处理大量的数据。

c. 单向性：从哈希值很难（几乎是计算上不可能的）反向推导出原始输入数据。这使得哈希函数在密码学中有许多应用，例如创建数字签名或生成加密密钥。

③应用场景

a. 文件完整性检查：例如，当你下载一个文件或从网络上接收数据时，可以使用哈希函数来验证数据是否完整。

b. 数字签名：在验证消息的发送者身份或确保消息在传输过程中没有被篡改时，可以使用哈希函数生成数字签名。

c.密码存储:为了安全地存储密码,通常会将密码通过哈希函数处理后再存储。这样即使数据库被泄露,攻击者也无法直接获取到密码。

④注意事项

a.冲突问题:虽然对于不同的输入很难产生相同的哈希值,但在理论上,如果两个输入的哈希值相同,这被称为"碰撞"。理想情况下,一个好的哈希函数应该具有非常低的碰撞概率。

b.选择合适的哈希函数:不同的哈希函数有不同的特性和用途。在选择合适的哈希函数时,需要考虑你的具体需求和安全标准。

c.安全性问题:尽管哈希函数在许多场景中都非常有用,但它们并不能提供完全的数据保护。因此,它们通常与其他加密策略结合使用来提高安全性。

哈希函数是一种将任意长度的数据转换为固定长度哈希值的算法,主要用于验证数据的完整性。由于其独特的性质,如唯一性和快速性,哈希函数在许多领域都有广泛的应用。然而,使用哈希函数时也需要注意其潜在的冲突和安全性问题。

(4)数字签名(Digital signature)。数字签名是使用私钥对敏感数据的哈希值进行加密的过程。接收方可以使用发送方的公钥解密数字签名,并使用相同的哈希函数重新计算数据的哈希值。如果两者匹配,则表明数据未被篡改过。数字签名可以确保数据的完整性和身份验证,以防止数据被篡改或伪造。

数字签名是一种利用加密技术来验证数字信息完整性和发送者身份的方法。在数字签名中,发送方使用其私钥对数据的哈希值进行加密,形成数字签名。接收方使用发送方的公钥解密数字签名,并使用相同的哈希函数重新计算数据的哈希值。如果两个哈希值匹配,那么可以确认数据在传输过程中没有被篡改,并且是由拥有相应私钥的发送方签名的。

①工作原理

a.数据哈希:首先,发送方对原始数据进行哈希运算,得到一个固定长度的哈希值。哈希函数确保即使数据发生微小变化,哈希值也会有显著差异。

b.数字签名生成:然后,发送方使用其私钥对上一步得到的哈希值进行加密,生成数字签名。这个私钥是只有发送方知道的密钥,因此只有发送方能够生成有效的数字签名。

c.传输数据与签名:发送方将原始数据和带有数字签名的哈希值一起发送给接收方。

d.验证签名:在接收到数据后,接收方使用发送方的公钥(一种公开的密钥,可以从公开的证书中获得)来解密数字签名,得到解密后的哈希值。同时,接收方也使用相同的哈希函数对原始数据进行哈希运算,得到另一个哈希值。

e.匹配与验证:如果两个哈希值匹配,那么可以确认数字签名是有效的,数据没有被篡改,且是由拥有相应私钥的发送方签名的。如果两个哈希值不匹配,那么数据可能已被篡改或签名可能是伪造的。

②优势与用途

a.完整性验证:数字签名确保数据的完整性。如果数据在传输过程中被篡改,那么重新计算的哈希值将与原始的数字签名不匹配,从而被检测出来。

b.身份验证:只有拥有相应私钥的发送方才能生成有效的数字签名。因此,数字签名可以用来验证发送方的身份。

c.防止篡改和伪造:由于数字签名的唯一性和难以伪造的性质,它可以有效地防止数据被篡改或伪造。

d.抗抵赖性:由于私钥是保密的,只有发送方知道,因此如果发送方抵赖其行为,接收方可以通过出示其持有的有效数字签名来证明数据的真实性和完整性。

③安全性要求

a.私钥的保密性:为了使数字签名有效,私钥必须保持高度保密。任何拥有私钥的人都可以生成有效的数字签名。因此,私钥的管理和存储必须非常谨慎。

b.公钥的可验证性:接收方需要能够验证公钥的真实性和有效性。通常,公钥可以从一个受信任的证书颁发机构(CA)处获得。

c.抗碰撞性:理想的哈希函数应该具有抗碰撞性,即找到两个具有相同哈希值的输入在计算上是不可行的。这确保了数字签名的唯一性。

d.适应性:随着技术的发展和新的攻击方法的出现,数字签名算法需要不断更新和改进以保持其安全性。

数字签名是一种利用加密技术来验证数字信息完整性和身份的方法。通过使用私钥对数据的哈希值进行加密,生成数字签名,可以确保数据的完整性和身份验证,防止数据被篡改或伪造。在实际应用中,需要考虑私钥的保密性、公钥的可验证性以及哈希函数的抗碰撞性和适应性等问题来确保数字签名的安全性和有效性。

综上所述,加密技术在信息安全领域发挥着关键的作用。通过使用公钥加密、密钥加密、哈希函数和数字签名等技术,可以保护数据的机密性、完整性和身份验证,确保数据在传输和存储过程中不会被恶意攻击者获取。

2.权限管理在信息系统中起着至关重要的作用,它确保只有经过授权的人员才能访问敏感数据。以下将详细介绍多级权限管理系统的工作原理和作用。

(1)用户认证(User authentication)。多级权限管理系统首先要求用户进行认证。认证方式可以包括用户名和密码、指纹识别、智能卡等多种方式。只有通过认证的用户才能进入系统,这样可以确保系统只被合法用户使用。

用户认证是多级权限管理系统中非常重要的一环,它的主要目的是确认用户的身份,并确保只有合法的用户能够访问和使用系统。以下是关于用户认证的详细讲解和分析。

①认证方式

a.用户名和密码:这是最常见的一种认证方式。用户需要在登录时输入用户名和密码,系统会验证用户输入的信息是否与系统中存储的信息匹配。为了提高安全性,密码通常会被加密存储,并且要求长度和复杂度达到一定的标准。

b.指纹识别:指纹识别是一种生物特征识别技术,通过比对用户的指纹信息进行身份验证。由于每个人的指纹都是独特的,这种认证方式相对比较安全。

c.智能卡:智能卡是一种内置芯片的卡片,可以存储用户的个人信息和加密密钥。通过刷卡或插卡的方式进行身份验证。

②认证流程

a.用户输入:用户在登录界面输入用户名、密码或其他认证信息。

b.验证:系统接收到用户输入后,会与存储在数据库中的信息进行比对,以验证用户身份。

c.授权:如果验证通过,系统会根据用户的权限级别赋予相应的访问权限。

d.记录与监控:系统会记录用户的登录信息和操作日志,以便于后续审计和监控。

③安全考虑

a.加密技术:为了保护用户信息的安全,密码通常会被加密存储,使用哈希函数等加密技术来确保数据的安全性。

b.多因素认证:为了提高安全性,可以采用多因素认证,即除了用户名和密码外,还需要其他认证方式(如动态令牌、短信验证码等)来确认用户身份。

c.防止暴力破解:系统应采取措施防止暴力破解,例如限制登录尝试的次数、启用账户锁定功能等。

d.定期更新和审查:定期更新和审查用户认证策略,以应对新的安全威胁和技术发展。

e.安全审计:定期对用户认证系统进行安全审计,检查可能存在的漏洞和风险。

④优点与用途

a.确保合法访问:通过用户认证,可以确保只有合法的用户能够访问和使用系统,防止非法访问和数据泄露。

b. 多级权限管理:结合多级权限管理系统,可以根据用户的角色和权限赋予不同的访问权限,实现精细化的权限控制。

c. 提高安全性:通过采用多因素认证、加密技术等手段,可以提高系统的安全性,降低安全风险。

d. 审计和监控:记录用户的登录信息和操作日志,有助于审计和监控系统的使用情况,及时发现和处理安全事件。

总结:用户认证是多级权限管理系统中不可或缺的一环,通过采用多种认证方式和安全措施,可以确保系统的安全性,只允许合法的用户访问和使用系统。同时,定期更新和审查认证策略以及进行安全审计也是非常重要的。

(2)用户授权(User Authorization)是信息安全和数据管理中的一个核心概念。其主要目的是确保经过认证的用户只能访问和操作其被授权的数据和系统功能。这种机制有助于防止未经授权的访问、数据泄露和其他潜在的安全风险。

以下是关于用户授权的详细解释和分析。

①用户认证(User Authentication):这是授权的第一步。系统首先需要确认用户的身份。这通常通过用户名和密码、多因素认证或生物识别技术(如指纹或虹膜扫描)来完成。只有经过正确认证的用户才能进行授权步骤。

②确定用户的身份和权限级别:一旦用户通过了认证,系统会进一步确定用户的身份和其所属的权限级别。不同的用户可能属于不同的角色或组,例如管理员、普通用户、VIP 用户等,每个角色或组都有不同的权限级别。

③授予相应的权限:基于用户的身份和权限级别,系统会为其分配相应的权限。这些权限详细定义了用户可以执行的操作,例如读取、写入、修改或删除数据,以及访问特定的系统功能或资源。

④访问控制(Access Control):这是授权的核心。系统会根据用户的权限列表来决定是否允许其进行特定的操作或访问特定的数据。如果用户尝试进行未被授权的操作,系统将拒绝该请求,并可能给出相应的错误消息或提示。

⑤数据隔离和保密:通过用户授权,还可以实现不同用户之间的数据隔离。这样,每个用户只能访问自己被授权的数据,不能访问其他用户的数据,从而确保数据的保密性。

⑥审计和监控:对于被授权的操作,系统还会进行审计和监控,以便追踪用户的活动和检测任何潜在的安全问题。这对于后续的安全审查和事件响应非常关键。

⑦动态权限管理:一些先进的系统还支持动态权限管理,这意味着权限可以根据用户的活动、行为或系统的其他动态变化而动态调整。例如,如果一个用户被怀

疑有不当行为,其权限可以被临时撤销或限制。

⑧考虑因素

a. 灵活性:系统应能够根据不同的业务需求和场景为用户提供灵活的授权方式。

b. 可扩展性:随着业务的发展和变化,授权策略也应能够方便地进行扩展和调整。

c. 用户体验:授权流程应尽可能地简洁和方便,避免给用户带来不必要的困扰。

d. 安全性:尽管授权可以提供更多的安全保障,但也需要防范内部的恶意行为或误操作。因此,对内部人员的权限管理也至关重要。

⑨未来趋势:随着云计算、大数据和人工智能的发展,用户授权将更加复杂和多样化。未来的授权系统可能需要考虑更多的维度和因素,例如地理位置、设备类型、网络环境等,以为用户提供更加细致和全面的安全保障。

总之,用户授权是保障信息系统安全的关键手段之一。通过合理地设计和管理用户授权机制,可以大大提高系统的安全性、数据的保密性和完整性,同时为用户提供更加便捷和高效的服务。

(3)多级访问控制(multilevel access control)是一种权限管理系统,其核心思想是根据用户在组织中的角色和职责,实施多级的访问控制。这种机制的主要目的是确保数据的机密性和私密性,防止用户越权访问。

以下是关于多级访问控制的详细解释和分析。

①用户角色和职责定义:在多级访问控制中,首先需要明确每个用户在组织中的角色和职责。这些角色和职责决定了用户所需的数据级别和他们所被授权的访问范围。

②数据分级别:数据被分为不同的级别,通常是基于其敏感性和机密性。例如,高度机密、机密、普通等。不同级别的数据有不同的访问要求和权限要求。

③多级访问规则:基于用户的角色和职责,为其分配相应的数据访问级别。一般来说,用户只能访问其所属级别或下级别的数据,不能访问更高级别的数据。这是为了确保数据的保密性和私密性。

④防止越权访问:通过实施多级访问控制,可以有效地防止用户越权访问。即使一个用户知道了其他高级别数据的存储位置,由于其权限不足,他们也无法访问这些数据。

⑤增强数据安全性:多级访问控制可以大大增强数据的安全性。即使某个用户试图将敏感数据带出组织,由于其只能访问特定级别的数据,因此他们只能带走

有限的数据。

⑥灵活性和可扩展性：多级访问控制具有一定的灵活性和可扩展性。随着组织结构和业务需求的变化，可以轻松地调整用户的角色、职责和访问级别，而无须对整个系统进行大规模的改动。

⑦与其他安全措施结合：为了更全面地保护数据，多级访问控制可以与其他安全措施结合使用，如加密、审计、日志记录等。这样可以建立一个更加完善的安全防护体系。

⑧挑战与限制：虽然多级访问控制有很多优点，但也有一些挑战和限制。例如，如何明确地定义数据级别和用户角色、如何确保权限的合理分配和调整、如何处理不同部门或团队之间的数据共享需求等。

⑨实施建议

a. 明确需求和目标：在实施多级访问控制之前，首先要明确组织的需求和目标，确保所选方案与业务需求相匹配。

b. 培训和意识提升：加强对员工的培训和意识提升，确保他们了解多级访问控制的必要性和如何遵守相关规定。

c. 持续监控和审查：实施多级访问控制后，应持续监控系统的运行情况，定期进行审查和调整，以确保其持续有效性。

⑩未来趋势：随着技术的发展和业务需求的不断变化，多级访问控制将进一步与人工智能、机器学习等技术结合，实现更加智能化的权限管理。同时，随着云服务和大数据的普及，如何在这些环境中实施有效的多级访问控制也将成为一个重要研究方向。

总之，多级访问控制是一种有效的权限管理方法，能够根据用户角色和职责实施多级的访问控制，确保数据的机密性和私密性。通过合理的实施和管理，可以大大提高组织的数据安全性。

（4）审计日志（audit logs）在多级权限管理系统中扮演着重要的角色。其主要目的是记录所有用户活动和对敏感数据的访问，以便后续的审查和跟踪。以下是关于审计日志的详细解释和分析。

①记录用户活动：审计日志会详细记录每个用户在系统中的活动，包括但不限于数据访问、修改、删除等操作。这些记录提供了关于用户行为的完整视图，有助于发现任何异常或潜在的安全威胁。

②敏感数据访问记录：对于敏感数据的访问，审计日志会特别关注。这包括哪些用户访问了敏感数据、何时访问、访问的时长以及访问的具体内容等。通过这些记录，可以监测是否有非法或不正当的数据访问行为。

③增强系统安全性：审计日志的存在使得系统具有更高的安全性。一旦发现任何异常或可疑活动，可以迅速进行调查，并及时采取相应的措施来防止潜在的安全威胁。

④提高可追溯性：审计日志提供了很高的可追溯性。如果在将来出现安全问题或数据泄露，可以通过审计日志来追踪事件的发展过程，查明责任人，进而采取法律或管理措施。

⑤非法操作检测：通过分析审计日志，可以检测到任何非法或未授权的操作。例如，异常的数据访问模式、未授权的数据修改等。这些操作可能意味着有潜在的安全威胁或内部欺诈行为。

⑥审计日志的管理：为了确保审计日志的完整性和安全性，需要对其进行妥善的管理。这包括定期备份、加密存储、限制访问等措施。同时，需要定期审查和清理旧的日志记录，以避免日志文件过大和存储问题。

⑦隐私和合规性问题：虽然审计日志对于安全和可追溯性非常重要，但同时也需要注意隐私和合规性问题。在记录用户活动时，需要确保不侵犯用户的隐私权，并符合相关法律法规的要求。

⑧技术挑战：实施和管理审计日志可能会面临一些技术挑战。例如，如何确保日志的完整性和准确性、如何高效地存储和检索大量的日志数据、如何实时监控和分析日志数据等。

⑨未来趋势：随着技术的发展，审计日志的管理和利用将更加智能化。例如，通过机器学习和数据分析技术，可以自动检测异常行为和潜在威胁，提高系统的安全性和响应速度。

⑩总结：审计日志是多级权限管理系统的重要组成部分，对于监测用户行为、增强系统安全性和可追溯性具有重要意义。然而，同时也需要注意隐私和合规性问题，并应对技术挑战进行持续的研究和发展。

通过采用多级权限管理系统，只有经过认证的人员才能访问敏感数据，可以有效确保数据的机密性和私密性。这种权限管理系统可以避免未经授权的访问和数据泄露，同时追踪和审计用户的活动，提高系统的安全性和可信度。

3. 匿名化处理是一种常用的数据保护措施，用于对不需要记录个人身份或敏感信息的数据进行处理，以保护用户的隐私和数据安全。以下将详细描述匿名化处理的技术和作用：

（1）数据脱敏（data anonymization）是一种用于保护个人隐私和敏感数据的技术。它的核心目的是通过对原始数据进行处理，使得处理后的数据无法与具体的个人或敏感信息相关联。这样做的目的是避免数据被滥用或泄露的风险。以下是关于数据脱敏的详细解释和分析。

①定义和目的

数据脱敏是一种数据预处理技术,其目标是消除或减少数据集中任何能够识别特定个体或敏感信息的能力。这使得组织可以共享、发布或存储数据,同时确保个人隐私和敏感信息的安全。

②处理方法

数据脱敏采用多种方法来处理原始数据,主要包括以下几种。

a. 删除敏感信息:直接从数据集中删除或掩盖与个人隐私和敏感信息相关的字段。

b. 替换敏感信息:使用随机或伪造的数据替换原始的敏感字段。

c. 泛化:将数据字段的详细信息进行泛化,使其失去具体性,从而无法识别特定个体。

③应用场景

数据脱敏在多种场景中都有应用,例如:

a. 数据共享:当组织需要与其他机构或第三方共享数据时,为了保护个人隐私,需要对数据进行脱敏处理。

b. 数据发布:当组织需要发布数据集供研究或分析时,为了避免涉及个人隐私的问题,需要对数据进行脱敏。

c. 内部数据处理:在某些情况下,组织内部处理的数据可能包含敏感信息,为了保护这些信息,需要进行数据脱敏。

④优势和挑战

数据脱敏的优势在于它可以有效地保护个人隐私和敏感信息,降低数据泄露和滥用的风险。然而,它也面临一些挑战:

a. 复杂性:准确地识别和定位敏感信息可能是一项复杂任务。

b. 数据质量下降:在脱敏过程中可能会损失部分数据的真实性或完整性,从而影响数据分析的准确性。

c. 成本和时间:数据脱敏可能需要大量的时间和资源来完成,特别是在大规模数据集上。

⑤技术和工具

存在多种工具和技术可用于数据脱敏,包括但不限于:

a. 数据库脱敏工具:专门针对关系型数据库进行脱敏的工具。

b. 大数据脱敏工具:适用于大规模、分布式数据的脱敏解决方案。

c. 自动化脱敏平台:提供一站式的数据脱敏解决方案,包括数据识别、标记、脱敏和验证等步骤。

⑥最佳实践

为了确保数据脱敏的有效性,应遵循以下最佳实践。

a.明确识别敏感信息:准确识别和定位数据集中的敏感字段是至关重要的。

b.选择适当的脱敏方法:根据数据的性质和用途选择合适的脱敏技术。

c.验证和测试:在正式应用之前,对脱敏后的数据进行验证和测试,确保其满足隐私保护要求并且不影响数据分析的准确性。

⑦未来趋势

随着大数据和人工智能的发展,数据脱敏的需求将进一步增加。未来的趋势包括更智能的数据识别技术、自动化和智能化的脱敏解决方案,以及跨领域的数据隐私保护合作。

⑧总结

数据脱敏是一种重要的技术,用于保护个人隐私和敏感数据的安全。通过消除或减少数据集中任何能够识别个体或敏感信息的能力,组织可以更安全地共享、发布或存储数据。然而,实施数据脱敏需要仔细的计划和考虑,以确保数据的隐私安全与数据分析的准确性之间的平衡。

(2)数据聚合(data aggregation)是一种数据处理技术,其目的是将多个数据点合并为一个或多个汇总数据,以减少个体数据的可识别性。通过数据聚合,原始数据的细节被隐藏,从而降低了反推或识别特定个体数据的风险。以下是关于数据聚合的详细解释和分析:

①定义和目的

数据聚合的目的是将多个数据点合并为一个或多个汇总数据,以降低个体数据的可识别性和敏感性。通过数据聚合,组织可以更好地保护个人隐私和敏感信息,同时满足数据分析的需求。

②工作原理

数据聚合基于特定属性或特征进行。这些属性或特征可以是地理位置、时间范围、年龄段、类别等。通过将这些属性或特征相同的数据点进行统计和汇总,个体数据的具体细节被隐藏,从而降低了被识别或反推的风险。

③应用场景

数据聚合在多种场景中都有应用,例如:

a.数据分析:组织在进行数据分析时,为了保护个人隐私,可能会使用数据聚合技术。

b.报告和统计:当组织需要发布报告或统计数据时,为了保护个人隐私,可以使用数据聚合技术。

c.数据挖掘和机器学习:在进行数据挖掘或机器学习等任务时,为了保护个人隐私,组织可能会使用数据聚合技术。

④优势和挑战

数据聚合的优势在于它可以有效地保护个人隐私和敏感信息,降低数据泄露和滥用的风险。然而,它也面临一些挑战。

a.准确性问题:由于数据被聚合,可能会损失部分数据的真实性和准确性。

b.复杂性增加:数据聚合可能会增加数据处理的复杂性和计算成本。

c.隐藏潜在模式:数据聚合可能会隐藏一些潜在的模式和关联,影响数据分析的深度和准确性。

⑤技术和工具

存在多种工具和技术可用于数据聚合,包括但不限于:

a.数据库聚合函数:大多数关系型数据库管理系统都提供了一些聚合函数,如SUM、AVG、COUNT等,用于对数据进行汇总和聚合。

b.数据分析工具:许多数据分析工具(如Excel、Tableau、Power BI等)提供了数据聚合功能,方便用户对数据进行汇总和可视化。

c.机器学习框架:一些机器学习框架(如TensorFlow、PyTorch等)也提供了数据聚合的功能,用于训练和优化模型。

⑥最佳实践

为了确保数据聚合的有效性,应遵循以下最佳实践。

a.明确聚合目的:在开始数据聚合之前,应明确聚合的目的和需求。

b.选择合适的属性或特征:根据需求选择合适的属性或特征进行数据聚合。

c.验证和测试:在正式应用之前,对聚合后的数据进行验证和测试,确保其满足隐私保护要求并且不影响数据分析的准确性。

⑦未来趋势

随着大数据和人工智能的发展,数据聚合的需求将进一步增加。未来的趋势包括更智能的数据识别技术、自动化和智能化的数据聚合解决方案,以及更严格的数据隐私法律法规和标准。

⑧总结

数据聚合是一种重要的技术,用于保护个人隐私和敏感数据的安全。通过将多个数据点进行统计和汇总,个体数据的细节被隐藏,从而降低了反推原始数据的可能性。然而,实施数据聚合需要仔细的计划和考虑,以确保数据的隐私安全与数据分析的需求之间的平衡。

（3）数据脱标（Data De-identification）是一种数据匿名化处理技术，旨在通过去除或掩盖数据中的个人标识符，保护个人隐私和数据安全。下面将详细讲解和分析数据脱标的概念、工作原理、应用场景以及最佳实践。

①定义和目的

数据脱标是一种过程，通过该过程，个人标识符（如姓名、身份证号码、电话号码等）从数据集中移除或掩盖，使得数据不再包含能够直接识别个体信息的元素。这样做的目的是为了降低数据的识别性和可追溯性，从而保护个人隐私和数据安全。

②工作原理

数据脱标可以通过以下两种主要方法实现。

a. 替换法：将个人标识符替换为其他数据点或标记。例如，可以将姓名替换为随机生成的唯一标识符。这种方法的目标是创建一个无法直接追溯到原始标识符的新标识符。

b. 删除法：直接删除包含个人标识符的数据字段。这种方法较为简单，但可能会导致数据的完整性和可用性下降。

③应用场景

数据脱标在多种场景中都有应用，例如：

a. 医疗保健：在医疗保健领域，数据脱标用于保护患者隐私，同时允许进行疾病和健康状况的研究。

b. 金融：在金融领域，数据脱标用于防止个人信息被滥用，同时允许进行风险评估和数据分析。

c. 社交媒体：社交媒体平台使用数据脱标来保护用户隐私，同时允许发布包含个人信息的内容。

④优势和挑战

数据脱标的主要优势在于它可以有效地保护个人隐私和数据安全。通过去除或掩盖个人标识符，降低了数据被滥用的风险。然而，它也面临一些挑战。

a. 数据完整性受损：由于个人标识符被移除或替换，数据的完整性可能会受到影响。这可能会影响数据分析的准确性和可靠性。

b. 匿名化标准的不确定性：不同组织和个人可能对数据脱标的标准有不同的理解和执行方式，这可能导致数据的安全性和隐私保护水平不一致。

c. 技术挑战：数据脱标需要仔细处理和验证，以避免意外地暴露敏感信息。这可能需要专业的技术和经验。

⑤技术和工具

存在多种工具和技术可用于数据脱标,包括但不限于:

a.脱敏工具:专门用于数据脱标的工具,能够自动化地识别和删除个人标识符。这些工具通常具有易于使用的界面和强大的功能,以支持多种类型的数据脱标需求。

b.编程语言库和框架:一些编程语言库和框架提供了用于数据脱标的函数和工具,例如 Python 中的 pandas 库和 R 语言中的相关包。这些工具允许开发人员编写自定义的脱标脚本和程序。

⑥最佳实践

为了确保数据脱标的有效性,应遵循以下最佳实践。

a.定义清晰的脱标标准:明确个人标识符的定义和范围,确保所有相关人员都清楚了解并遵循这些标准。

b.使用专业的脱敏工具:选择经过验证的、可靠的脱敏工具来执行数据脱标操作。这些工具通常具有内置的安全功能和灵活的配置选项。

c.验证和测试:在正式应用之前,对脱标后的数据进行验证和测试,确保个人标识符已被成功移除或掩盖,并且数据的完整性和可用性得到了保持。

⑦总结

数据脱标是一种重要的技术,用于保护个人隐私和敏感数据的安全。通过去除或掩盖个人标识符,降低了数据的识别性和可追溯性,从而降低了数据被滥用的风险。然而,实施数据脱标需要仔细的计划和考虑,以确保数据的隐私安全与数据分析的需求之间的平衡。

(4)数据掩码(Data Masking)是一种在数据库或存储系统中实施的匿名化处理技术。它的主要目的是保护敏感数据的机密性和完整性,同时保持数据的可用性。数据掩码通过将敏感数据部分或全部替换为伪造的数据,隐藏原始数据的真实值,从而降低数据被不当使用或泄露的风险。

①工作原理

数据掩码通过以下几种方法实现:

a.加密:将敏感数据字段加密,只有持有解密密钥的人才能还原原始数据。

b.替换为通用字符:将敏感数据字段替换为不具有特定含义的通用字符,如星号(*)。

c.生成虚拟数据:利用算法生成伪造的数据,插入到原始数据中。

d.固定值替换:将敏感数据字段替换为固定的伪造值。

②应用场景

数据掩码广泛应用于以下场景。

a. 测试环境：在开发、测试环境中，需要使用真实数据，但又不能泄露给所有人。数据掩码可以确保只有需要的人员能够访问敏感数据。

b. 数据共享：当组织需要将数据分享给第三方时，可以使用数据掩码来保护敏感信息。

c. 备份和存档：在备份和存档数据时，为了防止未经授权的访问，可以使用数据掩码。

③优势与挑战

a. 提高安全性：数据掩码可以显著提高数据的机密性和完整性，降低数据泄露的风险。

b. 保持数据完整性：由于只是部分或全部替换敏感数据，数据的完整性和可用性得到了保持。

c. 灵活配置：根据需要选择不同的掩码策略，例如按字段、按行或按条件进行掩码。

d. 性能开销：数据掩码可能会增加数据处理和查询的复杂性，影响性能。

e. 维护成本：随着数据的更新，需要定期更新掩码策略以保持数据的机密性。

f. 误操作风险：不当的掩码设置可能导致重要信息被掩盖，影响业务流程的进行。

④技术与实践

为了有效实施数据掩码，需要考虑以下方面。

a. 明确策略：首先需要明确哪些数据是敏感的，以及如何进行掩码。这通常涉及与业务团队的深入合作。

b. 工具支持：使用专业的数据掩码工具可以大大简化这一过程，这些工具通常提供预设的掩码规则和自定义功能。

c. 定期审查：随着业务和法规要求的变化，定期审查和更新掩码策略是非常必要的。

d. 培训和意识提高：确保团队成员了解数据掩码的重要性，并知道如何在日常工作中正确处理敏感数据。

e 测试：在生产环境部署之前，应在测试环境中验证掩码策略的有效性和性能影响。

⑤总结

数据掩码是一种有效的手段，用于在数据库和存储系统中保护敏感数据的机密性和完整性。通过合理配置和使用这一技术,组织可以大大降低数据泄露的风险,同时保持数据的可用性和完整性。但也要注意其潜在的性能和维护成本,以及可能的误操作风险。

匿名化处理技术的主要目标是保护用户隐私和数据安全,同时满足数据的可用性。通过采用匿名化处理,可以有效降低数据被识别、滥用或不当使用的风险。匿名化处理可以用于各种应用场景,如数据研究、共享数据、市场分析等,以确保数据的机密性、隐私性和安全性。

6.3.2　系统运行效率问题的解决方案

在提高系统运行效率方面,可以采用以下解决方案。

1.分布式系统是指将计算机任务分配给多台计算机或服务器进行处理的系统。而利用区块链技术的分布式特点,可以更好地实现数据的分散存储和处理。以下将详细描述区块链技术在分布式系统中的应用和优势。

(1)去中心化数据存储是相对于传统的中心化数据存储而言的。在传统的中心化数据存储系统中,所有的数据都存储在单个中心服务器上。这种架构虽然简单,但也带来了明显的缺点。首先,它容易造成单点故障,如果中心服务器出现故障或遭到攻击,整个系统的数据都可能丢失或受到损害。其次,集中存储的数据容易成为攻击者的目标,增加了数据泄露的风险。

为了解决这些问题,去中心化数据存储的概念被提出。它的核心思想是将数据分散存储在多个节点上,而不是依赖单一的中心服务器。这种架构的好处在于,即使部分节点出现故障或受到攻击,其他节点仍然可以正常工作,保证了数据的可靠性和安全性。

区块链技术为实现去中心化数据存储提供了强有力的支持。区块链是一个分布式数据库,其中的数据被分散存储在多个节点上。每个节点都保存了完整的数据副本,并且通过特定的共识算法来确保所有节点上的数据都是一致的。这种共识算法可以确保即使某些节点离线或遭到攻击,整个区块链网络仍然能够保持数据的完整性和一致性。

去中心化数据存储的优势在于:

①高可用性:由于数据被分散存储在多个节点上,单点故障的风险大大降低。

②安全性增强:由于数据分布在多个节点上,攻击者需要同时攻击多个节点才能造成损害,这大大增加了攻击的难度。

③去中心化:没有单一的中心点来控制数据,从而避免了中心化系统的各种问题。

④透明性和可审计性:由于所有数据都被公开记录在区块链上,这使得数据更加透明和可审计,有助于增加系统的可信度。

然而,去中心化数据存储也面临一些挑战。

①性能问题:由于数据需要在多个节点之间同步,这可能会对系统的性能产生影响。

②隐私保护:如何平衡数据的安全性和隐私保护是一个重要的问题。在去中心化系统中,匿名性和加密技术是常用的方法来保护用户的隐私。

③管理和维护:由于没有中心化的管理机构,去中心化系统的管理和维护可能更加复杂和困难。

总体来说,去中心化数据存储是一个有前途和潜力的技术方向,尤其在数据安全和隐私保护方面具有显著的优势。然而,它也面临一些技术和管理的挑战,需要不断地研究和改进。

(2)在分布式系统中,数据共享和透明性是非常重要的概念。通过数据共享,不同的节点可以拥有数据的副本,从而方便地实现数据共享。这种数据共享机制可以大大提高系统的效率和可靠性,因为数据可以在不同的节点之间进行备份和冗余存储,避免了因某个节点故障而导致的数据丢失。

同时,数据的透明性也是分布式系统的一个重要特性。通过确保数据的透明性,外部参与者可以了解系统的运作方式以及数据的来源和去向。这种透明性可以提高系统的可信度,增强用户对系统的信任度。

在分布式系统中,不同节点之间通过共享和同步数据,可以实现更加高效和可信的数据处理和交互。节点之间的数据共享和同步可以确保所有节点都拥有最新和可靠的数据,从而避免了数据不一致和冲突的问题。此外,通过数据共享和透明性,外部参与者也可以更加方便地参与到系统中,与系统进行交互和合作。

然而,数据共享和透明性也带来了一些挑战。首先,数据的安全性和隐私保护成为了一个重要的问题。在数据共享和透明性的同时,需要确保数据不被未经授权的第三方获取或滥用。其次,系统的可扩展性和性能也是一个需要考虑的问题。随着节点数量的增加,数据共享和同步的开销也会相应增加,需要采取有效的技术手段来优化系统的性能和可扩展性。

综上所述,数据共享和透明性是分布式系统中的重要特性,可以实现更加高效和可信的数据处理和交互。然而,也需要注意数据的安全性和隐私保护、系统的可扩展性和性能等问题,并采取有效的技术手段来解决这些挑战。

(3)在分布式存储的区块链系统中,抗攻击和容错性是非常关键的特性。由于数据被分散存储在多个节点上,这种设计可以大大提高系统对外部攻击和故障的抵抗能力。

首先,分散存储的区块链系统可以更好地抵抗恶意攻击。由于数据分布在多个节点上,攻击者需要同时攻击多个节点才能对系统造成影响。这种分布式的存储方式使得单一节点的攻击变得不那么有效,增加了系统的安全性。

其次,即使某些节点遭到攻击或宕机,其他节点依然可以继续正常工作,保证了系统的连续性和稳定性。这种设计可以在一定程度上避免因单个节点故障而导致整个系统瘫痪的情况发生。

此外,分散存储还增加了数据的容错性。在分布式系统中,数据会在多个节点上进行备份和冗余存储。即使部分数据丢失或损坏,系统仍然可以从其他节点的数据副本中恢复数据。这种容错机制可以避免数据丢失或损坏对系统造成的影响,提高了系统的可靠性和可用性。

需要注意的是,虽然分散存储可以提高系统的抗攻击和容错性,但也存在一些挑战。例如,随着节点数量的增加,数据同步和通信的开销也会相应增加,可能会影响系统的性能和可扩展性。此外,为了确保数据的安全性和完整性,需要采取有效的加密和校验机制来保护数据传输和存储。

综上所述,分散存储的区块链系统通过将数据分布到多个节点上,可以更好地抵抗攻击和故障,增加数据的容错性,并保证系统的连续性和稳定性。然而,还需要注意性能和可扩展性问题,并采取有效的加密和校验机制来保护数据的安全性和完整性。

(4)区块链技术的分布式特点确实为系统带来了高性能和可伸缩性。首先,由于数据被分散存储在多个节点上,系统可以将负载分布到不同的节点上。这种设计可以有效地减轻单个节点的压力,避免因负载过重而导致的性能瓶颈。

当系统面临大量请求或数据操作时,这种分布式的存储和处理方式能够提高系统的响应速度和吞吐量。每个节点可以独立处理其负载,并与其他节点协同工作,从而在整体上提高系统的处理能力。

其次,区块链技术的可伸缩性也非常出色。如果现有的节点无法满足系统需求,只需增加更多的节点即可。这种简单的扩展方式可以轻松地应对业务增长或高并发场景,确保系统能够持续、稳定地提供服务。

此外,这种分布式架构还有助于提高系统的可靠性和可用性。由于数据被分散存储在多个节点上,即使某些节点出现故障或宕机,其他节点仍然可以继续提供服务,确保系统的连续性和稳定性。

区块链技术的分布式特点为系统带来了高性能和可伸缩性,能够有效地应对各种负载和业务需求。同时,这种设计还提高了系统的可靠性和可用性,为各种应用场景提供了强有力的支持。

总之,区块链技术的分布式特点可以为分布式系统带来许多优势,如去中心化存储、数据共享和透明性、抗攻击和容错性以及高性能和可伸缩性。这些优势使得区块链在金融、供应链管理、物联网等领域得到广泛应用,并有望在未来进一步推动分布式系统的发展。

2. 未来的多层交易系统是指采用多层交易结构,将庞大的数据量分割为多个区块进行处理,并按照不同的层次进行分配和处理,以提高系统的运行效率。以下将详细描述多层交易系统的原理及其应用优势。

(1)分层数据处理:在传统的交易系统中,大量的数据需要一次性进行处理,容易导致系统的瓶颈和运行效率的下降。而多层交易系统将这些数据拆分成多个区块,在不同层次上进行处理。每个层次的处理可以基于特定的需求或条件进行,可以并行处理,从而提高系统的运行效率和响应速度。

分层数据处理是一种有效的技术,用于解决传统交易系统中一次性处理大量数据所面临的瓶颈和效率问题。在传统的交易系统中,大量的数据被集中在一起处理,这可能导致系统承受巨大的负载,从而影响运行效率和响应速度。

通过将数据拆分成多个区块,并在不同层次上进行处理,分层数据处理系统能够更好地分配和处理数据。每个层次的处理可以基于特定的需求或条件进行,这种有针对性的处理方式可以更好地满足业务需求,并提高系统的运行效率和响应速度。

采用并行处理的方式,每个层次的处理可以同时进行,而不会相互干扰。这种并行处理能够充分利用系统资源,提高数据处理的速度和效率。通过将数据处理分散到各个层次上,系统可以更好地应对高并发场景,并确保数据处理的及时性和准确性。

分层数据处理还具有很好的扩展性。随着业务的发展和数据量的增加,系统可以轻松地增加新的层次来应对更大的数据负载。这种扩展方式可以确保系统能够适应业务的变化和发展,而不会因为数据量的增加而导致性能下降。

总的来说,分层数据处理是一种有效的技术,能够提高交易系统的运行效率和响应速度。通过将数据拆分成多个区块,并在不同层次上进行有针对性的处理,系统可以更好地满足业务需求,并确保数据处理的及时性和准确性。这种技术为各种交易系统提供了强有力的支持,并有助于提高系统的可靠性和可用性。

(2)多层数据验证和确认。在多层交易系统中,每个层次的数据都可以进行独立的验证和确认。这样可以更好地控制交易的安全性和可信度。每个区块都需要经过验证和确认,确保其中的数据符合系统的规则和协议,从而减少了恶意篡改或伪造数据的风险。

多层数据验证和确认是确保交易安全性和可信度的重要环节。在多层交易系统中，每个层次的数据都可以进行独立的验证和确认，这有助于更好地控制交易的安全性和可信度。

首先，每个层次的数据验证和确认可以基于特定的规则和协议进行。这些规则和协议是系统为了确保数据的有效性和准确性而制定的。通过验证和确认每个区块的数据，可以确保其符合系统的要求，从而减少数据篡改或伪造的风险。

其次，多层次的验证和确认可以提供更加严密的控制机制。由于每个层次都可以进行独立的验证和确认，这增加了恶意行为被发现的可能性。即使某个层次的数据被篡改或伪造，其他层次的验证和确认也可以及时发现并采取相应的措施，以保护交易的安全性和可信度。

此外，多层数据验证和确认还有助于提高系统的可扩展性和灵活性。随着业务需求的变化，系统可以轻松地增加新的验证和确认层次，以满足不断增长的数据处理需求。这种灵活性使得系统能够更好地适应业务的发展和变化。

综上所述，多层数据验证和确认是多层交易系统中的重要组成部分，它有助于提高交易的安全性和可信度。通过独立验证和确认每个层次的数据，系统可以更好地控制数据的有效性和准确性，并减少数据篡改或伪造的风险。这种技术为确保交易的可靠性和可用性提供了强有力的支持。

（3）灵活的数据管理和访问控制。多层交易系统可以根据不同的需求和权限，灵活地管理和控制数据的访问。每个区块可以定义自己的访问权限和数据管理规则，从而确保数据的安全和保密性。这种灵活性可以为交易系统提供更好的数据管理和隐私保护。

在多层交易系统中，灵活的数据管理和访问控制是实现高效、安全的数据处理的关键。这种系统可以根据不同的需求和权限，灵活地管理和控制数据的访问，确保数据的安全和保密性。

首先，每个区块可以根据自己的需求和规则定义访问权限。这意味着每个区块可以根据业务逻辑、安全要求等因素设置不同的访问控制策略。例如，某些区块可能只允许特定用户或角色访问，而其他区块可能对所有用户开放。这种灵活性使得系统能够更好地应对不同的业务场景和安全要求。

其次，灵活的数据管理还体现在数据操作的控制上。通过定义明确的数据管理规则，系统可以控制对数据的读写、修改等操作。这有助于防止未经授权的修改或恶意篡改数据，从而确保数据的一致性和完整性。

此外，灵活的数据管理和访问控制还有助于提高系统的可扩展性和适应性。

随着业务的发展和变化，系统可以轻松地调整访问控制策略和数据管理规则，以适应新的需求和变化。这种灵活性使得系统能够更好地适应业务的发展和变化，提高系统的整体性能和效率。

综上所述，灵活的数据管理和访问控制在多层交易系统中发挥着重要的作用。通过根据不同的需求和权限灵活地管理和控制数据的访问，系统可以更好地保护数据的安全和保密性，提高系统的可扩展性和适应性。这种技术为确保交易系统的可靠性和可用性提供了强有力的支持。

（4）分布式处理和容错性。多层交易系统可以采用分布式架构，将不同的层次分配到不同的节点上进行处理。这种分布式处理可以减轻单个节点的压力，提高系统的并行处理能力。同时，即使某个节点出现故障或数据损坏，其他节点仍然可以继续处理和验证数据，保障系统的连续性和可用性。

在多层交易系统中，分布式处理和容错性是确保系统高可用性和持续稳定的关键因素。通过采用分布式架构，系统可以将不同的层次分配到不同的节点上进行处理，从而实现负载均衡和并行处理。

首先，分布式处理能够显著提高系统的并行处理能力。在传统的集中式系统中，所有数据处理任务都集中在单个节点上，容易受到性能瓶颈的限制。而分布式系统将处理任务分散到多个节点上，每个节点都可以独立处理一部分任务，从而实现了并行处理。这不仅提高了系统的整体处理能力，还加速了数据处理的速度。

其次，分布式处理有助于减轻单个节点的压力。在交易系统中，尤其是在高峰期或大流量场景下，单个节点可能面临巨大的负载压力。通过将处理任务分布到多个节点上，系统能够有效地分散负载，避免单个节点过载的情况发生。这有助于提高系统的稳定性和可用性，减少因节点过载而导致的故障风险。

此外，分布式处理还为系统提供了容错性。在分布式系统中，即使某个节点出现故障或数据损坏，其他节点仍然可以继续处理和验证数据。这确保了即使某个节点出现问题，系统仍能保持连续性和可用性。同时，通过数据备份和冗余设计，系统还可以实现数据的快速恢复和故障转移，进一步增强容错能力。

综上所述，多层交易系统通过采用分布式处理和容错性设计，可以有效地提高系统的并行处理能力、减轻单个节点的压力，并保障系统的连续性和可用性。这种技术为交易系统的稳定运行和高可用性提供了有力支持。

（5）可扩展性和适应性。多层交易系统可以根据需要进行扩展和调整。当数据量增加时，可以增加更多的层次进行处理，从而保持系统的高性能和高效率。同时，不同层次的处理可以根据具体需求进行调整和优化，以适应不同的交易场景和业务需求。

在多层交易系统中,可扩展性和适应性是确保系统能够适应不断变化的环境和需求的两个重要特性。

首先,多层交易系统的可扩展性允许系统根据需要进行扩展。随着业务的发展和数据量的增长,系统需要具备应对更大规模数据处理的能力。通过分布式架构,系统可以灵活地增加更多的层次来处理数据,从而应对数据量增长带来的挑战。这种可扩展性不仅有助于保持系统的高性能和高效率,还有助于降低因数据量增长而导致的性能瓶颈的风险。

其次,多层交易系统的适应性使得系统能够根据具体需求进行调整和优化。不同的交易场景和业务需求可能需要不同的处理方式和策略。通过将系统划分为不同的层次,可以针对每个层次进行独立的调整和优化,以满足特定的业务需求。这种灵活性使得多层交易系统能够适应不同的交易场景,提高系统的适应性和满足度。

此外,多层交易系统的可扩展性和适应性还为系统的持续改进和创新提供了可能。随着技术的不断发展和业务需求的变化,系统可以不断地进行升级和改进。通过增加新的层次或调整现有层次的配置,系统可以不断地优化性能和提高服务质量。这有助于保持多层交易系统的领先地位,满足不断变化的市场需求。

多层交易系统的可扩展性和适应性使得系统能够灵活地应对数据量增长和业务需求变化。通过扩展系统规模和调整处理方式,系统能够保持高性能和高效率,并适应不同的交易场景和业务需求。这种能力为多层交易系统的长期稳定运行和持续发展提供了有力支持。

综上所述,未来的多层交易系统通过采用多层交易结构,将大量数据拆分成多个区块进行处理,可以提高系统的运行效率、数据的安全性和可信度。这种架构和设计思路在金融、物流、供应链管理等领域具有广泛的应用前景,将为未来的交易系统带来更高的性能和更好的用户体验。

6.3.3　数据节省问题

在节省数据方面,可以采用以下解决方案。

1. 数据压缩技术是一种利用高压缩率技术将数据进行压缩,并以更小的存储空间存储的技术。以下是对数据压缩技术的详细描述。

(1)压缩算法。数据压缩技术通过使用各种压缩算法来减小数据的存储空间。其中,常见的压缩算法包括无损压缩算法(如 LZW、DEFLATE、LZ77 等)和有损压缩算法(如 JPEG、MP3 等)。无损压缩算法可将数据压缩为更小的文件大小,而有损压缩算法则通过牺牲一些细节信息来进一步减小文件大小。

数据压缩技术是计算机科学中的一个重要领域,它利用特定的算法来减少数据的存储空间,从而节省存储空间和提高数据传输效率。以下是关于压缩算法的详细讲解和分析:

①无损压缩算法。

无损压缩算法能够将数据压缩至其原始大小的一个更小的表示,而不会丢失任何原始数据。这意味着解压缩后的数据与原始数据完全相同。常见的无损压缩算法包括 LZW(Lempel-Ziv-Welch)、DEFLATE(结合了 LZ77 和哈夫曼编码)和 LZ77 等。

a. LZW 算法:它基于字典编码的方法,通过跟踪最长的先前字符串来工作。

b. DEFLATE 算法:结合了 LZ77(一种简单的重复字符串压缩方法)和哈夫曼编码(一种通用的数据压缩方法),用于进一步提高压缩效果。

c. LZ77 算法:它也是基于字典的方法,但与 LZW 不同,它使用前缀和后缀规则来查找重复的子串。

②有损压缩算法。

与无损压缩算法不同,有损压缩算法允许在压缩过程中丢失一些数据,以实现更高的压缩率。这种类型的压缩通常用于那些对某些类型的损失不太敏感的应用,例如图像、音频和视频。常见的有损压缩算法包括 JPEG(用于图像)、MP3(用于音频)等。

a. JPEG 算法:对于图像,JPEG 使用离散余弦变换(DCT)和量化技术来丢失一些视觉上不敏感的信息,从而实现较高的压缩比。

b. MP3 算法:对于音频,MP3 使用心理声学方法来确定哪些频率范围对人类听觉不敏感,并据此进行数据压缩。

在选择压缩算法时,需要考虑应用场景、数据类型以及可接受的损失程度。例如,对于需要保持原始数据完整性的场景,无损压缩是最佳选择;而对于图像、音频或视频等对某些细节不太敏感的场景,有损压缩可能更为合适。

此外,不同的压缩算法可能在不同的数据类型或应用场景下表现最佳。因此,了解各种压缩算法的优缺点以及适用场景对于选择合适的压缩方法是至关重要的。

(2)储存空间节约。数据压缩技术大大减少了数据的存储空间需求。通过压缩,文件或数据集的大小可以显著减小,从而节省了磁盘空间的使用。这对于需要存储大量数据的应用程序来说尤为重要,如云存储、大数据分析和物联网应用等。

数据压缩技术是一种通过特定算法减少数据存储空间需求的技术。在信息爆炸的时代,随着数据的不断增加,数据压缩成为了节约存储空间、提高数据传输效率和节省成本的关键技术。以下是关于存储空间节约的详细讲解和分析。

①数据压缩如何节约存储空间

数据压缩技术通过特定的算法对数据进行编码,以去除冗余和重复信息,从而实现数据大小的显著减小。这个过程可以应用于任何类型的数据,如文本、图像、音频、视频等。

②为什么需要节约存储空间

随着数据量的不断增长,存储空间的需求也在不断上升。对于许多应用程序来说,存储空间的成本是一个重要的考虑因素。此外,节省存储空间也可以提高数据传输效率,因为更小的数据文件意味着更快的传输速度。

③数据压缩在哪些场景中尤为重要

a. 云存储:云存储服务通常按存储的数据量收费。通过使用数据压缩技术,用户可以减少存储需求并降低成本。

b. 大数据分析:在处理大量数据时,压缩可以显著减少存储和 I/O 需求,从而提高分析效率。

c. 物联网（IoT）:物联网设备生成大量的实时数据,压缩技术有助于在这些设备上节省有限的存储空间。

d. 备份和灾难恢复:对于需要定期备份或进行灾难恢复的企业来说,压缩可以减少所需的存储空间和带宽。

e. 归档和历史数据存储:对于需要长期保存的数据,压缩可以帮助减少长期存储成本。

f. 多媒体应用:图像、音频和视频文件通常非常大,压缩这些文件可以显著减小它们的尺寸,从而节省存储空间。

g. 网络传输:通过压缩数据,可以更快地传输文件,特别是在带宽有限的情况下。

④结论

数据压缩技术是现代数据处理和存储中不可或缺的一部分。它不仅有助于节省存储空间和成本,还可以提高数据传输效率和应用程序性能。随着数据量的不断增长,这项技术将继续发挥重要作用。因此,了解不同的压缩算法及其优缺点,并根据特定需求选择合适的压缩方法,对于充分利用存储空间和提高数据处理效率至关重要。

（3）传输效率提高:数据压缩技术不仅可以节约存储空间,还可以提高数据的传输效率。在网络传输过程中,较小的数据量可以更快速地传输,降低了数据传输的时间延迟和带宽消耗。尤其对于移动设备和低带宽环境下的数据传输,压缩技术能够显著提高传输速度和响应时间。

数据压缩技术不仅在节约存储空间方面发挥重要作用,还在提高数据传输效率方面具有显著优势。在网络传输中,数据压缩可以显著减少所需传输的数据量,从而加快传输速度并降低时间延迟。以下是关于传输效率提高的详细讲解和分析。

①数据压缩如何提高传输效率

数据压缩技术通过去除数据中的冗余信息和重复数据,将原始数据压缩成更小的体积。在网络传输中,较小的数据体积意味着更快的传输速度和更低的带宽消耗。

②为什么需要提高传输效率

在网络环境中,数据传输的效率直接影响到用户体验和系统的响应时间。尤其对于实时应用(如在线视频会议、实时游戏等)和移动设备,传输效率的提高意味着更好的用户体验和更低的网络资源消耗。

③数据压缩在哪些场景中尤为重要

a. 实时通信:对于需要实时传输的数据(如视频流、语音通话等),压缩技术可以显著降低延迟和提高流畅度。

b. 低带宽环境:在带宽有限或网络条件不佳的环境下,数据压缩能够确保数据的快速、稳定传输。

c. 移动设备:由于移动设备的网络带宽经常受限,压缩技术有助于提高在移动网络中的数据传输速度和响应时间。

d. 远程办公和协作:对于需要快速同步和备份的应用(如云存储、文件共享等),压缩可以加快数据传输速度。

e. 大数据传输:在处理和传输大量数据时(如科学计算、数据分析等),压缩有助于加快数据流动并减少传输时间。

④结论

随着网络技术的发展和应用的多样化,对数据传输效率的要求也越来越高。数据压缩技术作为提高传输效率的关键手段,在许多场景中都发挥着不可或缺的作用。通过合理使用数据压缩技术,可以有效地降低网络传输的时间延迟和带宽消耗,提升用户体验和系统的整体性能。因此,了解不同压缩算法的性能特点,并根据实际需求选择合适的压缩方案,对于优化网络传输和提高系统性能具有重要意义。

(4)数据保密性。数据压缩技术还可以提供一定程度的数据保密性。通过将数据转换为压缩格式,可以减少数据的可读性和可解密性,从而增强数据的安全性。这对于需要在存储和传输过程中保护敏感数据的应用非常重要,如银行交易、医疗记录等。

数据保密性是数据安全的重要组成部分,它涉及如何保护数据不被未经授权的个体访问或泄露。数据压缩技术在这方面提供了一种额外的安全层,通过特定的方式增强了数据的保密性。以下是对数据保密性的详细讲解和分析。

①数据压缩如何增强保密性

当数据被压缩时,其可读性和可解密性会降低。这意味着,即使数据被截获或盗取,没有正确的解压缩方法或密钥,攻击者很难或无法还原原始数据。这种特性使得数据在存储和传输过程中更难以被非法访问。

②为什么需要增强数据的保密性

对于许多应用来说,数据的保密性至关重要。例如,银行交易信息、医疗记录、个人隐私数据等都是高度敏感的,任何未经授权的访问都可能导致财务损失、隐私侵犯或其他严重后果。因此,增强这些数据的保密性是至关重要的。

③数据压缩在哪些场景中增强保密性

a. 金融交易:在电子银行和在线交易中,使用数据压缩可以保护客户的资金和交易信息不被非法获取。

b. 医疗保健:医疗记录和病患数据是高度敏感的,通过压缩技术可以确保这些信息在传输和存储过程中的安全。

c. 政府和军事信息:某些高度机密的信息需要得到严格的保护,数据压缩可以为这些信息提供额外的保密层。

d. 个人隐私:在许多情况下,个人数据(如照片、文档等)需要得到保护,数据压缩可以降低数据被非法访问的风险。

④结论

随着网络攻击和数据泄露事件的增加,确保数据的保密性变得越来越重要。数据压缩技术通过减少数据的可读性和可解密性,为数据的保密性提供了一层额外的保护。这对于需要处理敏感信息的各种应用来说是非常关键的,可以有效地降低数据被非法访问的风险,确保数据的完整性和安全性。因此,了解压缩技术如何增强数据的保密性并根据实际需求选择合适的压缩方案对于保护数据安全具有重要意义。

(5)应用领域广泛。数据压缩技术在各个领域都有广泛的应用。除了上述提到的云存储、大数据分析和物联网应用外,数据压缩技术还广泛应用于图像和视频处理、音频编码、数据库管理等领域。通过压缩技术,能够有效地减小多媒体文件的大小,提升用户体验和系统性能。

数据压缩技术在许多领域都有广泛的应用,这是因为数据压缩在提高存储效率、降低传输成本和加速数据处理等方面具有显著的优势。以下是对数据压缩技术在各个应用领域的详细讲解和分析:

①云存储。随着数据量的爆炸式增长,云存储成为了一种常见的解决方案。然而,存储成本和网络带宽是云存储中的关键因素。数据压缩技术可以有效减小数据的大小,从而降低存储成本和网络带宽的消耗。通过压缩技术,用户可以更快地上传和下载数据,提高数据访问速度。

②大数据和物联网。大数据和物联网领域中,数据量庞大且增长迅速。数据压缩技术可以帮助处理和分析大量数据,提高数据处理效率。在物联网中,设备通常具有有限的存储和传输能力,数据压缩可以减小数据的体积,使得设备能够更高效地传输和存储数据。

③图像和视频处理。图像和视频文件通常占据大量存储空间。通过数据压缩技术,可以显著减小这些文件的大小,方便存储和传输。在视频会议、在线教育、流媒体服务等场景中,压缩技术能够提高视频的传输速度和降低带宽需求。

④音频编码。音频文件同样占据较大的存储空间。通过使用音频压缩技术,如 MP3 或 AAC,可以显著减小音频文件的大小,同时保持良好的音质。这使得音频文件的传输和存储变得更加便捷。

⑤数据库管理。在数据库管理中,数据压缩可以帮助减小数据库的大小,提高查询性能。对于大型数据库系统,数据压缩可以显著降低存储成本和提高系统的整体性能。

数据压缩技术在各个领域中都有着广泛的应用。通过减小数据的大小,提高存储效率和降低传输成本,数据压缩技术为许多应用场景带来了便利和性能提升。随着数据量的不断增长和技术的发展,数据压缩技术的应用前景将更加广阔。

综上所述,数据压缩技术通过采用高压缩率技术,可以显著减小数据的存储空间,提高数据的传输效率,增强数据的保密性,并在各个领域具有广泛的应用。未来的数据压缩技术将继续发展,以满足日益增长的数据存储和传输需求,并提供更高效、更安全的数据处理和管理方案。

2. 非对称运算极限化是一种基于非对称运算方法的数据处理技术,它在减少存储数据的同时,能够保证数据的完整性和可靠性。以下是对非对称运算极限化的详细描述。

(1)非对称运算方法。非对称运算方法是一种与传统的对称运算方法不同的数据处理方式。传统的对称运算方法是指在数据处理过程中,操作为输入相同的两个数据进行相同的运算操作,产生相同的结果。而非对称运算方法则是指在数据处理过程中,操作为输入不同的两个数据进行不同的运算操作,产生不同的结果。非对称运算方法中常见的算法有 hash 函数、密码学中的非对称加密算法(如 RSA 算法)等。

非对称运算方法是一种数据处理方式,它与传统的对称运算方法有所不同。对称运算方法是指对相同的输入数据进行相同的运算操作,并产生相同的结果。而非对称运算方法则是针对不同的输入数据进行不同的运算操作,并产生不同的结果。

在非对称运算方法中,常见的算法包括 hash 函数和密码学中的非对称加密算法。这些算法的特性是,即使输入数据的微小差异也会导致运算结果的显著不同。

①Hash 函数。Hash 函数是一种将任意长度的数据映射为固定长度哈希值的函数。它通常用于数据的完整性验证和检索数据的映射。Hash 函数的特点是,对于相同的输入数据,经过哈希运算后得到的哈希值是相同的。然而,对于不同的输入数据,即使只有微小的差异,哈希值也会有很大的不同。因此,Hash 函数是一种典型的非对称运算方法。

②非对称加密算法。在密码学中,非对称加密算法是一种使用两个密钥(公钥和私钥)进行加密和解密的算法。公钥用于加密数据,而私钥用于解密数据。非对称加密算法中最著名的例子是 RSA 算法。RSA 算法使用公钥和私钥进行加密和解密操作,确保数据的机密性和完整性。非对称加密算法的特点是,使用不同的密钥进行加密和解密操作,即使输入数据相同,加密后的结果也会不同。

非对称运算方法是一种不同于传统的对称运算方法的数据处理方式。它通过使用不同的算法,对不同的输入数据进行不同的运算操作,产生不同的结果。常见的非对称运算方法包括 hash 函数和密码学中的非对称加密算法。这些算法在数据完整性验证、加密解密等领域中具有广泛的应用价值。

(2)存储空间减少。非对称运算极限化技术通过利用非对称运算方法,可以减少存储数据的大小。相对于对称运算方法,非对称运算方法可以通过一种更加高效的运算方式来实现数据的存储和压缩。通过优化数据的存储格式和运算操作,非对称运算极限化可以减少存储数据所需的空间,提高存储效率。

非对称运算极限化技术是一种利用非对称运算方法来减少存储数据大小的技术。在数据处理和存储中,非对称运算方法相较于传统的对称运算方法,能够更加高效地压缩和存储数据。

首先,我们来了解一下非对称运算方法的基本原理。非对称运算方法的特点在于,它对不同的输入数据进行不同的运算操作,产生不同的结果。这种特性使得非对称运算方法在处理数据时,能够更加精确地表示数据的差异和关系。因此,非对称运算方法在数据压缩和存储方面具有很大的优势。

接下来,我们进一步探讨非对称运算极限化技术的原理和优势。非对称运算极限化技术通过优化数据的存储格式和运算操作,实现了更高效的数据存储和压缩。这种技术利用非对称运算方法的特性,对数据进行压缩和编码,从而减少了存储数据所需的空间。相比于传统的对称运算方法,非对称运算极限化技术可以显著提高存储效率,减少存储空间的浪费。

具体来说,非对称运算极限化技术可以采用哈希函数、非对称加密算法等非对称运算方法来实现数据的压缩和存储。哈希函数可以将任意长度的数据映射为固定长度的哈希值,从而实现数据的压缩。而非对称加密算法则可以通过使用公钥和私钥进行加密和解密操作,确保数据的机密性和完整性。这些非对称运算方法的应用,可以有效地减少存储数据的大小,提高存储效率。

总之,非对称运算极限化技术通过利用非对称运算方法的优势,实现了更高效的数据存储和压缩。相比于传统的对称运算方法,非对称运算极限化技术可以显著减少存储空间的需求,提高存储效率,具有重要的应用价值。

(3)数据完整性和可靠性。非对称运算极限化技术可以保证数据的完整性和可靠性。通过采用非对称运算方法,可以确保数据处理过程中的安全性和准确性。非对称运算方法中的运算操作使用不同的数据作为输入,从而避免了数据冲突和重复,保证了数据的完整性。同时,非对称运算方法中的运算过程具有一定的安全性,能够防止未授权的访问和篡改,提高数据的可靠性。

非对称运算极限化技术不仅在数据存储方面具有优势,还可以保证数据的完整性和可靠性。这一技术的核心是非对称运算方法,它通过使用不同的数据作为输入,避免了数据冲突和重复,从而保证了数据的完整性。

首先,我们来看看非对称运算方法如何保证数据的完整性。在传统的对称运算方法中,如果多个数据项具有相同的值或相似的结构,它们可能会产生相同的结果。这种情况会导致数据冲突和重复,破坏数据的完整性。而非对称运算方法的特点在于,它对不同的输入数据进行不同的运算操作,产生不同的结果。因此,非对称运算方法可以有效地避免数据冲突和重复,确保数据的完整性。

接下来,我们探讨非对称运算极限化技术如何提高数据的安全性和可靠性。非对称运算方法中的运算过程具有一定的安全性,能够防止未授权的访问和篡改。非对称加密算法是其中的一个典型例子。在非对称加密算法中,数据被加密后只能通过相应的私钥进行解密,而公钥则无法解密。这意味着只有拥有私钥的人才能访问和修改数据,其他人即使获得了数据也无法读取或篡改。这种机制大大提高了数据的安全性和可靠性。

此外,非对称运算极限化技术还可以通过其他方式提高数据的完整性和可靠性。例如,哈希函数可以将任意长度的数据映射为固定长度的哈希值,从而实现数据的压缩和校验。如果数据的原始值发生改变,哈希值也会随之改变,从而检测到数据的完整性是否受损。

综上所述,非对称运算极限化技术通过利用非对称运算方法的优势,可以确保数据的完整性和可靠性。这种技术不仅提高了数据的存储效率,还增强了数据的安全性和可靠性,具有重要的应用价值。

(4)应用领域广泛。非对称运算极限化技术在各个领域都有广泛的应用。它可以应用于数据存储和传输中的压缩和加密,以提高存储和传输效率,并保护数据的安全性。同时,在大数据分析、云计算和物联网等应用中,非对称运算极限化技术也可以发挥重要作用。通过对数据进行非对称运算极限化处理,能够有效地提高数据处理和管理的效率,并提供更加可靠和安全的数据服务。

非对称运算极限化技术作为一种高效、安全的数据处理方法,在各个领域都有着广泛的应用。下面我们将从数据存储和传输、大数据分析、云计算和物联网等方面进行详细讲解。

①数据存储和传输:在数据存储和传输中,非对称运算极限化技术主要用于数据的压缩和加密。通过非对称运算,可以将大量数据压缩成较小的体积,从而减少存储空间和传输时间。同时,非对称加密算法能够确保数据在传输过程中不被窃取或篡改,提高数据的安全性。

②大数据分析:非对称运算极限化技术在大数据分析中也有着广泛的应用。在处理海量数据时,非对称运算可以大大提高数据处理的速度和效率。通过对数据进行非对称运算,可以快速地提取有用信息,发现数据间的关联和规律,为决策提供有力支持。

③云计算:在云计算环境中,非对称运算极限化技术可以用于提高虚拟机的安全性和效率。通过非对称加密算法,可以确保虚拟机镜像的安全存储和传输,防止未经授权的访问和篡改。同时,非对称运算可以优化虚拟机的性能,提高其处理能力和响应速度。

④物联网:在物联网领域,非对称运算极限化技术主要用于设备的身份验证和数据传输安全。通过非对称加密算法,可以对设备的身份进行加密验证,确保只有合法的设备能够接入网络。同时,非对称运算可以用于数据的加密和校验,确保数据在传输过程中的完整性和安全性。

非对称运算极限化技术在各个领域都有着广泛的应用,能够提高数据处理和管理的效率,并提供更加可靠和安全的数据服务。随着技术的不断发展,非对称运算极限化技术的应用前景将更加广阔。

综上所述,非对称运算极限化技术通过采用非对称运算方法,在减少存储数据的同时,保证数据的完整性和可靠性。它具有存储空间减少、数据完整性和可靠性保证以及广泛的应用领域等特点。随着数据存储和传输需求的增加,非对称运算极限化技术将继续发展,为各行各业提供更高效和安全的数据处理和管理解决方案。

问题四:数据互操作性问题

在互操作性方面,可以采用以下解决方案。

1.要实现"采用开放数据标准:使用常用的数据标准,使得不同系统之间数据可以互通",可以按照以下步骤进行。

(1)选择合适的开放数据标准。首先需要选择适合应用场景的开放数据标准。常见的开放数据标准包括 XML、JSON、CSV 等。这些标准具有通用性和兼容性,可以方便地用于不同系统之间的数据交换。

选择合适的开放数据标准是实现数据交换、共享和利用的重要前提。在选择开放数据标准时,我们需要考虑以下几个方面。

①应用场景:不同的应用场景对数据格式的要求不同。例如,对于结构化数据的交换,JSON 和 CSV 更为合适;而对于需要描述复杂数据结构的场景,则可以选择 XML。因此,我们需要根据具体的应用场景选择合适的开放数据标准。

②通用性和兼容性:选择具有通用性和兼容性的标准可以方便地实现不同系统之间的数据交换。这些标准通常被广泛采用,具有成熟的工具和库支持,可以降低开发和维护成本。

③数据可读性:选择易于阅读和编写的数据格式可以方便地理解和处理数据。例如,JSON 和 CSV 格式相对简单易懂,而 XML 则较为复杂。

④数据交换效率:在选择数据格式时,还需要考虑数据交换的效率。某些格式可能在数据压缩和传输方面具有更好的性能,因此在某些场景下可能更合适。

⑤安全性:在某些场景下,数据的安全性至关重要。选择安全的数据格式可以确保数据的机密性和完整性。例如,可以选择加密的格式或使用安全的数据传输协议。

综上所述,选择合适的开放数据标准需要根据应用场景、通用性、兼容性、可读性、交换效率和安全性等方面进行综合考虑。在选择过程中,还可以参考行业标准和最佳实践,以确保所选的标准能够满足实际需求并具备良好的可扩展性和维护性。

(2)设计数据结构和格式:在选择开放数据标准后,需要设计和定义数据的结构和格式,以确保数据在不同系统之间的互通性。这包括确定数据的字段、数据类型、数据长度等。

设计数据结构和格式是实现数据互通性的关键步骤。在选择合适的开放数据标准后,我们需要对数据的结构和格式进行详细的设计和定义。以下是一些关键的考虑因素。

①确定数据字段:首先,我们需要确定数据中包含哪些字段。这些字段应该能够全面、准确地描述数据的内容和结构。根据应用场景和需求,我们可以将这些字段分为不同的类别,例如时间、地点、人物等。

②定义数据类型:对于每个字段,我们需要定义其数据类型。常见的数据类型包括字符串、整数、浮点数、布尔值等。根据字段的具体需求,我们可以选择合适的数据类型来确保数据的准确性和可靠性。

③确定数据长度:对于某些字段,我们可能需要限制其数据的长度。例如,对于字符串类型的字段,我们可能需要指定其最大长度。这有助于确保数据的完整性和一致性,并避免数据溢出或截断的情况。

④设计数据标识符:为了确保数据的唯一性,我们需要为每个数据项设计一个唯一标识符。这个标识符可以是一个数字、字符串或复合标识符,用于在数据集中唯一地标识每个数据项。

⑤考虑数据验证:在设计数据结构和格式时,我们还应该考虑数据的验证。这包括对数据的格式、范围、长度等方面的检查,以确保数据的正确性和合法性。在某些情况下,我们可能还需要定义数据约束条件来限制数据的使用和操作。

⑥兼容性和扩展性:在设计数据结构和格式时,我们还需要考虑兼容性和扩展性。这包括确保所选的数据标准与现有系统和工具的兼容性,以及为未来可能的扩展和变化预留空间。这有助于确保数据的互通性和可持续性。

综上所述,设计数据结构和格式是一个复杂的过程,需要综合考虑应用场景、需求、标准和最佳实践。通过仔细设计和定义数据的结构和格式,我们可以确保数据在不同系统之间的互通性和可靠性,从而实现有效的数据交换和利用。

(3)进行数据转换和映射。对于已有的系统,可能存在使用不同的数据标准或数据结构的情况。为了实现数据的互通,需要进行数据转换和映射。这可以通过编写转换脚本或使用专门的数据转换工具来实现。

进行数据转换和映射是实现不同系统间数据互通性的重要步骤。当已有的系统使用不同的数据标准或数据结构时,需要进行相应的转换和映射操作,以确保数据的准确性和一致性。以下是对这一过程的详细讲解和分析。

①数据转换:数据转换涉及将数据从一种格式或结构转换为另一种格式或结

构的过程。这可能涉及对数据的重新组织和处理,以便与目标系统的数据标准或结构相匹配。数据转换可以包括字段的映射、数据类型的转换、数据格式的调整等。

②字段映射:字段映射是将源系统中的数据字段与目标系统中的数据字段进行一一对应的过程。通过字段映射,我们可以确定源系统中的哪些字段需要被转换,以及如何将其映射到目标系统中。这有助于确保数据的完整性和准确性。

③数据类型转换:在数据转换过程中,可能需要对数据类型进行转换。例如,将字符串类型转换为日期类型,或将整数类型转换为浮点数类型。这需要我们根据目标系统的数据标准,对源数据进行适当的转换和处理。

④数据格式调整:数据格式的调整可能涉及对数据的排版、格式化等操作,以确保其与目标系统的数据格式相匹配。这可能涉及对日期、时间、数值等的格式化处理,以确保数据的可读性和一致性。

⑤工具选择:在进行数据转换和映射时,我们可以选择使用专门的数据转换工具或编写自定义的转换脚本。专门的数据转换工具通常提供了可视化的界面和丰富的功能,使得数据转换过程更加简便和高效。而编写自定义的转换脚本则可以提供更大的灵活性和定制性,以满足特定的需求和条件。

⑥测试与验证:在进行数据转换和映射后,我们需要对结果进行测试和验证,以确保数据的准确性和完整性。这可以通过对比源数据和转换后的数据来进行,并检查是否存在遗漏或错误。测试和验证是确保数据质量的重要步骤,应该引起足够的重视。

综上所述,进行数据转换和映射是实现不同系统间数据互通性的关键环节。通过仔细设计和执行转换过程,我们可以确保数据的准确性和一致性,从而实现有效的数据交换和利用。

(4)实施数据标准化策略。为了确保数据的一致性和互通性,需要制定和实施数据标准化策略。这包括明确定义和约束数据的命名规则、数据格式和数据内容,并确保各系统按照这些标准进行数据的输入和输出。

实施数据标准化策略是确保数据一致性和互通性的重要步骤。通过制定和实施统一的数据标准,可以减少不同系统间的数据差异和冲突,提高数据的可读性、可比较性和可交换性。以下是对数据标准化策略的详细讲解和分析。

①定义数据标准:首先,需要明确数据标准的具体内容,包括数据的命名规则、数据格式和数据内容。命名规则是指对数据字段的命名进行规范,确保各系统使用统一的命名方式,方便数据的识别和比较。数据格式是指对数据的展现形式进行规定,如日期格式、数字格式等。数据内容则是指对数据的取值范围、精度等进

行约束,确保数据的准确性和一致性。

②制定约束条件:在定义数据标准的基础上,需要制定相应的约束条件,以确保各系统按照标准进行数据的输入和输出。这些约束条件可以包括数据格式的校验、字段长度的限制、唯一性约束等。通过设置合理的约束条件,可以降低数据的异常和错误,提高数据的可靠性和质量。

③推广和执行:制定和实施数据标准化策略需要得到各相关部门的支持和配合。因此,需要积极推广数据标准化的重要性和意义,提高各部门的认识和参与度。同时,需要制定相应的执行计划和监督机制,确保各系统能够按照标准进行数据的处理和交换。

④持续改进:数据标准化是一个持续的过程,随着业务需求和技术环境的变化,可能需要不断调整和完善数据标准。因此,需要定期评估现有标准的适用性和有效性,并根据实际情况进行相应的调整和优化。同时,也需要关注行业标准和国际标准的动态,以保持数据标准的先进性和国际性。

⑤工具支持:为了更好地实施数据标准化策略,可以利用相关的工具和技术进行支持。例如,可以使用元数据管理工具来定义和管理数据标准,使用数据清洗工具来处理异常数据和错误数据等。这些工具可以大大提高数据标准化的效率和质量。

综上所述,实施数据标准化策略是确保数据一致性和互通性的关键环节。通过制定统一的数据标准、约束条件和执行计划,可以降低数据的差异和冲突,提高数据的可靠性和质量,从而实现有效的数据交换和利用。同时,也需要不断调整和完善数据标准,以适应业务需求和技术环境的变化。

(5)集成和互通测试。在实施了开放数据标准和数据转换策略后,需要进行集成和互通测试,验证不同系统之间数据的互通性和正确性。这包括测试数据的输入、转换、输出等环节,确保数据在不同系统之间能够正确流通和解析。

在实施了开放数据标准和数据转换策略之后,集成和互通测试是确保不同系统之间数据互通性和正确性的重要步骤。下面是对集成和互通测试的详细讲解和分析。

①测试目的:集成和互通测试的目的是验证不同系统之间数据的互通性和正确性。通过测试,可以发现数据在不同系统之间流动时可能存在的问题和错误,并及时进行修复和调整,确保数据的准确性和一致性。

②测试环节:集成和互通测试涉及数据的输入、转换和输出等环节。在输入环节,测试人员需要验证数据能否正确地从一个系统输入到另一个系统。在转换环节,测试人员需要验证数据能否按照预设的转换规则进行正确的转换和处理。在

输出环节,测试人员需要验证数据能否在另一个系统中正确地呈现和解析。

③测试方法:为了确保测试的准确性和全面性,可以采用多种测试方法,如单元测试、集成测试和系统测试等。单元测试是对各个组件或模块进行独立的测试,确保它们能够正常工作。集成测试是将各个组件或模块组合在一起进行测试,验证它们之间的交互是否正常。系统测试是对整个系统进行全面的测试,验证系统的各项功能和性能是否达到预期要求。

④测试数据:为了更好地模拟实际场景,测试人员需要准备各种类型的测试数据,包括正常数据、异常数据和边界数据等。正常数据用于验证系统的正常功能,异常数据用于验证系统对异常情况的容错和处理能力,边界数据用于验证系统的边界条件和性能。

⑤测试结果分析和改进:在完成集成和互通测试后,需要对测试结果进行分析和总结,找出可能存在的问题和不足之处。根据分析结果,制定相应的改进措施和优化方案,进一步提高数据的互通性和正确性。同时,也需要持续关注业务需求和技术环境的变化,不断调整和完善测试策略和方法。

综上所述,集成和互通测试是确保不同系统之间数据互通性和正确性的关键环节。通过多种测试方法和全面的测试数据,可以发现数据在不同系统之间流动时可能存在的问题和错误,并及时进行修复和调整。同时,也需要持续关注业务需求和技术环境的变化,不断调整和完善测试策略和方法。

(6)定期维护和更新。一旦实现了数据的互通性,需要定期维护和更新数据标准和转换策略,以适应不断变化的业务需求和技术要求。同时,还需要监控数据质量和一致性,确保数据在不同系统之间的持续互通和正确解析。

定期维护和更新是在实现了数据的互通性后,为了确保数据质量和一致性,以及适应不断变化的业务需求和技术要求所必须进行的工作。下面是对定期维护和更新的详细讲解和分析。

①维护和更新数据标准:随着业务的发展和技术的进步,数据标准可能会发生变化。为了确保数据的准确性和一致性,需要定期审查和更新数据标准,确保它们与最新的业务需求和技术要求保持一致。这可能涉及对数据格式、数据类型、数据质量等方面的调整和完善。

②监控数据质量:在数据的互通性和正确解析方面,数据质量是至关重要的。为了确保数据质量,需要建立数据质量监控机制,定期检查数据的完整性、准确性、一致性等方面。如果发现数据质量问题,需要及时进行修复和调整,确保数据的准确性和一致性。

③更新转换策略:随着数据标准和业务需求的变化,原有的数据转换策略可能

已经不再适用。为了确保数据在不同系统之间的正确转换和处理,需要定期审查和更新转换策略,确保它们能够适应新的数据标准和业务需求。这可能涉及对转换规则、转换流程、转换参数等方面的调整和完善。

④持续改进和优化:除了对数据标准和转换策略的维护和更新外,还需要持续关注业务需求和技术环境的变化,不断改进和优化数据的互通性和正确解析。这可能涉及对系统架构、数据处理流程、数据存储等方面的改进和优化。

综上所述,定期维护和更新是确保数据互通性和正确性的关键环节。通过维护和更新数据标准、监控数据质量、更新转换策略以及持续改进和优化等方面的工作,可以确保数据在不同系统之间的持续互通和正确解析,同时适应不断变化的业务需求和技术要求。

通过以上步骤,可以实现"采用开放数据标准:使用常用的数据标准,使得不同系统之间数据可以互通"。这样做可以提高数据的可用性和可扩展性,促进不同系统之间的协同工作和信息共享。同时,也能够降低系统集成的成本和复杂度,提高数据处理的效率和准确性。

2. 采用开放式 API:开放 API 接口,允许用户通过传统的手段来获取或共享数据的步骤如下。

(1)设计 API 接口。首先需要设计和定义 API 接口,包括确定接口的功能、输入参数、输出结果等。确保 API 接口的设计符合开放标准,易于理解和使用。

设计 API 接口是开发应用程序的重要组成部分,它允许不同的应用程序或系统之间进行数据交换和通信。下面是对如何设计和定义 API 接口的详细讲解和分析。

①确定接口功能:在设计 API 接口之前,首先需要明确接口的功能和目的。考虑接口需要完成哪些操作,如数据的获取、添加、修改、删除等。确保接口的功能与应用程序的需求相匹配,并能够满足用户的需求。

②输入参数设计:输入参数是传递给 API 接口的数据,用于执行相应的操作。在设计输入参数时,需要考虑哪些数据是必需的,哪些是可选的,以及数据的格式和类型。确保输入参数的设计合理、明确,易于理解和使用。

③输出结果设计:输出结果是 API 接口执行操作后返回的数据。在设计输出结果时,需要考虑返回哪些数据,数据的格式和类型,以及如何处理异常或错误情况。确保输出结果的设计能够提供必要的信息,并且易于理解和使用。

④遵循开放标准:为了确保 API 接口的互操作性和可扩展性,应该遵循开放的标准和规范。例如,RESTful API 是一种流行的 API 设计风格,它基于 HTTP 协议,使用不同的 HTTP 方法(如 GET、POST、PUT、DELETE 等)来执行不同的操作。遵

循开放标准可以使得 API 接口更加易于被其他开发人员理解和使用。

⑤设计文档和注释:为了提高 API 接口的可读性和可维护性,应该为其编写详细的文档和注释。文档应该包括接口的功能、输入参数、输出结果、使用示例、异常处理等方面的说明。注释应该对代码中的关键部分进行解释,以便于其他开发人员更好地理解代码的实现逻辑。

⑥测试和验证:在设计完 API 接口后,应该进行充分的测试和验证,以确保其功能正常、性能良好、安全性高。测试可以通过单元测试、集成测试等方式进行,验证可以通过实际使用场景来进行。在发现问题时及时修复和改进,确保 API 接口的稳定性和可靠性。

综上所述,设计和定义 API 接口需要仔细考虑接口的功能、输入参数、输出结果等方面,并遵循开放的标准和规范。同时,编写详细的文档和注释,进行充分的测试和验证也是非常重要的。一个好的 API 接口可以提高应用程序的可用性、可维护性和可扩展性。

(2)实现 API 接口。在设计完成后,需要进行 API 接口的实现。这可以通过编写代码、使用开发框架或使用现有的 API 管理工具来实现。确保 API 接口的实现简洁高效,能够满足用户的需求。

实现 API 接口是在设计完成后的重要步骤,它将概念转化为实际可用的功能。以下是对如何实现 API 接口的详细讲解和分析。

①编程语言和工具的选择。

a. 编程语言:选择一种适合的编程语言,如 Java、Python、Node. js 等,这取决于你的项目需求和团队的技术栈。

b. 开发框架:选择一个适合该编程语言的开发框架,如 Spring、Django、Express 等,可以帮助你更快地构建稳健的 API。

②编码实现。

a. 路由处理:设置适当的路由以处理不同的 HTTP 请求。

b. 数据操作:编写代码来处理数据库的读取、写入等操作。

c. 错误处理:设置适当的错误处理机制,以优雅地处理错误和异常。

d. 安全措施:实施必要的 API 安全措施,如 API 令牌验证、输入验证等。

③测试。

a. 单元测试:编写单元测试以确保每个函数或方法正常工作。

b. 集成测试:测试整个 API 以确保所有组件协同工作。

c. 性能测试:确保 API 在高负载下仍然能够保持良好的性能。

④文档化。

a Swagger/OpenAPI：使用 Swagger 或 OpenAPI 工具自动生成 API 文档。

b 编写注释和文档：为代码添加注释，并为 API 编写详细的文档。

⑤部署和监控。

a. 部署：将 API 部署到生产环境。

b. 监控和日志：设置监控和日志记录，以便跟踪 API 的性能和问题。

⑥续集成和持续部署（CI/CD）。

使用 CI/CD 工具，如 Jenkins 或 CircleCI，自动化构建、测试和部署过程。

⑦版本控制。

使用版本控制工具（如 Git）来管理代码的变更和发布。

⑧考虑安全性

a. 对所有 API 请求进行身份验证和授权，并考虑使用 OAuth、JWT 等身份验证机制。

b. 使用 HTTPS 协议保护 API 通信。

⑨可扩展性和维护性

a. 设计时考虑未来的需求，使 API 易于扩展和维护。

b. 使用适当的软件设计模式和最佳实践。

⑩反馈和迭代

a. 根据用户反馈和性能数据持续改进 API。

b. 使用 A/B 测试等方法来决定最佳的 API 实现方式。

通过以上步骤，可以实现一个简洁、高效且满足用户需求的 API 接口。

（3）鉴权和授权机制。为了保护数据的安全性和防止滥用，需要设计和实现鉴权和授权机制。这可以通过使用 API 密钥、访问令牌、用户身份验证等方式来确保只有经过授权的用户才能访问和使用 API 接口。

鉴权和授权机制是 API 安全性的核心部分，它们确保只有经过授权的用户才能访问和使用 API 接口。下面是对鉴权和授权机制的详细讲解和分析。

①鉴权机制

API 密钥

a. 概念：API 密钥是一种由服务提供商分配的唯一标识符，用于标识和验证 API 请求的发送者。

b. 使用方式：通常将 API 密钥添加到每个 API 请求的头部或参数中，服务端通过验证密钥是否存在来确认请求的合法性。

访问令牌（Token）

a. 概念:访问令牌是一种加密的字符串,包含了用户信息、权限和其他元数据。

b. 使用方式:用户通过身份验证流程(如 OAuth、JSON Web Token 等)获得访问令牌,并在每次请求时附带上该令牌。

用户身份验证

a. 概念:通过提供用户名、密码或其他验证方式,确认用户的身份和授权状态。

b. 使用方式:常见的用户身份验证方法包括基本身份验证、摘要身份验证和 OAuth 等。

②授权机制

基于角色的访问控制(RBAC)

a. 概念:根据用户在系统中的角色或分类赋予相应的权限。

b. 使用方式:定义不同的角色(如管理员、普通用户等),并为每个角色分配特定的权限(如读、写、删除等)。

条件访问控制

a. 概念:基于特定条件(如时间、IP 地址、设备类型等)限制对资源的访问。

b. 使用方式:例如,限制某些 API 接口在特定时间段内或特定 IP 地址范围内可用。

③实现鉴权和授权机制的最佳实践

a. 单一职责原则:每个接口或功能只处理一种业务逻辑,避免权限交叉和混乱。

b. 最小权限原则:只授予用户完成任务所需的最小权限。

c. 动态权限调整:允许在运行时根据需求或状态动态调整权限。

d. 定期审核和审查:对用户权限进行定期审核,确保没有不必要或不合理的权限存在。

e. 使用安全的数据存储方法:确保存储的用户数据和权限信息是安全的,不易被非法访问或篡改。

④安全性考虑

a. 防止令牌重放攻击:通过使用刷新令牌、时间戳等方式防止令牌被重复使用。

b. 保护敏感数据:对存储或传输的敏感数据进行加密处理,确保其安全性。

c. 及时更新和修补安全漏洞:定期检查和更新 API 相关的安全补丁,确保系统的安全性。

通过以上讲解和分析,可以了解到鉴权和授权机制在保护 API 接口安全性方面的重要性,以及如何设计和实现这些机制来确保数据的安全性和防止滥用。在实际应用中,需要根据具体需求和业务场景选择合适的鉴权和授权方法,并遵循最佳实践来确保系统的安全性。

(4)文档和示例。提供完善的 API 文档和示例,以便开发者可以很容易地理解和使用 API 接口。文档应包含接口的详细说明、参数说明、返回结果示例等,帮助用户快速上手和调试。

文档和示例在 API 开发中起到了至关重要的作用。它们为开发者提供了指导和参考,使开发者能够快速理解如何使用 API 接口,以及如何处理各种可能出现的情况。下面是对文档和示例的详细讲解和分析。

①文档的重要性

a. 提供清晰的指导:API 文档为开发者提供了清晰的指导和解释,使他们能够了解 API 的各个功能、参数、返回值以及异常处理。

b. 减少支持负担:如果开发者能够通过文档自行解决问题,那么服务提供商可以减少技术支持的负担。

c. 提高开发效率:有了详细的文档,开发者可以更快地开始工作,避免因误解或遗忘而导致的错误。

②文档的内容构成

a. 接口说明:描述 API 接口的功能、用途和背景信息。

b. 参数说明:详细列出每个请求参数的名称、类型、格式、是否必填、默认值等。

c. 返回结果:描述返回的数据结构、字段含义以及示例。

d. 错误码:列出常见的错误码、含义及解决方法。

e. 使用限制:如请求频率限制、所需权限等。

f. 安全说明:涉及鉴权机制、加密传输等安全相关的内容。

③示例的价值

a. 直观展示:示例可以帮助开发者直观地理解如何使用 API,以及预期的输出是什么。

b. 快速上手:通过复制和修改示例代码,开发者可以快速开始工作,避免从头编写基础代码。

c. 调试参考:当开发者遇到问题时,可以参考示例来检查自己的代码是否存在错误。

④如何编写好的文档和示例

a. 保持简洁明了:避免使用过于复杂的术语和冗长的句子。

b. 实时更新:随着 API 的更新,文档和示例也应保持同步。

c. 提供多角度信息:除了技术细节,还可以加入使用场景、最佳实践等内容。

d. 格式统一：确保文档的格式统一，方便阅读和搜索。

通过上述讲解和分析，可以明确地了解到文档和示例在 API 开发中的重要性。为了提高 API 的用户体验和使用效果，提供完善、准确且易于理解的文档和示例是非常必要的。这不仅可以减少用户在开发过程中的困扰，还可以增强用户对 API 的信任和使用意愿。

（5）支持和社区。建立支持渠道和用户社区，及时回应用户的问题和反馈，并提供相关的技术支持和帮助。这可以通过创建邮件列表、论坛、社交媒体等方式来实现。同时，也可以借助现有的开放数据社区和平台来扩大用户的覆盖范围和增加用户的参与度。

支持和社区是软件开发和运营中不可或缺的一环。良好的支持和社区建设能够增强用户的使用体验，提高用户满意度，进而促进软件的长远发展。下面将详细讲解和分析如何建立有效的支持渠道和用户社区。

①支持渠道的建立

a. 邮件列表：创建邮件列表是一个有效的方式，可以让用户获取最新的产品更新、重要通知以及解决常见问题的指南。通过订阅邮件列表，用户可以定期接收有用的信息，同时也可以通过邮件反馈问题或提出建议。

b. 论坛：在线论坛为用户提供了一个交流和学习的平台。在论坛中，用户可以提出问题、分享经验、讨论解决方案，也可以得到来自其他用户的帮助和解答。

c. 社交媒体：利用社交媒体平台（如微博、微信、抖音等）可以扩大品牌的影响力，增强与用户的互动。在这些平台上，可以发布有用的教程、技巧和解答，帮助用户更好地使用软件。

②社区的活跃与维护

a. 及时回应：对于用户的问题和反馈，应及时给予回应。这不仅可以解决用户当前的问题，还能够建立起长期的信任关系。

b. 技术支持与帮助：除了回答问题，还可以主动提供技术支持和帮助。例如，定期发布技术文章、教程和视频，帮助用户解决在软件使用过程中遇到的技术难题。

③利用现有社区和平台

现有的开放数据社区和平台（如 GitHub、Stack Overflow 等）聚集了大量的专业人士和爱好者。利用这些社区和平台，可以扩大软件的影响力，增加用户参与度。同时，这些社区中的讨论和问题也能够为产品的改进提供宝贵的反馈和建议。

④用户参与的激励

为了鼓励用户更积极地参与到社区中，可以设立一些奖励机制，如积分系统、徽章制度或定期举办活动等。这些措施能够提高用户的归属感和参与度,进一步增强社区的活力。

综上所述,建立有效的支持渠道和用户社区需要多方面的努力和策略。通过邮件列表、论坛、社交媒体等多种渠道提供支持,积极回应用户反馈,提供技术支持,同时利用现有社区和平台扩大影响,能够使软件在市场中更具竞争力,并为用户创造更好的使用体验。

(6)监测和优化。定期监测 API 接口的性能和稳定性,及时发现和解决问题。通过收集和分析用户反馈、日志记录等方式,对 API 接口进行优化和改进,提升用户的满意度和开发者的体验。

通过以上步骤,可以实现"采用开放式 API:开放 API 接口,允许用户通过传统的手段来获取或共享数据"。这样做可以实现数据的共享和交换,促进不同系统间的互操作性和互联互通。同时,也能够促进创新和扩展,吸引更多的开发者和用户参与和使用。

监测和优化是确保 API 接口性能和稳定性的关键环节。下面将详细讲解和分析如何进行定期的监测、问题发现与解决,以及如何通过用户反馈和日志记录来优化 API 接口。

①定期监测:为了确保 API 接口的稳定性和性能,需要定期进行监测。这可以通过自动化工具或手动测试来完成。监测的内容可以包括响应时间、错误率、吞吐量等关键指标。通过持续监测,可以及时发现潜在的性能瓶颈和稳定性问题。

②问题发现与解决:一旦发现问题,需要及时定位并解决。这可能涉及对代码、数据库、网络等多个方面的深入分析。此外,为了防止类似问题的再次出现,需要深入探究问题的根本原因,并采取相应的预防措施。

③用户反馈的收集与分析:用户反馈是优化 API 接口的重要依据。通过收集用户在使用过程中遇到的问题、建议和意见,可以深入了解用户的需求和痛点。对这些反馈进行深入分析,可以发现 API 接口的不足之处,进而进行针对性的优化。

④日志记录与问题排查:API 接口的日志记录对于问题排查和性能分析至关重要。通过分析日志文件,可以获取详细的请求和响应信息,帮助开发者快速定位问题。此外,对日志数据的定期分析还可以揭示 API 接口的性能瓶颈和其他潜在问题。

⑤优化与改进:基于用户反馈和日志分析的结果,可以对 API 接口进行优化和改进。这可能包括调整路由、优化数据库查询、改进错误处理机制等措施。优化后的 API 接口应该能够提高性能、改善稳定性,并提升用户的满意度和开发者的体验。

⑥持续改进与迭代：API 接口的优化是一个持续的过程。随着用户需求的变化和技术的不断发展，需要定期评估现有接口的性能和功能，并进行相应的调整和改进。通过持续迭代和改进，可以确保 API 接口始终保持最佳状态，为用户和开发者提供优质的服务。

综上所述，监测和优化是 API 接口管理中不可或缺的一环。通过定期监测、问题发现与解决、用户反馈的收集与分析、日志记录与问题排查以及持续的优化与改进，可以确保 API 接口的性能和稳定性，提升用户的满意度和开发者的体验。

3. 采用互操作协议

通过互操作协议，使得不同系统之间能够快速建立连接和数据交换，细节如下。

（1）选择合适的互操作协议。根据实际需求和系统特点，选择合适的互操作协议进行数据交换。常见的互操作协议包括 RESTful API、SOAP、XML-RPC、GraphQL 等。选择协议时要考虑协议的成熟度、性能、安全性以及与系统的兼容性等方面。

在构建或集成不同的系统时，互操作性是一个关键考虑因素。互操作性指的是不同系统、应用或服务之间能够有效地交换数据和信息。为了实现这一目标，我们需要选择一个合适的互操作协议。下面将详细讲解和分析如何根据实际需求和系统特点选择合适的互操作协议。

①了解实际需求和系统特点

在选择互操作协议之前，首先要明确实际需求和目标。例如，你需要什么样的数据交换方式？需要支持哪些类型的请求和响应？数据量大小如何？这些问题的答案将有助于确定所需的协议特性。

同时，还需要考虑现有系统的特点，例如系统架构、技术栈、安全性需求等。这些因素将影响对互操作协议的选择。

②常见的互操作协议

a. RESTful API。RESTful API 是一种基于 HTTP 协议的通信方式，它通过不同的 HTTP 方法（如 GET、POST、PUT、DELETE 等）来对资源进行操作。RESTful API 具有简单、易于理解、与平台无关等优点，是目前最常用的互操作协议之一。

b. SOAP。SOAP（Simple Object Access Protocol）是一种基于 XML 的协议，用于在分布式系统中交换结构化信息。SOAP 提供了一种封装信息的方式，并且可以跨平台和语言使用。然而，SOAP 相对复杂，可能会增加开发和维护的复杂性。

c. XML-RPC。XML-RPC 是一种基于 XML 的远程过程调用协议，它允许在不同的系统之间进行简单的数据交换。XML-RPC 使用 HTTP 作为传输协议，并使用

XML 作为数据格式。尽管 XML-RPC 相对简单,但它的功能有限,并且已经被认为是一种较旧的技术。

d. GraphQL。GraphQL 是一种用于 API 的查询语言,它提供了一种更加灵活的方式来获取和操作数据。GraphQL 允许客户端精确地指定所需的数据,从而减少了数据传输量并提高了性能。然而,GraphQL 相对于其他协议来说较为复杂,需要更多的开发和学习成本。

③考虑因素

在选择互操作协议时,需要考虑以下因素。

a. 成熟度:选择一个成熟度高、经过广泛验证的协议可以减少风险和不确定性。

b. 性能:根据实际需求评估不同协议的性能表现,包括数据传输速度、响应时间等。

c. 安全性:确保所选协议能够提供必要的安全措施,如身份验证、授权和数据加密等。

d. 与系统的兼容性:考虑所选协议与现有系统和技术栈的兼容性,以降低集成难度和成本。

e. 社区和支持:选择一个有活跃社区和支持的协议,可以获得更多的资源和帮助。

f. 学习曲线:评估不同协议的学习曲线和开发成本,以便确定最适合团队技能和资源的技术。

综上所述,选择合适的互操作协议需要仔细评估实际需求、系统特点和各种因素。通过了解不同的协议特性、考虑成熟度、性能、安全性等方面的要求,以及与现有系统的兼容性,可以做出最佳选择。重要的是保持灵活性和可扩展性,以便随着业务和技术需求的变化进行调整。

(2)定义协议规范。在选定互操作协议后,制定详细的协议规范,定义请求和响应的数据格式、参数以及调用方式等。确保协议规范的准确性和一致性,以便不同系统可以按照规范进行开发和交互。

在确定了互操作协议之后,下一步是定义协议规范,确保各个系统或应用能够按照统一的标准进行开发和交互。以下是关于如何制定详细的协议规范的详细讲解和分析。

①请求和响应的数据格式:需要明确请求和响应的数据格式。常见的格式包括 JSON、XML 等,选择哪种格式取决于实际需求和团队的偏好。重要的是保持格式的一致性,以便不同系统之间能够无缝地交换数据。

②参数定义:需要定义请求和响应中的参数。这些参数可能包括请求方法(如GET、POST等)、路径、查询参数、请求体等。详细说明每个参数的用途、数据类型和约束条件,确保各方都清楚了解如何正确传递和使用这些参数。

③调用方式:调用方式指的是如何触发请求和接收响应。这可能涉及 API 端点的选择、请求的触发时机以及响应的处理方式等。明确规定调用方式有助于确保各方之间的协调和一致性。

④错误处理和异常情况:错误处理和异常情况的处理方式也是协议规范中不可或缺的一部分。定义好各种可能的错误代码、错误信息和异常处理机制,有助于系统更好地应对异常情况,提高系统的稳定性和可用性。

⑤安全性和身份验证:安全性是协议规范中非常重要的一个方面。定义好身份验证、授权和数据加密的方式,确保数据传输和存储的安全性。同时,要明确各方在安全方面的责任和义务。

⑥版本控制和兼容性:随着业务和技术的发展,协议规范可能会发生变化。因此,协议规范中应包含版本控制和兼容性的说明。定义好版本控制的方式,以及新旧版本之间的兼容性要求,有助于减少因版本不匹配导致的问题。

⑦测试和验证:为了确保协议规范的准确性和一致性,需要进行充分的测试和验证。制定详细的测试计划,包括各种场景下的测试用例,以确保各方都能够按照规范进行开发和交互。

⑧文档编写和维护:需要编写详细的协议文档,以便各方理解和遵循协议规范。文档应包括协议概述、使用说明、参数说明、错误处理、安全性和版本控制等方面的内容。同时,维护文档也很重要,确保随着业务和技术的发展及时更新文档内容。

综上所述,制定详细的协议规范是实现互操作性至关重要的一步。通过明确数据格式、参数定义、调用方式、错误处理、安全性和身份验证等方面的要求,以及进行充分的测试和验证,可以确保不同系统之间能够按照统一的标准进行开发和交互,提高系统的互操作性和可靠性。

(3)实现协议支持。根据协议规范,实现系统对互操作协议的支持。这可以通过使用现有的协议库或框架来简化开发过程。确保系统能够正确地解析和处理来自其他系统的请求,并按照协议规范生成合适的响应。

在完成了协议规范的制定之后,接下来是实现系统对互操作协议的支持。这一步至关重要,因为它直接关系到系统与其他系统的互操作性和通信能力。以下是关于如何实现协议支持的详细讲解和分析。

①选择合适的工具和库:为了简化开发过程,可以选择使用现有的协议库或框

架。这些工具和库通常已经经过优化,能够提供丰富的功能和性能。通过集成这些工具,可以更快速地实现系统对互操作协议的支持。

②解析和处理请求:系统需要能够正确地解析和处理来自其他系统的请求。这意味着需要编写代码来解析请求数据,提取所需的参数,并根据协议规范进行相应的处理。这可能涉及数据验证、业务逻辑处理等多个方面。

③生成合适的响应:在处理完请求后,系统需要根据协议规范生成合适的响应。这可能涉及构建响应数据、设置响应状态码等操作。确保生成的响应与协议规范一致,能够被其他系统正确解析和处理。

④异常处理和错误报告:在处理请求和生成响应的过程中,可能会遇到各种异常情况。为此,需要设计良好的异常处理机制,确保系统能够妥善处理这些异常,并及时报告错误信息。这有助于提高系统的稳定性和可用性。

⑤测试和验证:为了确保系统对互操作协议的支持是正确和可靠的,需要进行充分的测试和验证。这可能涉及单元测试、集成测试和系统测试等多个方面。通过测试,可以发现并修复潜在的问题,提高系统的健壮性和稳定性。

⑥性能优化:在实现协议支持的过程中,还需要关注性能优化。这可能涉及数据压缩、缓存策略、异步处理等方面的技术。通过性能优化,可以提高系统的响应速度和处理能力,满足高并发、低延迟等需求。

⑦安全性和身份验证:在实现协议支持时,需要特别关注安全性和身份验证方面的问题。确保系统能够正确地处理身份验证和授权请求,以及采取必要的安全措施来保护数据传输和存储的安全性。

⑧文档编写和维护:需要编写和维护相关的开发和使用文档。这有助于其他开发人员理解和使用系统对互操作协议的支持功能。文档应包括功能说明、使用指南、配置说明等方面的内容,并随着系统的更新和维护进行及时更新。

综上所述,实现系统对互操作协议的支持是一个复杂的过程,涉及多个方面的技术和工作。通过选择合适的工具和库、正确处理请求和生成响应、进行充分的测试和验证、关注性能优化和安全性等方面的问题,可以成功地实现这一目标,提高系统的互操作性和通信能力。

(4)配置和管理连接。通过互操作协议,系统能够建立连接和进行数据交换。在具体的部署环境中,需要进行连接的配置和管理。包括配置系统的网络参数、安全设置、连接超时等,以确保连接的稳定性和安全性。

在系统实现互操作协议支持的基础上,连接的配置和管理是确保稳定和安全通信的关键环节。以下是关于如何进行连接配置和管理的详细讲解和分析。

①网络参数配置:为了建立连接并进行数据交换,首先需要配置系统的网络参

数。这包括 IP 地址、端口号、协议类型等,以确保系统能够正确地与目标系统建立网络连接。此外,还需要配置网络路由和传输协议等参数,以确保数据能够顺利地在网络中传输。

②安全设置:在配置和管理连接时,安全设置至关重要。这涉及数据加密、身份验证、访问控制等方面。通过使用加密算法和安全协议,可以保护数据在传输过程中的机密性和完整性。同时,通过身份验证机制,可以确保只有授权的用户或系统能够建立连接。访问控制机制则用于限制对数据的访问权限,防止未经授权的访问和操作。

③连接超时设置:为了确保系统的稳定性和性能,需要合理设置连接的超时时间。当连接在指定的时间内没有活动时,系统应该自动关闭该连接以释放资源。通过合理的超时设置,可以避免因长时间保持无效连接而导致的资源浪费和潜在的安全风险。

④连接监控和维护:除了配置和管理连接外,还需要对已建立的连接进行监控和维护。通过实时监控连接的状态和性能指标,可以及时发现和处理连接问题。例如,当检测到连接出现异常或性能下降时,系统应该自动尝试重新建立连接或采取其他修复措施。此外,定期进行连接的维护和检查也是必要的,以确保连接的稳定性和可靠性。

⑤记录和日志分析:为了便于故障排查和性能优化,系统应该记录与连接相关的日志信息。这些日志包括连接建立的时间、断开的时间、传输的数据量等。通过分析这些日志,可以了解连接的性能表现和潜在问题,从而采取相应的优化措施。

综上所述,连接的配置和管理是实现互操作协议支持的重要组成部分。通过合理配置网络参数、安全设置、超时时间等,以及进行连接监控和维护、记录日志等措施,可以确保连接的稳定性和安全性,提高系统的互操作性和通信能力。

(5)错误处理和异常情况。在实际的数据交换中,可能会出现各种错误和异常情况。比如网络连接中断、权限验证失败等。系统应该对这些情况进行合理的处理和提示,以便及时修复和纠正问题。

错误处理和异常情况的处理是确保数据交换稳定和可靠的关键环节。在实际的数据交换过程中,可能会出现各种不可预知的错误和异常情况,例如网络连接中断、权限验证失败等。下面是对这些情况进行详细讲解和分析。

①网络连接中断:网络连接中断是数据交换过程中常见的问题之一。当网络连接不稳定或中断时,系统应该能够快速检测到问题,并采取相应的措施。例如,系统可以尝试重新建立连接或通知用户网络连接已中断,以便用户能够及时采取措施解决问题。此外,系统还应该具备断点续传功能,以确保数据能够完整传输。

②权限验证失败：在数据交换过程中，权限验证失败也是一个常见的问题。这可能是因为用户输入的身份信息不正确、权限被拒绝或认证服务器不可用等原因造成的。当出现权限验证失败时，系统应该给出明确的错误提示，并告知用户如何解决问题。例如，系统可以提示用户检查输入的身份信息是否正确，或联系管理员获取所需的权限。

③数据格式错误：在数据交换过程中，如果发送或接收的数据格式不正确，可能会导致数据交换失败或数据损坏。因此，系统应该对数据的格式进行校验和验证，以确保数据的正确性和完整性。当检测到数据格式错误时，系统应该给出明确的错误提示，并告知用户如何解决问题。

④超时错误：超时错误通常发生在网络延迟或服务器繁忙的情况下。当系统等待数据传输的时间超过了预设的超时时间时，就会发生超时错误。为了解决这个问题，系统可以采取一些优化措施，例如增加超时时间或尝试重新发送数据请求。同时，系统还应该提供友好的错误提示，以便用户能够快速了解问题的所在。

⑤异常情况处理：除了上述常见的错误外，还可能出现其他异常情况。为了确保系统的稳定性和可靠性，系统应该具备异常捕获和处理的能力。通过使用异常处理机制，系统可以捕获和处理运行时发生的异常情况，并采取相应的措施进行修复和纠正。同时，系统还应该提供详细的日志记录功能，以便对异常情况进行跟踪和排查。

综上所述，合理处理错误和异常情况是确保数据交换稳定和可靠的重要环节。通过及时检测、提示和处理各种错误和异常情况，可以提高系统的可用性和用户体验。同时，不断优化和完善错误处理机制也是提高系统稳定性和可靠性的关键因素之一。

（6）监控和性能优化。为了保持互操作的稳定性和性能，需要对连接和数据交换进行监控和性能优化。可以采用日志记录、指标收集等方式，实时监测系统的运行状态和性能指标。根据监测结果，及时进行问题排查和优化调整，以提升系统的可用性和性能。

监控和性能优化是确保系统稳定运行和高效数据交换的重要手段。通过实时监测系统的运行状态和性能指标，可以及时发现潜在的问题并进行优化调整，从而提高系统的可用性和性能。下面是对这一内容的详细讲解和分析。

①日志记录：日志记录是监控系统运行状态的重要手段之一。通过记录系统运行过程中的各种事件和操作，可以追溯问题的发生和解决过程，并提供详细的数据分析基础。日志记录的内容可以包括系统运行时的错误信息、异常情况、用户操作记录等，以便后续的问题排查和性能优化。

②指标收集：指标收集是评估系统性能的重要手段。通过收集系统运行过程中的各项性能指标，例如响应时间、吞吐量、资源利用率等，可以对系统的性能进行全面的评估和监测。通过定期或实时的指标收集，可以及时发现系统瓶颈和性能问题，并进行相应的优化调整。

③实时监测：实时监测是及时发现潜在问题和性能瓶颈的关键。通过实时监测系统的运行状态和性能指标，可以及时发现异常情况并进行处理。同时，实时监测还可以提供预警功能，在系统出现潜在问题时提前发出警告，以便提前进行修复和调整。

④问题排查：一旦发现系统运行异常或性能问题，需要进行快速的问题排查。问题排查的步骤可以包括定位问题、分析原因、制定解决方案等。在问题排查过程中，可以利用日志记录和指标收集提供的数据进行分析，以快速定位问题所在。

⑤优化调整：根据监测结果和问题排查结果，需要进行相应的优化调整。优化调整的措施可以根据具体情况而定，例如调整系统配置、优化代码逻辑、增加资源等。通过优化调整，可以提高系统的可用性和性能，确保数据交换的稳定性和高效性。

监控和性能优化是确保系统稳定运行和高效数据交换的重要手段。通过实时监测、日志记录、指标收集和问题排查等方法，可以及时发现潜在问题和性能瓶颈，并进行相应的优化调整。同时，持续的监控和性能优化也是提升系统可用性和性能的关键因素之一。

通过采用互操作协议，不同系统之间能够通过统一的协议规范进行连接和数据交换，实现系统间的互联互通。这样可以加强系统的整合能力和扩展性，实现更高效的数据共享和信息交流。

综上所述，以上提出的针对性解决方案可以解决在区块链+人力资源管理体系构建中存在的问题。当然，这些解决方案应根据实际需求和具体情况灵活运用，逐步积累一些实践经验，以期实现更加科学、可靠的人力资源管理。

第 7 章　结论与展望

在区块链+人力资源管理体系构建中,我们需要针对性的解决方案来应对存在的问题。从数据隐私和安全性、系统运行效率、数据节省、数据互操作性等方面出发,我们提出了一些可行性的解决方案,如加密技术、分布式系统、非对称运算极限化、开放数据标准、开放式 API 和互操作协议等。

然而,以上解决方案只是一部分,区块链作为一个新兴技术,在其应用过程中还需不断摸索、完善。未来,随着区块链技术的发展和人力资源管理体系的逐步完善,区块链+人力资源管理体系将会呈现出更广阔的发展前景。

随着区块链技术的不断拓展和应用,相信未来区块链+人力资源管理体系将会进一步成熟和完善。拥有更好的数据隐私和安全性、更高的运行效率、更好的数据节省和更好的数据互操作性,这将为人力资源管理带来更好的服务,提高管理效率,提高员工福利,创造更多的社会价值。

7.1　研究结论总结

本篇文章对区块链技术在人力资源管理领域的应用进行了深入研究,并提出了相应的解决方案。

首先,本文分析了现有人力资源管理体系的不足,包括数据隐私和安全性、系统运行效率、数据节省和数据互操作性等问题。接着,我们探讨了区块链技术的特点,包括去中心化、可追溯性、不可篡改性和透明性等,以及该技术在人力资源管理领域的应用。

在此基础上,本文提出了一些解决方案,以应对上述问题。其中,加密技术、分布式系统、非对称运算极限化可以保护数据的安全性和隐私性;开放数据标准、开放式 API 和互操作协议则可以增强数据的互操作性,从而提高人力资源管理效率。

最后,我们认为,区块链技术在人力资源管理领域的应用还需不断摸索、完善。未来,随着区块链技术的发展和人力资源管理体系的逐步完善,区块链+人力资源管理体系将会呈现出更广阔的发展前景。拥有更好的数据隐私和安全性、更高的运行效率、更好的数据节省和更好的数据互操作性,这将为人力资源管理带来更好的服务,提高管理效率,提高员工福利,创造更多的社会价值。

总之,本篇文章提出了可行的解决方案,并展望了未来的发展前景,有助于指导相关领域的研究和实践工作。

7.2 对未来发展的展望和建议

对于未来区块链与人力资源管理的结合,本文认为还有以下发展趋势和建议。

1. 针对人力资源管理领域的专用区块链平台将得到进一步的发展。这样的平台将为人力资源管理提供更好的服务和更高效的管理机制。这些平台将专注于解决人力资源管理中的特定问题,包括员工招聘、员工培训、员工薪资管理、员工福利和团队建设等方面。

(1)员工招聘。专用区块链平台可以提供更安全和透明的招聘流程。借助区块链的不可篡改性和可追溯性,人力资源部门可以验证和确保候选人的背景和资格,并记录和共享招聘过程中的重要信息。这有助于减少招聘的时间和成本,并提高招聘的公正性和准确性。

(2)员工培训。区块链平台可以为员工培训提供可靠的认证和记录。每次培训完成后,相关的培训证书和学习成果可以被记录在区块链上,供员工和雇主随时查阅和验证。这有助于提升培训的可信度和可追溯性,同时也为员工的职业发展和评估提供了更准确的依据。

(3)员工薪资管理。区块链平台可以提供更加安全和高效的员工薪资管理机制。通过区块链技术,可以确保薪资信息的准确性和保密性,同时还能实现自动化的薪资支付和记录。这有助于减少薪资管理过程中的错误和纠纷,提高薪资发放的效率和满意度。

(4)员工福利。区块链平台可以改进员工福利管理的透明性和管理效率。通过区块链记录和智能合约,可以确保员工福利的公正性和准确性。员工可以方便地查阅和管理自己的福利权益,而雇主可以更好地管理和监控福利的发放和使用情况。

(5)团队建设。专用区块链平台可以促进团队建设和协作。通过区块链的去中心化和共享特性,团队成员可以更好地合作和共享任务、项目和资源。同时,区块链技术还可以记录和跟踪团队成员的贡献和绩效,为绩效管理和激励提供更准确的依据。

综上所述,针对人力资源管理领域的专用区块链平台将在员工招聘、员工培训、员工薪资管理、员工福利和团队建设等方面发挥重要作用。这些平台将提供更好的服务和更高效的管理机制,帮助组织优化人力资源管理流程,并提升员工的工作满意度和整体绩效。

2. 强大的区块链技术与人工智能的结合将进一步提高人力资源管理的效率和精确性。当区块链与人工智能相结合时,可以实现以下几个方面的优势。

(1)数据收集和优化。区块链可以提供一个安全、透明的数据记录和共享平台,可以捕获更多的数据。这些数据可以包括员工的个人信息、绩效数据、培训记录等。然后,人工智能可以对这些数据进行自动化的分析和优化,为人力资源管理者提供更全面的洞察,从而更好地了解员工的需求和发展方向。

(2)流程自动化。人工智能可以帮助人力资源管理者自动化一些烦琐的流程,减少人力参与。例如,使用自然语言处理技术,人工智能可以处理大量的招聘申请和简历,自动筛选并甄选合适的候选人。此外,在培训管理中,人工智能可以提供个性化的学习建议和推荐,根据员工的需求和能力,自动为其匹配适当的培训资源。

(3)决策支持。通过区块链和人工智能,可以实现更准确和快速的决策支持。区块链提供的数据可以用于预测和模拟不同决策方案的结果,并帮助人力资源管理者制定更科学和可靠的决策。例如,通过分析员工的绩效数据和培训记录,人工智能可以预测出不同培训方案对员工绩效的影响,从而帮助管理者制定最有效的培训计划。

(4)精确的员工评估和激励。区块链和人工智能的结合可以实现对员工绩效的更准确评估和激励。通过记录和分析员工的工作贡献和成就,人工智能可以生成更准确的绩效评估结果,并基于这些结果提供个性化的奖励和激励方案。这样,员工将更加受到公平和公正的对待,同时也能激发员工的积极性和创造力。

总而言之,区块链技术与人工智能的结合为人力资源管理带来了更多的机会和发展空间。通过优化数据收集、自动化流程、提供决策支持和精确的员工评估,区块链和人工智能将进一步提高人力资源管理的效率和精确性。这将为组织提供更好的服务和更高效的管理机制,同时也将提升员工的工作满意度和整体绩效。

3. 对于企业中的员工,区块链技术可以为他们提供以下几个方面的优势,从而更好地展示自己的能力和素质,为职场发展打开更多的机会。

(1)可靠的身份认证。区块链技术可以进行可靠的身份验证和认证,确保员工的工作历史和技能证书的真实性。通过在区块链上记录员工的工作历史和相关的证书信息,员工可以用区块链作为可信的凭证来证明自己的能力和经验,而无须依赖烦琐的背景调查和文件验证过程。

(2)个人数据管理。区块链技术还可以帮助员工更好地管理和掌握自己的个人数据。员工可以将自己的教育背景、工作经历、培训记录等个人信息安全地存储在区块链上,并决定何时、向谁分享这些信息。这样,员工在求职时可以更方便地提供必要的背景信息,同时也能够更好地保护自己的隐私。

(3)数据透明性和公平性。区块链技术的透明性和不可篡改性可以确保员工的工作成果和贡献被准确记录和评估。通过使用区块链记录工作成果和表现,并允许相关方访问这些记录,员工可以证明自己在工作中的价值和贡献。这样,员工的工作成果将更有说服力,为其争取更好的职业发展机会提供支持。

(4)职业发展和培训机会。区块链技术可以帮助员工更好地获得职业发展和培训机会。通过记录员工的培训记录和技能认证,区块链可以为员工提供个性化的培训建议和发展路径。此外,区块链还可以为员工提供更多的学习和共享资源,帮助他们不断更新和提升自己的技能。

总之,区块链技术为企业中的员工创造了更多展示自己能力和素质的机会。通过可靠的身份认证、个人数据管理、数据透明性和公平性以及职业发展和培训机会的提升,员工可以更好地展示自己的能力和贡献,为自己的职场发展打开更多的机会。这将有助于提升员工的职业竞争力,促进个人和组织的共同发展。

4.针对区块链技术在人力资源管理中的应用,我们建议职能部门、学术界、企业和行业协会之间加强合作,共同探索并推广区块链的实践应用。以下是一些建议措施。

(1)职能部门与学术界合作。职能部门,如人力资源部门和招聘部门,可以与学术界的研究机构合作,共同研究区块链技术在人力资源管理中的应用场景和解决方案。通过对区块链技术的深入研究和合作实践,可以更好地理解区块链技术的潜力和局限性,并制定相关政策和准则。

(2)企业与行业协会合作。企业可以与相关行业协会合作,共同推动区块链技术在人力资源管理中的应用。行业协会可以帮助企业了解行业内区块链技术的最佳实践,并且可以推动行业标准的制定和认证体系的建立。通过行业协会的合作,企业可以更好地了解和把握区块链的发展趋势,更好地应用区块链技术解决实际问题。

(3)实践案例的共享和交流。各方可以加强区块链实践案例的共享和交流,以加快区块链技术在人力资源管理中的推广应用。职能部门、学术界、企业和行业协会可以组织相关的研讨会、会议和论坛,分享并交流各自的经验和挑战。这将有助于促进各方之间的合作和学习,进一步发掘和推广区块链技术在人力资源管理中的应用潜力。

(4)安全和隐私保护的重视。在推广区块链技术的同时,各方应当重视数据安全和隐私保护。区块链技术有助于提高数据的透明度和可追溯性,但也需要合理规划和实施有效的安全控制和隐私保护机制。职能部门、学术界、企业和行业协会可以共同研究和制定相应的安全准则和最佳实践,以确保区块链技术在人力资源管理中的应用安全可靠。

通过职能部门、学术界、企业和行业协会之间的合作,可以充分利用区块链技术的优势,解决具体行业和企业在人力资源管理中面临的问题,共同推动和打造更好的人力资源管理生态。这将有助于提升人力资源管理的效率和质量,推动职场发展和组织创新。

总之,区块链技术对于人力资源管理的应用仍有很大发展空间。希望政府、企业和学术界能够共同加强研究和合作,创造更加坚实的基础,加速技术的普及和应用,构建更加高效、安全和可信赖的人力资源管理体系,为社会和企业的持续发展做出贡献。

参 考 文 献

[1] 李海滨. 人力资源管理概述[M]. 北京:清华大学出版社,2019.

[2] 孙立国. 管理学:人力资源管理[M]. 上海:复旦大学出版社,2017.

[3] 赵振华,黄伟民. 区块链技术原理与应用[M]. 北京:电子工业出版社,2018.

[4] 李柏类,赵万年. 区块链技术及应用[M]. 北京:机械工业出版社,2019.

[5] 王欣,谢佩娟. 区块链在人力资源管理中的运用研究[J]. 人力资源管理学报,
    2018(5):28-36.

[6] 高虎岩. 区块链技术在人力资源管理中的应用研究[J]. 现代信息技术,2019,
    19(9):138-140.

[7] 吴玉峰. 人力资源规划体系研究[M]. 北京:工业出版社,2020.

[8] 黄晓兰. 人力资源规划体系与实践[J]. 人力资源管理杂志,2020(3):16-22.

[9] 殷俊强. 集团管控体系实践与思考[J]. 南方企业家,2019(7):132-134.

[10] 刘慧敏. 集团管控体系构建及实践[J]. 管理世界,2020(1):168-174.

[11] 林雪. 组织设计与管理[M]. 北京:中国人民大学出版社,2018.

[12] 丁晓华. 组织设计与变革实践[J]. 组织管理,2019(4):36-42.

[13] 杨华平. 职位设计与评价[M]. 北京:中国劳动社会保障出版社,2019.

[14] 刘宏伟. 职位设计与人力资源管理[J]. 中国软科学,2019(4):214-221.

[15] 安宁,张伟. 胜任力模型在人力资源管理中的应用[J]. 人力资源管理杂志,
    2018(1):31-36.

[16] 贺志强. 任职资格分类与评价[J]. 华东经济管理,2019(2):22-28.

[17] 刘玉龙. 甄选与招聘[M]. 北京:机械工业出版社,2018.

[18] 龙静,周建伟. 甄选与招聘创新研究:基于区块链技术的探索[J]. 人力资源管
    理学报,2019(6):25-31.

[19] 吴翔. 员工培训与发展:理论与实践[M]. 北京:人民邮电出版社,2017.

[20] 李建平. 基于人力资源管理的员工培训发展研究[J]. 电子技术应用,2020,
    46(2):71-73.

[21] 张辉. 目标绩效管理[M]. 北京:机械工业出版社,2019.

［22］杨雯雯.目标绩效管理实践与思考:以某企业为例［J］.国际商务,2019(5):
　　　49-54.

［23］李学慧,田萍.薪酬管理［M］.北京:中国社会科学出版社,2019.

［24］徐治宁.薪酬福利管理实践与创新［J］.商业经济与管理,2020(2):37-44.

［25］张天伦.员工职业生涯发展模型［M］.北京:机械工业出版社,2018.

［26］刘震寰,王建存.员工职业生涯与发展路径研究［J］.职业教育,2020(3):
　　　126-129.

［27］石亚楠,惠柏钧.企业文化建设［M］.北京:清华大学出版社,2017.

［28］王迪.企业文化的战略管理研究［J］.中国管理科学,2018(4):78-84.

［29］王春霞.员工满意度调查与分析［M］.北京:机械工业出版社,2019.

［30］纪声凤,王永军.员工满意度提升策略研究［J］.上海经济研究,2020(3):
　　　37-44.

［31］余强.劳动关系法规与实务［M］.北京:法律出版社,2018.

［32］杨千里.人事事务法律实务［M］.北京:中国法制出版社,2019.

［33］林军.人力资源管理流程与实践［M］.北京:清华大学出版社,2018.

［34］王东,张正平.人力资源管理流程再造:以某企业为例［J］.管理科学学报,
　　　2019(4):54-60.

［35］邓晓健.人力资源管理体系及其应用研究［M］.北京:清华大学出版社,2019.

［36］赵建.人力资源管理体系建设与应用:以某企业为例［J］.科技管理研究,
　　　2020(6):132-136.

［37］肖栋华.人力资源管理实战案例［M］.北京:中国宏观经济管理出版社,2019.

［38］许心雨,蒋晓颖.人力资源管理实践案例分析:以某企业为例［J］.组织管理研
　　　究,2020(3):132-137.

［39］于银利.管理学瓶颈突破［M］.北京:清华大学出版社,2019.

［40］冯亚红.瓶颈突破:企业管理成功的关键［J］.管理学报,2020(2):121-128.

［41］潘静.人力资源管理的未来趋势［J］.电视技术,2019,43(4):27-32.

［42］刘小华,王建军.人力资源管理的未来发展方向［J］.科技与发展,2020,(5):
　　　87-91.

［43］张欣,邢苗条.基于"区块链"技术的招聘市场方案设计［J］.合作经济与科技,
　　　2020(4):25-26.

［44］姚珂珂.区块链及其应用研究［J］.北方经贸,2019(9):15-16.

［45］吕建富,赖英旭,刘静.基于链上链下相结合的日志安全存储与检索研究［J］.
　　　计算机科学,2020,47(3):298-303.

［46］高永强.抓住区块链发展的重要机遇［N］.重庆日报,2019-11-19(8).

［47］中国移动研究院,何申,杨波,等.区块链:未来已来［N］.人民邮电报,2019-11-15(7).

［48］张培培.区块链行业的监管挑战及其治理思路［N］.中国社会科学报,2019-11-13(7).

［49］齐分达.区块链利器应发挥奇效［N］.中国银行保险报,2019-11-7(2).

［50］朱昱锦,姚建国,管海兵.区块链即服务:下一个云服务前沿［J］.软件学报,2019,31(1):1-19.